KB106112

문화적
인간학

문화적 인간학

인간을 이해하는 15가지 개념

김길웅 지음

아카넷

글을 시작하며

1980년대 이후 "인간학적 전환"이라는 개념이 보편화될 정도로, 문학과 예술을 포함한 문화현상에서 인간의 모습을 탐구하려는 경향이 늘어갔다. 인간이란 무엇인가라는 질문을 제기하고 이에 대한 대답을 찾으려는 시도 또는 이러한 흐름을 가리켜 "인간학적 전환"이라고 부른다. 인문학을 비롯한 사회과학에서는 물론이고, 자연과학, 공학과 같은 학문 분야에서도 인간에 관한 문제들을 많이 다루었다.

인간학Anthropology은 고대 그리스어로 인간을 뜻하는 ánthrōpos와 학문을 뜻하는 -logos로 구성되는데, 가장 일반적으로 인간학이란 인간에 관한 학문을 가리킨다. 물론 인간을 어느 각도에서 살펴보는지에 따라서 인간학이라는 단어 앞에 형용사가 붙기도 한다. 종교에서 보는 인간의 모습을 다루는 학문을 종교적 인간학, 문학작품에 묘사된 인간의 모습을 다룰 때는 문학적 인간학, 철학자들의 눈에 비친 인간의 모습을 다룬 학문일 경우에는 철학적 인간학, 혹은 자연과학적 인간학이라는 수식어를 쓸 수도 있겠는데, 이 책에서는 문화라는 틀을 통해 인간을 바라보기 때문에 문화적 인간학이라는 개념을 쓴다. 다시 말하면 고대에서 현대에 이르기까지, 문학과 예술, 종교 그리고 철학을 비롯한 인간의 사유에서 인간은 어떤 모습으로 그려지고 표현되었는지를 다루기 때문에 문화적 인간학이라는 용어를 사용한다.

인간이란 무엇인가라는 문제는 시대에 따라서 답이 달라질 수밖에 없다. 인간은 인간이지만, 인간을 보는 관점들이 변하기 때문이다. 진화론이 단순하면서도 대표적인 예가 된다. 자연에 대한 과학적 탐구가 본격화된 18세기 중반에 부분적으로 시도되었다가, 19세기에 이르면 인간은 본격적으로 유인원에서 진화해온 종으로 분류된다. 그러나 기독교가 세계를 바라보는 틀로 작용하던 중세에 인간은 신의 형상을 지닌, 신이 창조한 존재였다. 동일한 인간을 두고도 진화론과 창조론은 이렇게 시대와 문화에 따라 다른 관점을 취한다.

인간은 내러티브를 통해 스스로를 규정하고, 그 영향을 받는다. 인간학이 궁극적으로는 내러티브로 귀착하는 이유, 인간이 문화적 존재인 이유도 여기에 있다.

프랑스의 아날학파가 발전시킨 심성사 연구에서는 오늘날 인간학에서 다루는 주제들이 포괄적으로 논의되었다. 심성사 연구에 상당한 공헌을 남긴 오스트리아 역사학자 페터 딘첼바허Peter Dinzelbacher는 심성이라는 개념을 "특정 시대, 특정한 집단을 특징짓는 사유와 감정의 방식 및 내용의 총체"로 규정하며 사회의 제도나 사건이 아니라 인간의 이러한 심성을 역사 서술의 중심에 놓아야 한다고 주장하여, 역사 연구에서 인간학이 발전하는 토대를 닦았다. 이런 연구들의 결과로 인간의 죽음, 유언의 방식과 내용, 결혼의 풍습, 혼인배우자 선택 방식 등에 관한 일상사적 내용들이 주목을 받았다. 이러한 경향은 독일에도 전해져서, 일상과 미시적 영역에서 인간의 몸, 사유, 성, 열정, 죽음, 가족, 페미니즘 등의 주제들이 관심을 받았다. 인간의 구체적인 삶에서 찾아낸 개별적 사료들을 통해 인간의 본질을 역사적 맥락에서 찾아내고, 여기에서 역사와 문화연구의 좋은 모범을 찾으려 했던 것이다.

2000년대에 들어와 선행하는 이런 시도들의 도움을 받아 독일 베를린 자유대학의 '역사적 인간학을 위한 학제적 연구소'가 주관하여 인간을 역사와 문화의 산물로 파악하고, 다양한 문화권별로 인간에 관한 관점들을 비교하여 분석하려는 포괄적인 연구가 시도되어, 미, 사랑, 시간, 침묵, 영혼, 성스러움 등과 같은 개념들이 특정 역사와 문화의 틀에서 어떻게 표현되는지를 설득력 있게 보여주었다. 더불어 이러한 인간학적 범주들이 문화의 발생, 매개 그리고 변화에 어떤 영향을 미치는지에 관한 탐구들이 이어졌고, 그 결과 상상력의 역사와 사회학, 유년기의 신화, 부성, 초감각적인 육체 등의 주제가 발전해 나왔다.

인간의 역사 가운데 어느 한 시기가 과도기가 아닐 수는 없지만, 서양의 경우 그 현상이 가장 뚜렷하게 드러나는 시기가 1800년 무렵이다. 흔히 혁명의 시대로 부르는 이 시기에 서양에서는 정치의 영역에서는 프랑스혁명이, 경제의 영역에서는 산업혁명이, 철학에서는 칸트를 중심으로 한 인식론의 대변혁이, 그리고 문학에서는 낭만주의의 반역이 시도되었다. 혁명의 분위기가 사회의 모든 영역에 깊고 빠르게 전파된 시기가 1800년 무렵인데, 이런 변혁의 시기에 인간에 관한 관점들도 괄목하게 바뀔 수밖에 없었다. 문화적 배경에서 인간에 관한 이해가 어떻게 변하는지를 추적하는 이 책의 주제를 가장 선명하게 드러낼 지점도 1800년을 전후한 시점이 되는 이유가 여기에 있다. 바로 이 시기를 중심으로 해서, 이 책에서는 인간을 이해하는 가장 중심적인 15개의 개념을 선택하여 이를 시대적 문화적 배경과 더불어 서술해 나간다. 예컨대 인간의 몸, 이성과 열정, 죽음, 불안, 기억, 비극과 부조리, 문명과 육체, 웃음과 울음, 권태와 순간, 멜랑콜리, 언어와 침묵, 숭고, 성스러움, 필연과 우연, 사랑 등의 개념이 바로 여기에 해당한다. 이 책에서 다룰 개념들을 15개로 좁힌 이유는 이 개념들이 인간과 문화의 상관관계를 이해하는 데 충분조건은 아니지만 적어도 필요조건이라고 판단했기 때문이다.

이 원고들은 지난 10여 년간 인간과 문화를 서로 관련지어 살피려는 노력의 소산이다. 문학이나 문화가 결국은 인간에 관한 문제로 수렴

될 수밖에 없다는 생각, 나아가 불완전하고 존재론적으로 비극적일 수밖에 없는 인간에 관한 변명을 마련하고 싶은 욕심으로 이 원고들을 쓴 셈이다. 특히 베를린 자유대학의 '역사적 인간학을 위한 학제적 연구소'의 자료들과 이 기관의 연구소장이신 불프 교수Christoph Wulf 교수에게서 이 책을 쓰는 데에 많은 도움을 받았다. 부족한 원고를 흔쾌하게 출판해준 아카넷 출판사 김정호 사장과 원고의 작성과 교열에 세심한 도움과 조언을 해준 김일수 선생께 고마움을 표한다.

저자 김길웅

차례

1

몸

/

육체는 영혼을 담고 있는 껍데기인가,
영혼을 작동하는 주체인가

몸이 없는 인간이 존재할 수 없듯이, 몸은 인간학에서 일차적인 관심을 끌 수밖에 없다. 구태여 데카르트 풍의 관심을 끌어들이지 않더라도, 인간의 몸은 단순히 몸뚱아리(육체)이기도 하고 또 그 안에 영혼이 담겨 있어서 살아서 체험하는 주체이기도 하다. 살과 뼈로 이루어진 육체를 그리스어로는 소마soma라고 불렀고, 라틴어로는 코르푸스corpus라고 불렀다. 육체는 영혼을 그 안에 담고 있는 껍데기인지, 아니면 영혼을 작동하는 주체인지의 문제는 역사와 문화적 배경에 따라 서로 다르게 인식되었다.

고대 그리스인과 로마인들에게 인간의 벗은 몸은 매우 친숙한 광경이었다. 운동선수들은 경기장에서 옷을 벗고 훈련을 하거나 경기를 치렀다. 이것은 어원에도 반영되는데, 잘 알려져 있듯이 경기장을 뜻하는 김나지움Gymnasium의 어원 gymnos는 '벗은'을 뜻하는 형용사였다. 고

고대 올림픽 경기 중 레슬링 장면.

대 올림픽 경기에 참가하는 선수들은 대개 벗은 몸으로 출전했고, 공공의 건물에서도 인간의 벗은 몸이 조각으로 장식되었다. 벗은 몸은 인간에게만 국한되지 않았다. 체조의 신이자 여행자를 보호하는 신인 헤르메스나 풍요의 신으로 추앙받았던 프리아포스는 거의 언제나 벗은 몸으로 모습을 드러냈으니, 신들의 몸이라 해서 벗은 모습이 어색하게 느껴진 것은 아니었다. 헤르메스나 프리아포스 신의 조형에서는 거의 예외 없이 발기한 남근이 강조되는데, 이것은 힘과 풍요의 상징이 아니었던가? 고대 희극의 배우들은 무대에 등장할 때 크고 강직한 남근을 강조한 의상을 보여주었다.

흔히 미술사에서 중세에는 기독교의 영향으로 육체를 악의 소산으로 여긴 나머지 인간의 몸에 관한 관심이 쇠퇴한 것으로 알려지기도 했으나, 중세인들의 일상사에서는 벗은 몸이 일반화되어 있었다. 중세의 흔적들이 광범위하게 남아있는 에라스무스 폰 로테르담의 『친숙한 담화 Colloquia familiaria』(1522~24)에는 임신과 출산, 매춘과 흥분제, 거세와 성병과 같이 성에 관한 폭넓은 묘사가 등장한다. 성에 관한 묘사는 혼전이건 혼인 중이건 가리지 않으며 심지어 혼외의 성도 불문한다. 풍기문란에 해당할 이런 묘사들이 어린이를 대상으로 하는 책에도 나타나는 것으로 보면, 중세와 그 영향이 아직은 남아 있던 근대 초기에도 인간의 몸, 특히 육체적 쾌락은 금기의 대상이 되지 않았음을 알 수 있다.

벗은 몸을 수치스럽게 여긴 것은 오히려 이성의 승리를 굳건하게 믿었던 근대, 즉 시민사회의 도덕률이 일반화된 시기의 산물로 불과 200~300년 전의 일이다. 기독교가 보편화되었던 중세 유럽에서도 벗은 몸을 도덕의 문제로 단죄하지는 않았다. D. 캄퍼의 책 『또 다른 몸Der andere Körper』이나 G.뒤비의 『사생활의 역사Geschichte des privaten Lebens』에 따르면 중세의 미시사를 담은 기록에는 온 가족이 한 방에서 옷을 벗고 잠을 잤고, 여관에서도 남녀를 불문하고, 심지어 생전 처음 보는 사람들끼리도 옷을 벗고 한 침대에서 잠을 잤다는 기록이 있다. 여관에서 옷을 벗기를 주저하거나 거부하는 사람은 혹시 병들었거나 몸이 기형은 아닐까 의심을 받기도 했을 정도였다. 고대는 물론이고 중세에도 나이를 불문하고 남자와 여자가 함께 옷을 벗고 공중목욕탕에서 목욕을 했다. 축제를 벌이며 옷을 벗고 행진하는 여자를 목격하는 것은 어렵지 않았다. 심지어 성직자들도 종교행사에서 옷을 벗고 행진했을 정도였다.

그러나 매독이 전염병처럼 퍼지던 16, 17세기에 접어들면서, 또 사회적으로 이성적 사유를 무기로 내세운 시민계층이 형성되면서 인간의 벗은 몸을 경건하게 보지 않는 분위기가 생겨났다. 위생상의 문제가 강력하게 거론되었고, 인간의 벗은 몸은 혐오감을 불러일으켰다. 사람들은 더 이상 같은 접시에 음식을 담아 함께 먹으려 들지 않았고, 손가락 대신 칼과 포크를 사용하기 시작했다. 잠자리에서도 옷을 벗지 않는 대신에 잠옷을 입었고, 침대도 거실이 아니라 침실로 옮겨졌다. 사적인 영역이 생겨나기 시작한 것이다. 남자와 여자는 더 이상 함께 목욕하지 않게 되었고, 공공의 장소에서 벗은 몸으로 목욕하는 것은 금지되었다.

육체에 대한 긍정적인 태도는 보다 신중한 입장으로 바뀌었다. 시민사회가 절정을 이루던 19세기에 이르면 육체에 관한 이야기, 예컨대 섹스, 생식, 소화, 배설과 같은 이야기들은 경건치 못한 것으로 간주되었다. 고급 사교계에서는 인간의 몸 가운데 은밀한 부위를 가리키는 단어들, 예컨대 넓적다리나 젖가슴 같은 단어들은 저질스럽다는 이유로 금기시되었고, 인간의 몸은 터부가 되었다.

몸과 정신

인간이 몸과 정신으로 이루어진 이중적인 존재라는 관점은 이미 여러 민족들의 창세신화에 반영되어 있다. 구약 「창세기」는 인간이 태어난 내력을 이렇게 전한다. "여호와 하나님이 땅의 흙으로 사람을 지으시고 생기를 그 코에 불어넣으시니 사람이 생령이 된지라."(창세기 2:7) 땅의 흙으로 지은 사람은 몸이 되고, 코에 불어넣어 만들어진 생령은 정신이 되는데, 이미 구약의 이 구절에서 인간이 몸과 정신으로 구성되어 있음이 드러난다. 유사한 관점이 서양의 정신사적 원류를 형성한 고대 그리스의 문학에도 엿보인다. 헤시오도스의 『신들의 계보』나 아이스킬로스의 『결박당한 프로메테우스』에는 인간을 만들고 교육시킨 멘토, 프로메테우스가 등장한다. 이 영웅은 점토로 인간의 몸을 만들고, 개의 용맹함, 말의 부지런함을 부여하였으나, 몸은 살아나지 못한다. 그러자 연인, 아테네가 인간에게 프쉬케(숨결, 영혼)를 불어넣자 마침내 인간은 생명을 얻는다. 물론 아테네가 불어넣은 것은 영혼만은 아니다. 지혜의 알레고리인 아테네는 인간에게 이성과 오성의 재능까지 함께 부여했다.

인간이 몸과 정신으로 이루어져 있다는 생각은 게르만 신화에도 유사하게 표현된다. 최초의 생명체인 이미르의 후손들로 꼽히는 오딘과

빌리 그리고 베가 세계를 만드는 내용이 게르만 신화 『에다』에 나온다. 이들은 해변에서 물푸레나무와 오리나무로 각각 남자와 여자를 만드는데, 오딘은 이들에게 영혼과 생명을, 빌리는 재능과 감정을, 그리고 베는 아름다운 외모를 부여한다.

인간이 몸과 정신으로 이루어져 있다는 것은 당연하지만, 역사에 따라 어느 것이 더 우월한 것인지에 관한 평가는 사뭇 다르다. 고대에는 대체로 정신을 우선시하는 철학적 전통이 확고했다. 그 배경에는 세계를 이데아와 현상으로 나누어 설명하는 플라톤의 이원론적 세계관이 자리잡고 있다. 플라톤에 따르면 인간의 감각 즉 육체가 포착하는 세계는 현상계이고, 이것은 늘 변한다. 푸르렀던 새싹은 시간이 흐르면서 시들고, 마침내 흔적도 없이 사라지고 만다. 그러나 정신을 통해 포착할 수 있는 이데아의 세계는 변하지 않고 영원하다. 육체와 정신이 관계하는 세계가 각각 현상과 이데아인데, 현상은 이데아의 모방이고, 또 이데아에 비해 열등한 것이라는 입장에서 플라톤은 정신의 우위를 확고하게 지지한다. 이미 기원전 5세기에 플라톤은 『파이드로스』에서 육체와 영혼 가운데 오로지 후자만을 진리가 거주하는 곳으로 인정하여 전자의 열등성을 암시한다. "육체는 영혼의 감옥"이라는 테제도 이런 맥락에서 나왔다. 육체[soma]를 감옥[sema]으로 여기는 플라톤의 테제를 눈여겨보면, 영혼만이 진리가 거주하는 곳이고, 육체는 영혼의 자유를 억압한다는 생각이 분명해진다. 플라톤에 따르면 "영혼은 청각도, 시각도, 고통도 기쁨도 없이 오로지 그 자체로 존재할 때, 가장 잘 사유할 수 있다." 그리고 이러한 자유로운 사유를 통해서, 다시 말하면 인간이 영혼으로만 존재했을 때, 인간은 비로소 이데아의 세계를 알 수 있다. 그러나 인간이 이 세상에 오면서, 다시 말하면 레테의 강을 건너오면서, 영혼이 육체에 구속되고, 육체라는 틀에 갇히고 만다. 그래서 인간의 영혼은 이데아의 세계를 잊게 되었다.

이데아의 세계란, 그리스의 자연철학자들이 말한 제1근원의 세계, 존재의 본질과 같은 의미다. 이데아의 세계는 진리의 세계이고, 혹은 중세식으로 보자면 신의 말씀으로 생각해도 좋겠다. 인간이 레테의 강을 건너오기 전에는 영혼이 영원한 자유를 누리고 있었으나, 육체를 얻게 되면서 구속을 받게 되었다는 것이다. 영혼은 영원하나 육체는 열등한 것이니, 파멸의 대상이 되기도 한다. 고대에 이러한 논리가 구성될 수 있었던 이유는 현상에 대한 이데아의 우월이라는 관념의 뿌리가 깊었기 때문이다. 인간이 육체를 통해서 접하는 것은 현상이지만, 정신을 통해서 보는 것은 이데아다. 사물이 있고, 그 사물을 가능하게 하는 본질이 있다고 고대인들은 믿었는데, 전자가 인간의 육체를 통해서 접근한다면, 후자는 인간의 정신을 통해서 접근한다. 육체가 관계하는 것은 현상이고 감각적인 차원인데, 정신은 현상 너머의 본질 즉 이데아의 세계와 관련되고, 이것은 고도의 논리적이고 이성적인 차원에 속한다는 것이 플라톤의 일관된 주장이었다. 현상과 이데아의 분리는 이렇게 등장하여 근대에 이르기까지 인간의 자유에 파국적으로 작용하였다. 전자는 시간의 흐름에 따라 늘 변하여 속절없고 영원하지 않은 반면, 후자는 변함없이 영원하다. 전자가 물질적이고 가상이라면, 후자는 정신적이고 실재다.

고대의 사유방식에서 형성된 정신의 우위는 예술에도 그대로 표현된다. 그 예가 고대의 비극에 나온다. 예컨대 소포클레스의 비극 『오이디푸스왕』에 등장하는 동명의 주인공이 패륜을 뉘우치며, 스스로 실명에 이르는 것은 좋은 본보기다. 육신의 눈으로는 아버지를 알아보지 못했으니, 이제 영혼의 눈으로 세계를 보겠다는 의지가 여기에서 읽힌다. 몸과 정신을 나누어 볼 때, 몸을 통해 인식한 것은 오류이고, 정신을 통해 인식한 것이 진리임을 이 비극의 주인공은 처절하게 외치고 있었던 것이다.

기독교에서도 몸과 정신의 대립은 분명하게 표현된다. 철학적 관점에서 몸과 정신의 대립에서 출발한 이 논리는 중세에서는 신앙의 코드와 결부되어 현세와 내세, 선과 악의 대립으로 이어져 인간의 도덕세계에도 관여하였다. 육체와 정신의 관계에서 육체를 열등한 것으로 여기고, 정신을 우월한 것으로 파악하려는 전통이 플라톤을 중심으로 이미 고대에 확고하게 자리잡고 있었는데, 중세에도 유사하게 반복된다. 유대교가 유럽에 보급되면서 기독교가 현재의 교리를 갖추게 되는데, 그 배경에는 교부철학자들이 있었다. 아우구스티누스와 같은 교부철학자들은 이미 과학적이고 이성적인 사유를 하는 데에 익숙한 유럽인들에게 맞는 종교를 만들기 위해 유대교를 변형하여 기독교의 교리를 만든다. 이에 따르면 육체와 영혼이 나뉘고, 육체는 열등한 것으로 영혼은 우월한 것으로 간주된다. 사도 바울이나, 플로티노스와 같은 신플라톤주의 철학자 그리고 아우구스티누스와 같은 교부철학자들은 한결같이 정신을 통해 육체를 극복하자고 주장하며, 이러한 과정을 어둠에서 빛으로 이행하는 것으로 설명한다.

이처럼 정신은 고대에 이어 중세에도 육체에 비해 우월한 존재로 자리잡고 있었다. 정신이 만든 개념들이 오히려 동일성이라는 차가운 논리로 세계를 왜곡한다는 항의는 적어도 근대가 끝나기 전까지 제기될 수 없었다.

그렇다면 중세 문학에 자주 등장하는 기사들의 연애, 사랑의 장면을 어떻게 이해해야 할 것인가? 유럽 전역에 고딕 건물들이 세워지던 중세 중·후반기, 다시 말하면 12세기에서 13세기, 중세의 문학에는 연애와 사랑이 자주 문학적 소재로 활용되었다. 프랑스 남부지방에서 음유

시인들이 영주와 귀족들의 잔치에 귀족 부인들에 대한 사랑을 고백하는 노래를 부르기 시작했고, 이런 노래들은 중세 후기로 접어들면서 더욱 노골적인 육체적 관계를 묘사하는 방향으로 흘러갔다. 연애와 사랑이 정신적인 것일 수도 있지만, 대체로 육체가 관여하는 것이 일반적인데, 중세의 예술이 어떻게 금기시된 주제를 표현할 수 있었을까? 여기서 잊지 말아야 할 것은 중세의 연애시가 세속적인 육체적 쾌락을 찬양하는 의도가 아니라, 기사들이 자신이 섬기는 영주나 귀족에 대한 충성을 그들의 부인에 대한 사랑 고백으로 에둘러 표현했다는 점이다. 그 증거는 기사들의 연애시가 마치 기사들의 무술시합처럼 경연대회의 형식으로 낭송되었다는 데에서 찾을 수 있다. 자신들이 섬기는 귀족의 눈앞에서 귀족의 부인을 사랑한다는 내용은 귀족에 대한 충성이 아니라면 불가능했을 것이다.

근대가 절정에 오르면서, 정신에 비해 육체를 열등한 것으로 보는 관점도 절정에 오른다. 그 시작에 베르테르가 있다. 유부녀 롯테를 사랑한 유약한 이 청년은 이루어질 수 없는 사랑에 절망하여 권총으로 자신의 머리를 쏘아 죽을 수밖에 없었다. 떠나가는 사랑에 육체의 폄훼로 항의하는 이 문제적 주인공의 심중에는 육체가 인간보다 더 우월한 힘에 의해 만들어졌음을 부정하려는 욕망이 잠재했다고 볼 수밖에 없다. 사랑이라는 정신적 가치가, 죽음이라는 육체보다 우월함이 드러난다. 베르테르에게서 시작된 육체의 망신은 리얼리즘 문학에서는 더욱 보편화되어 보바리 부인, 안나 카레니나, 에피 브리스트와 같은 주인공의 죽음으로 이어졌다.

『보바리 부인』에 등장하는 엠마 보바리는 의사인 남편이 병원에서 자신의 일에만 열중한 결과, 공상의 세계를 추구하는 자신의 꿈을 실현시켜주지 못하는 데에 좌절한 나머지 이웃 남자들과 간통에 빠진다. 엠마는 매주 목요일 피아노를 치러 간다는 핑계를 대고 연인 레옹과 밀회를 즐기고, 이 만남이 지속되면서 점점 사치에 빠져든다. 엠마는 레옹과의 밀회에 싫증을 내고, 단조로움을 견디지 못하고 돈을 펑펑 쓰며 비싼 물건을 구입하는데, 그 돈을 빌려준 고리대금업자 뢰르가 돈을 갚으라고 그녀를 법원에 고소한다. 이로 인해 그녀는 재정적인 곤경에 빠지고 만다. 정부 레옹에게 돈을 달라고 하지만, 그에게는 그럴 능력이 없다. 정부 로돌프를 찾아가지만 그 역시 보바리의 재정적인 어려움을 도와줄 수도 또 도와주고 싶은 마음도 없다. 엠마는 마침내 약국을 경영하는 오메에게서 비소를 구입하여 자살한다.

육체의 망신과 자살의 근저에는 정신의 고통이 육체를 얼마든지 파멸시킬 수 있다는 근대인의 믿음이 있다. 신들도 더 이상 인간의 이러한 육체를 구원하려 들지 않았다. 20세기에 들어오면 인간의 몸은 짐승의 그것과 크게 다르지 않아 슬퍼진다. 심리학자 프로이트에게 인간의 육체는 무의식의 저장고에 불과하다. 무의식은 육체에 저장되어 인간의 의식까지도 조종하는데, 이 무의식의 대부분은 성적 욕망에 의해 움직인다. 뿐만 아니다. 카프카의 소설 『변신』에서 팍팍하고 고단한 삶에 대한 거부감으로 주인공 그레고르의 몸은 갑충으로 변한다. 경제활동을 할 수 없는 이 몸은 아버지가 던진 사과에 맞아 죽고, 죽은 몸뚱아리는 쓰레기통에 버려지는 수난을 겪는다. 영혼은 현실에 절망하고 육체는 폐기된다.

육체나 육체에 부수되는 감각은 이성적 판단을 내릴 수 없고, 비도덕적인 경향에 기울어지기 쉬우며 신적인 품위를 갖출 수 없다는 점이 육체를 비난하는 논리였다.

영화 〈숙희〉에 나타난 육체와 정신

영화 〈숙희〉는 2014년 전주 국제영화제 기간에 상당한 화제를 뿌렸다. 양지은 감독의 이 영화에서 관심을 끄는 인물은 윤 교수(조한철 역)인데, 영화에서 이 인물은 데카르트와 메를로 퐁티의 철학을 강의한다. 잘 알려져 있듯이, 데카르트는 정신을, 메를로 퐁티는 육체를 중요시한 철학자다.

계몽주의의 토대를 닦았던 데카르트는 인간의 육체와 정신을 철저하게 구별했다. 데카르트는 『성찰』의 여섯 번째 성찰에서 인간의 정신과 몸을 나누어, 정신은 분할할 수 없으나 몸은 분할할 수 있음을 예로 들어, 인간에게 정신과 육체는 서로 다른 것이라는 점을 분명히 했다. 조금 어려운 말로 정신은 "사유하는 본체res cogitans"이고 육체는 "연장적인 본체res extensa"라는 것이다. 여기서 '연장적'이라는 말은 공간을 차지하고 있다는 뜻이다. 정신은 눈에 보이지도 않지만, 몸은 눈에 보이고 공간을 차지하고 있다. 눈에 보이지 않기에 정신은 나눌 수도 없다. 그러나 몸은 공간을 차지하고 있고 형태가 눈에 보이며, 사고를 당하거나 해서 절단되기도 한다.

지금 생각하면 조금 유치한 기준이지만, 데카르트는 인간의 육체와 정신의 차이를 이렇게 구분했다. 그러나 이 구분이 의미하는 바는 다른 데에 있다. 몸은 공간을 차지하고 있으나 정신은 사유작용을 특징으로 하고 있고, "나는 생각한다. 따라서 나는 존재한다."라는 말에서 알 수 있듯이, 존재의 근원은 바로 정신에 있다는 것이 데카르트의 결론이다. 몸, 즉 육체 보다는 정신이 더 우월하다는 것인데, 이것은 서양의 근대 초기, 이성적 사유의 근간을 만들어간다. 모든 인식의 흔들리지 않는 토대를 마련하려 했던 데카르트는 정신에서 그 근거를 마련할 수 있다고 믿었는데, 여기서 정신이란 이성적이고 합리적인 사유를 할 수 있는 실

윤 교수가 영화 〈숙희〉에서 메를로 퐁티의 철학을 강의하는 장면

체이다. 사물이나 제도가 과연 존재의 이유가 있는지 철저한 의심을 통해 따져보자는 입장에서 출발하기에, 데카르트의 의심은 방법론적 의심이다. 이를 통해서 데카르트가 도달하려 했던 것은 감각적 인식과 일상적 경험들을 신뢰할 수 있는지, 그리고 이를 거쳐서 어떻게 논리적인 결론에 도달할 수 있는지를 살피려는 것이었고, 이것을 사유하는 인간의 정신에서 찾으려 했다. 인간의 본질을 이성과 합리성에서 찾는 것이다.

메를로 퐁티는 다르다. 메를로 퐁티에 따르면 인간은 육체를 통해 세계와 이미 관계를 맺고 있다. 순수한 정신이 세계를 인식하는 것이 아니라, 인간은 육체를 가지고 끊임없이 세계와 관련을 맺으면서 세계를 인식해 나간다. 인간은 육체를 가지고 경험해 나가며 지적인 판단을 내릴 수 있는 존재이기 때문이다. 이것은 프랑스에서 유행했던 사르트르와 같은 실존주의 철학의 영향을 보여준다. 실존주의자들은 정신이 아니라 육체를 더 중시하고, 인간이란 지금 여기에서 고통과 불안 속에서 살아가는 존재임을 강조한다.

이처럼 데카르트는 정신을, 메를로 퐁티는 육체를 더 우월한 것으로 여기고 〈숙희〉라는 영화에서 윤 교수는 이러한 내용을 강의하면서 인간이 가진 이중성을 이야기한다. 벌써 영화 속 윤 교수의 강의에서 인간에게 중요한 것이 정신이냐 육체냐의 문제, 다시 말하면 정신과 육체의 이분법이 나타난다. 윤 교수는 철저한 금욕주의자이고, 육체적인 접촉, 다시 말하면 성적인 접촉을 금기시한다. 마치 인간은 정신의 힘으로 육체를 통제할 수 있는 것처럼 보인다. 영화 시작 부분에서 윤 교수가 인간의 육체를 혐오하고, 어쩔 수 없이 결혼은 했으나, 아내와 육체관계를 멀리하며 정신만을 최고로 여기는 철학자의 모습으로 등장하는 이유도 여기에 있다.

육체의 복권

전통적으로 서양의 정신사에서 육체는 악이고 정신은 선인데, 육체와 정신을 차별하는 전통은 계몽주의에 이르러, 데카르트와 칸트의 철학에서 표현된다. 그러나 근대에 접어들면서 정신이 우위를 점하는 주류 문화와 달리 하위문화의 범주에서는 서서히 육체의 가치에 눈을 뜨기 시작한다. 즉 인간은 정신만을 가진 것이 아니라 육체도 가지고 있다는 사실을 예술이 드러내고자 했다. 이런 현상을 어떻게 이해해야 할까?

근대는 이성적 사회고, 따라서 육체보다는 정신의 우위가 뚜렷한 사회인데, 예술에서 육체의 복권이 시도되는 현상은 아이러니이기도 하다. 그러나 이 문제는 예술이 지니는 부정성을 통해 해결할 수 있다. 모더니즘 이후 예술은 더 이상 도덕적 선에 봉사하지 않는다. 예술은 오로지 미적인 현상으로 이해되었고, 이런 점에서 도덕적으로 선하지 않은 요소들이 예술에 도입되어 사회에 대한 부정성을 표현했다. 근대에 접어들면서 예술을 통해 육체의 복권이 시도된 이유도 여기에 있다.

계몽주의가 끝나고 18세기 후반에 들어오면서 이러한 정황이 폭넓게 나타난다. 인간에 관한 관심이 절정에 올랐던 18세기, 좀 더 구체적으로 말하자면 1790년 독일의 작가 카를 필립 모리츠Karl Philipp Moritz는 이렇게 말한다. "인간 안에는 정신이 있어서 사유하고, 인간의 정신이 손과 발을 움직인다." 이 말은 인간에게는 육체와 정신이 함께 있으며, 인간의 정신이 육체를 움직임을 뜻한다. 관점을 바꾸면 인간은 정신과 육체를 함께 갖추고 있고, 이 두 요소를 함께 고려해야 한다는 뜻이다. 당시에 정신과 육체를 함께 갖춘 "완전한 인간"이라는 담론이 등장한 것도 이러한 배경에서 이해할 수 있다. 이 담론은 괴테의 작품, 『파우스트』에 고스란히 반영된다. 파우스트는 더 나은 세계를 만들기 위해서 부단히 노력하는 정신적 존재지만, 흔들릴 때마다 메피스토와의 결탁에 따라서 육체, 즉 감각적 관능의 세계에 빠진다. 파우스트에게는 정신 외에도 육체도 함께 존재함을 괴테는 그레트헨이라는 여자와의 사랑을 통해서 의도적으로 보여준다. 여기에서 인간은 정신만 아니라 육체도 소유하고 있음을, 아울러 육체적 쾌락 역시 인간의 한 부분임을 『파우스트』라는 작품은 드러낸다.

근대사회의 하위문화적 현상으로 서서히 모습을 드러내던 육체의 복권은 우리가 살고 있는 포스트모더니즘 시대에 이르러 더욱 분명해진다. 고대에서 근대에 이르기까지 육체와 정신의 이원론, 아니 더 정확하게 말하자면 정신을 육체보다 더 높게 여기는 서양의 문화적 전통은 포스트모더니즘에 이르러 무너진다. 포스트모더니즘은 모더니즘 즉 근대 이후의 문화를 가리킨다. 근대의 문화가 모더니즘이라면 포스트모더니즘은 탈근대, 혹은 후기 근대 혹은 근대 이후에 오는 시대의 문화를 가리킨다.

근대와 탈근대의 기준은 대개 경제적 관점에서 상품생산과 정보통신의 관점에서 파악한다. 근대는 상품생산 사회였다. 따라서 근대는 산업혁명과 더불어 시작된다. 이때가 대체로 18세기 중반이다. 공장에서 만들어내는 상품의 생산이 경제적 잉여가치의 중심을 이루는 시대였다. 그러나 우리 시대는 사정이 다르다. 경제적 가치는 정보통신 분야에서 가장 많이 이루어진다. 컴퓨터 하드웨어가 아니라 소프트웨어가 더 많은 잉여가치를 남기는데, 이런 시대에 우리는 살고 있다. 이런 시대는 근대와 다르고 근대 이후에 온다고 해서, 포스트모던 타임스라고 부른다. 그 기점은 대체로 컴퓨터가 인간의 삶 속에 깊숙이 들어온 1960년대에서 찾는다.

포스트모더니즘이 출발했던 1960년대, 서양의 젊은 학생들과 좌파 이론가들은 전통적인 시민사회와 다른 삶의 방식을 시도한다. 이들은 서양의 전통사회, 아버지 세대와 다른 삶을 실천하기 위해, 성(육체)을 공유하는 삶의 방식을 구상한다. 1960년대 후반 독일과 프랑스의 젊은이들이 전통적인 서양의 일부일처제에 항의하며 주거공동체를 세웠을 때, 여기에는 인간에게 육체는 정신보다 열등한 것이 아님을 선언하려는 시도가 강력하게 표출되고 있었다. 정신을 우월한 것으로, 육체를 열등한 것으로 간주한 고대에서 근대에 이르는 서양의 삶의 행태는 인간의 자유를 억압했다는 것이 그 근거였다. 이러한 새로운 시대의 흐름이 유럽에서는 1968년, 젊은이들의 대대적인 저항의 물결, 히피운동으로 퍼져나갔다. 이를 '68 운동'이라고 부른다. 오른쪽 사진은 1967년 6월 1일, 베를린에서 결성된 코뮌 1[Kommune 1] 구성원들의 모습이다. 이들은 몸을 문명 이전의 상태로 되돌림으로써 해방에 이를 수 있다는 믿음을 가지고 있었는데, 이것은 다다이즘이나 초현실주의와 같은 아방가르드 예술정신의 실천을 의미한다.

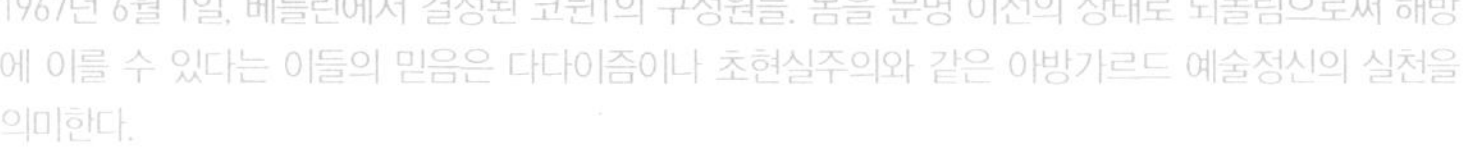

1967년 6월 1일, 베를린에서 결성된 코뮌1의 구성원들. 몸을 문명 이전의 상태로 되돌림으로써 해방에 이를 수 있다는 이들의 믿음은 다다이즘이나 초현실주의와 같은 아방가르드 예술정신의 실천을 의미한다.

바로 이러한 시대적 흐름에서 포스트모더니즘이 등장한다. 그 대표자 가운데 한 명인 프랑스의 포스트모더니즘 이론가였던 데리다는 서양의 전통적 사유를 '로고스중심주의'로 부르며 이를 비판한다. 육체와 정신은 실제로 구분될 수 없는 것인데, 인간은 이성적 사유를 통해 이를 구분하고 육체를 열등한 것으로 파악하였으며, 그 결과 인간의 육체를 천박한 것으로 여겼다는 것이다. 데리다는 이런 의미에서 "로고스의 제국주의"라는 말을 쓴다. 데리다의 사상의 뿌리에는 19세기 후반에 활동했던 니체가 있다. 니체는 도덕이란 영원불변하는 것이 아니라 끊임없이 변하고, 지배계급의 이념에 맞는 것이 도덕이며, 그렇지 않은 것은 비도덕으로 간주될 뿐이라고 주장한다.

이런 맥락에서 보면, 육체를 악으로 보는 서양의 관습의 뿌리는 바로 기독교에 있다. 서양의 시민사회가 기독교에 뿌리를 두고 있고, 10계명에서 드러나듯이 기독교에서는 육체를 타락의 상징으로 여겼다. 모세가 이집트의 노예로 살고 있던 유대인들을 하느님의 뜻에 따라 해방하면서 시나이 산에서 받았다는 10계명이 「출애굽기」 34장 28절에 있는데, 그 일곱 번째 항목이 "간음하지 말라"이다. 니체의 관점에 따르면 기독교에서 금지하는 것은 악이고, 육체를 열등한 것으로 여기는 맥락도 여기에 있다.

그러나 데리다에 따르면 우리가 육체와 정신이라는 단어(말)를 사용하지만, 실재로 육체와 정신이 완벽하게 구분될 수는 없다. 정신은 육체에 작용하고, 또 육체도 정신에 작용하는 것이지, 이 둘이 엄격하게 구분될 수는 없는 것이다. 따라서 육체를 열등한 것으로 바라보는 근대까지의 서양의 사유도 사실은 지배계급의 이데올로기일 뿐이다. 이성적 사유, 다시 말하면 로고스중심주의는 실제로 허상이라는 것을 데리다는 줄기차게 강조했다. 이런 맥락에서 정신의 우월성이라는 것도 허구일 수 있다.

동양의 경우

동양에서는 몸과 정신의 관계를 서양과 다르게 보아 흥미롭다. 초기 불교의 중심 경전 『아비달마阿毘達磨』는 인간의 몸을 색色으로, 마음을 수상행식受想行識의 집합으로 설명하며 이것이 공함을 알려준다. 같은 관점에서 대승불교의 핵심을 요약한 『반야심경』은 "공중무색 무수상행식空中無色 無受想行識")으로 바꾸어 표현한다. "색즉시공, 공즉시색"이라는 말도 같은 의미다. 색은 인간의 육체인데, 이것은 늘 변한다. 따라서 이렇다 할 만한 내 것은 없다. 이런 의미에서 색을 공이라고 부른다. 그렇지만 우리의 육체가 없다고는 할 수 없다. 그렇기 때문에 공즉시색이라는 말을 쓴다. 우리의 느낌(수), 생각(상), 행동(행), 판단 혹은 의식(식)과 같은 정신의 영역들도 모두 마찬가지다. 이조차 공하니, 정신도 없는 것이나 다름없다. 육체도 없고 정신도 없는 것이다. '나'라고 믿는 몸과 마음은 따로 있는 것이 아니고, 따라서 주객의 관계도 아니며, 단지 색수상행식이라는 다섯 가지의 무더기, 다시 말하면 오온五蘊일 뿐이고, 이것들은 끊임없이 연기緣起에 의해 화합했다 소멸한다. 따라서 실체는 없고 공하다. 그러나 공하다고 해서 없는 것은 아니다. 산은 산이지만 산이 아닌 것도 아니고 몸도 마찬가지다. 이를 중도中道라 한다. 이것을 경험으로 체득할 때, 몸과 정신의 대립이 그치고 '나'라고 믿었던 것은 진정한 자유, 열반을 얻는다.

인간의 육체와 정신을 바라보는 관점들이 이렇게 동양과 서양에서 다르고, 또 시대에 따라 다르다. 육체나 정신이 어떠해야 한다는 것도 어떻게 보면 이데올로기고, 사회의 지배적인 담론이 제시하는 것일 뿐, 실재하는 것은 아닐 수 있다. 육체나 정신에 관한 담론들은 결코 영원하지 않다. 담론이란 늘 지배와 배제의 관점에서 만들어지는 것이고, 지배와 배제의 관점이 달라지면 담론 역시 달라진다. 니체는 도덕이란 늘 지배계층의 이념에 맞는 것이 도덕이고, 서양의 경우 지배계층의 이념은 기독교에서 나왔으며, 기독교가 사라지면 시민사회의 도덕윤리도 변하게 될 것이라는 점을 갈파한 바 있다. 1886년에 쓴 『선악의 저편Jenseits von Gut und Böse』에서 선과 악은 그 본질에 있어서 동일한 것이고 선이 악이 되고, 악이 선이 될 수 있다고 한 말의 의미도 여기에 있다. 니체에 따르면 도덕은 영원불변한 것이 아니라, 지배자의 이념의 산물이다. 따라서 자유로워지기 위해서 이러한 관습과 규정을 넘어서야 하는데, 이러한 인간을 니체는 초인Übermensch이라고 불렀다.

참고문헌

김길웅 외, 『68. 세계를 바꾼 문화혁명』, 도서출판 길, 2006.

프리드리히 니체, 『선악의 저편. 도덕의 계보』, 김정현 옮김, 책세상 니체전집 14, 책세상, 2002.

플라톤, 『파이드로스』, 조대호 옮김, 문예출판사, 2008.

Dietmar Kamper/ Christoph Wulf(Hrsg), *Der andere Körper* (『또 다른 몸』, Berlin Mensch und Leben, 1984.

Georges Duby/ Paul Veyne(Hrsg.), *Geschichte des privaten Lebens*(『사생활의 역사』), Frankfurt am Main, Fischer, 1989-93.

2

이성과 열정

/

파우스트적인 것과
메피스토적인 것의 화해를 위하여

이성과 열정의 관계는 역사와 문화에 따라 달라질 수밖에 없다. "실존이 본질에 앞선다."라는 사르트르의 테제를 내세우지 않더라도, 인간은 끊임없이 '지금 여기에서' 부대끼며 살아가는 존재다. 이성적인 사유에 앞서 인간은 지금 여기에서의 존재, 즉 실존 자체가 문제되는 존재일 수밖에 없다. 그렇다고 인간은 동물과 달라서, 이성적 판단을 넘어서 존재할 수도 없다. 역사와 문화에 따라서 다소 강조점의 차이는 있겠지만, 이성과 열정은 이렇게 인간 존재의 근본적인 두 요소임에 틀림없다.

문명과 자연의 대립은 인간에게도 적용된다. 문명이 이성이라면 자연은 본성인데, 전자는 도덕, 억압, 강요와 관련되고, 후자는 충동, 열정, 자유와 관련된다. 문명이 자연의 통제와 더불어 시작된다는 것은 루소 이후 가장 일반적인 관점이다. 이러한 논리는 이성과 열정의 관계에도 해당한다. 늦어도 18세기 이후 근대의 계몽주의가 시작하면서, 이르면 플라톤에서 시작하는 고대의 제1계몽주의 이후, 인간은 자연의 세계가 아니라 문명의 세계에 편입된다. 고대에서 시작하여 중세를 거쳐 근대에 이르기까지 인간을 이성적 존재로 보는 관점이 강했지만, 근대에 대한 반성에서 시작한 우리 시대, 즉 포스트모더니즘의 시대에 들어와서는 인간에 내재한 자연적 속성을 더 드러내려는 경향이 있다.

인간의 마음을 편안하게 쉬지 못하고 요동치게 만드는 감정인 열정은 세계를 낡고 지루하지 않고 새롭게 보게 만드는 효과가 있지만, 통제되지 못할 경우, 흥분과 도취로 이어질 수도 있다. 감격, 시기심, 질투, 증오, 성적 흥분, 때로는 분노 등이 열정이 초래하는 결과인데, 대체로 열정은 인간의 행동, 활동성을 증가시키고 자극하지만, 성취되지 못할 경우, 고통을 동반한다. 인간은 열정이 지나칠 경우 이를 통제하려 든다. 이런 의미에서 인간은 이성적이면서 동시에 열정적이다.

셰익스피어의 경우

이성과 열정의 대립 혹은 조화의 문제는 어쩌면 고대에서 시작하여 현대에 이르기까지 예술에서 줄기차게 다루어온 핵심 주제 가운데 하나일 것이다. 고대 비극이 그렇고, 근대에도 이 문제는 예술에서 자주 다루어져 왔다. 근대로 이행해가는 르네상스 시대에 활동했던 영국의 작가 셰익스피어의 『햄릿』도 이런 맥락에서 읽을 수 있다.

영국에서 엘리자베스 여왕의 집권기였던 17세기는 근대로 진입하는 길목이었다. 그 시대적 흐름을 탁월하게 반영한 작가가 셰익스피어였다. 흔히 영국 역사의 황금시대로 평가받는 엘리자베스 여왕의 시기는, 종교개혁(16세기)과 신구교간의 종교전쟁(17세기) 사이의 시기로, 정치적으로는 의회주의의 기틀이 확립되고 동시에 절대주의 왕조의 기틀이 마련되어 영국이 근대국가로 발돋움하는 시기였다. 이 시기에 영국은 르네상스의 절정기와 영국 문학의 전성기를 이루었는데, 그 중심에 셰익스피어가 존재한다.

셰익스피어의 희곡에서 반복적으로 나타나는 가장 일반적인 주제는 이성과 열정의 대립이다. 셰익스피어 비극의 주인공들은 대부분 이성으로도 통제할 수 없는 정열로 파멸한다. 맥베스는 욕심 때문에, 오텔로는 시기심 때문에, 코리올란은 자부심 때문에, 안토니우스는 눈먼 사랑 때문에, 리어왕은 폭발적인 분노와 어리석음 때문에 파멸한다. 이러한 도식에 잘 맞지 않아 보이는 인물이 햄릿인데, 햄릿은 오히려 정열이 부족함을 스스로 탓할 정도로, 이성적인 인간처럼 보이기 때문이다. 지나친 정열로 파멸하는 다른 주인공과 달리, 햄릿은 정열이 부족하다. 그러나 이성과 정열의 갈등이라는 문제는『햄릿』에도 적용될 수 있다.

이성(여기서 이성은 사려분별, 옳은 판단력이라는 뜻이고, 계몽주의 이후에 본격적으로 발전된 이성 개념과는 차이가 있다)과 정열의 대립은 중세에도 중요한 문제였다. 중세의 카톨릭 교회는 정열의 화신이었던 아담의 기질을 극복할 것을 설교했다. 아담은 이브와의 열정적인 사랑, 욕망으로 인해 하나님의 계율을 어기고 선악의 판단에 이르렀으며, 이것이 원인이 되어 실낙원의 원인을 자초했던 주인공이기 때문이다.

인간은 이성적일 때 천사를 닮지만, 열정에 사로잡히면 동물과 같은 차원으로 전락한다. 천사와 동물의 차이가 이성과 열정(혹은 욕망, 충동)의 차이를 의미하고, 이러한 위계질서가 중세의 문화적 가치관을 형성했다. 잘 알려져 있듯이, 중세에는 우주를 잘 정돈되고 위계질서가 분명한 공간으로 표상했는데, 위로부터 하나님, 천사, 인간, 동물 그리고 식물과 광물의 세계가 있다. 사회에도 위계질서가 뚜렷했다. 위로는 왕이 있고, 그 아래로는 고급 귀족과 하급 귀족, 맨 아래에는 농노가 있었다. 가족에도 분명한 위계질서가 있으니, 남편이 제일 위에 군림하고, 그 아래에 아내가 있었다. 마찬가지로 부모와 자식 간에도 명확한 위계질서가 존재했다.

윤리적인 측면에서도 여자는 남자에 종속되어 있고, 여자는 더 동물적인 존재로 간주되었는데, 그 이유는 여자가 정열에 더 가깝다고 판단했기 때문이다. 여자와 남자의 차이를 열정과 이성의 관계로 설정하고, 남성을 더 우월한 존재로 여긴 근거가 이성의 우위에 있으니, 중세적 문화의 가치관이 남녀 간의 차이에도 반영되고 있음이 밝혀진다. 이러한 관점은 현대의 그것과 사뭇 다른 것이나, 유감스럽게도 남녀 간의 차별은 서양에서도 오랜 전통을 지니고 있다가, 1960년대에 들어와 최종적으로 진정한 평등관계로 변했다.

이렇듯이 우주 만물에도 위계질서가 있었고, 또 인간의 감정에도 사정은 유사하였으니, 분별력 있는 사고, 곧 이성이 최고의 자리를 차지하였고 열정은 그보다 열등한 것으로 간주되었다. 열정 가운데에서도 심장의 지시를 따른 것은 더 고귀한 것으로, 그리고 간의 지배를 받는 것은 더 저급한 것으로 간주되었다. 우주와 사회 그리고 인간의 감정, 이 모든 것들에 엄연한 질서와 위계가 있다고 중세인들은 믿었다.

르네상스 시대에 접어들면서 현대와 완전히 다른 질서와 위계의 표상체계로 세계를 바라보던 중세의 전통은 서서히 무너지기 시작하였다. 중세적 질서의 와해는 대륙에서, 즉 이탈리아 지방에서 먼저 이루어졌다. 근대적인 질서를 선취하여 뚜렷하게 보여주었던 르네상스의 정신적인 충격은 이미 15세기에 들어와서 이러한 낡은 체계를 무너뜨리는 데에 일조하였고, 이어 16세기에도 코페르니쿠스, 마키아벨리 그리고 조르다노 브르노와 같은 사상가들의 저서에 힘입어, 중세의 낡은 표상체계들은 속속 무너지고 있었다.

셰익스피어의 작품들은 직간접적으로 엘리자베스 여왕 시대의 국가와 세계질서에 대한 불안을 주제로 삼고 있다. 훌륭한 왕은 어떤 존재여야 하는가, 합법적인 지도자라 하더라도 어떤 경우에 타도될 수 있는가 등의 정치적인 문제가 그의 작품에 자주 등장하고, 특히 비극에는 중세적인 질서관이 더욱 뚜렷하게 표현된다. 비극의 주인공들은 도덕적 질서를 손상시키는 범죄를 범할 경우, 우주의 질서 자체가 위기에 빠진다는 점을 강조해서 보여준다. 열정이 이성보다 더 지배적으로 군림할 때, 동물적 본성이 천사적 본성보다 더 위에 자리잡게 되고, 따라서 우주의 질서는 무너질 수밖에 없다. 셰익스피어가 이성과 열정의 대립을 통해 표현하고자 했던 내용의 핵심도 바로 여기에 있다. 욕심 많고 성깔이 고약한 맥베스의 아내가 남편에게 잠들어 있는 욕심을 일깨워주어 이로 인해 고귀한 성품의 맥베스가 야수로 변하여 잔인한 살육에 나서는 행위는 열정과 욕망으로 인해 이성적인 판단이 무너지고, 결국 파멸로 이어지는 좋은 예를 보여준다. 맥베스의 간에 담겨 있는 저열한 열정은 인간의 마성적 본성을 일깨우고, 이로 인해 질서 자체가 무너진다. 마찬가지로 이성의 세계가 무력화되면, 우주의 질서 역시 무너질 수밖에 없다. 이러한 주제가 셰익스피어의 비극을 관류하는 가장 중요한 원리이기도 한데, 『햄릿』의 주제 역시 이러한 틀을 크게 벗어나지 않는다.

햄릿, 치밀하고 완벽한 이성적 인간

운문과 산문을 혼용하여 5막으로 구성한 셰익스피어의 대표적 비극 『햄릿』에도 이성과 열정이라는 주제가 잘 드러난다. 햄릿은 덴마크 왕국의 왕세자로, 대학에서 공부하다가 아버지가 죽었다는 소식을 듣고

로렌스 올리비에 주연의 영화 〈햄릿〉(1948)의 한 장면

장례식에 참석하기 위해 귀국한다. 아버지는 뱀에 물려서 죽은 것으로 알려졌으나, 실제로 왕위를 탐한 작은아버지, 클로디어스에 의해 살해되었다. 아버지가 죽자, 작은아버지는 "한쪽 눈으로는 웃으며, 다른 한쪽 눈으로는 눈물을 흘리며" 형수이자 햄릿의 어머니인 거트루드와 결혼하는데, 중세적 가치로 볼 때, 형수와 시동생의 결혼은 근친상간에 가까운 범죄로 간주된다. 아버지를 잃은 젊은 햄릿은 슬픔을 이기지 못하고, 아들의 슬픔을 위로하려는 어머니 거트루드의 노력도 성공을 거두지 못한다. 어머니는 "살아있는 것은 모두 죽을 수밖에 없단다/ 자연을 지나서 영원에 이르게 되는 거야"(1막 2장)라고 삶과 죽음의 이치를 가르치지만, 햄릿의 슬픔을 달래주지 못하고, 햄릿 스스로도 죽고 싶은 충동에 시달린다. 햄릿은 아버지가 죽은 지 채 두 달도 되지 않았는데 어머니가 작은 아버지와 재혼한 것이나, 숙부가 왕권을 이어받은 것 모두를 저주한다.

어느 날 엘리노어 성에 죽은 선왕을 닮은 유령이 나타나 호레이쇼는 친구인 햄릿에게 알려준다. 햄릿은 이 말을 듣고 직접 야간 경비를 서다 유령을 만나는데, 이 유령은 선왕이 클로디어스에게 독살되었다고 말하며 복수를 요청한다. 햄릿은 복수를 준비하며 의심을 피하려고 미친 것처럼 행동하고 연인 오필리아까지 거부한다. 햄릿은 아버지를 죽인 범인을 찾아내기 위해 아버지가 독살되는 상황을 연극으로 공연하면서 지켜본다. 작은아버지 클로디어스는 관람 도중에 괴로움을 견디지 못하고 자리를 뜨고, 햄릿은 클로디어스가 죽였다는 걸 확신한다.

그 후 햄릿은 어머니와 이야기를 하는 도중 커튼 뒤에 숨어있던 오필리아의 아버지 플로니어스를 클로디어스로 착각해 죽이고, 오필리아의 아버지를 살해한 혐의로 영국으로 추방되지만 왕의 계략을 역이용하여 귀국한다. 오필리아는 실연과 아버지의 죽음으로 자살하고 오빠인 래어티스는 클로디어스와 공모하여 햄릿을 죽이려고 한다.

레어티즈는 햄릿에게 검술 시합을 제안하면서 한편으로는 독을 바른 칼과 독약이 든 술을 준비한다. 햄릿은 독을 바른 칼에 부상을 입지만 클로디어스를 찔러 아버지의 복수를 한다. 어머니 거트루드는 클로디어스가 햄릿에게 주려고 준비한 독주를 마시고 죽고, 햄릿도 죽어가면서 친구 호레이쇼에게 자기 이야기를 세상에 전해달라고 부탁한다. 왕권은 노르웨이 왕의 조카인 포틴브라스에게 돌아가고 그는 국장을 거행한다.

이성과 열정의 대립

햄릿 일가는 이렇게 파국에 이르니, 이 작품은 비극이 분명하다. 그렇다면 비극성의 본질을 어디에서 찾을 수 있을까? 클로디어스는 저급한 열정의 대표자다. 맥베스와 마찬가지로 클로디어스는 왕권을 얻으려는 욕망 때문에 형이기도 한 선왕(햄릿의 아버지)을 살해하고 형수와 결혼하여 천륜을 어긴다. 작은아버지 때문에 아버지를 잃은 햄릿은 반대로 얼핏 보기에 열정이 없는 매우 치밀하고 이성적인 인물이다. 햄릿의 치밀함은 아버지를 죽인 범인이 클로디어스라고 생각하면서도, 다시 확신을 갖기 위해 아버지의 죽음 장면을 연극으로 공연하여 클로디어스의 반응을 탐색하는 데서도 나타난다. 햄릿은 억울하게 죽은 아버지를 위해서 작은아버지에게 복수를 꿈꾼다. 그러나 햄릿의 복수는 자꾸 미루어진다. 기도 중인 클로디어스의 등 뒤에서 칼로 찔러 저승으로 보낼 수 있는 순간에도 햄릿은 지나치게 신중하여 망설이다가 결정적인 기회를 놓친다.

성격상 햄릿은 셰익스피어의 시대에 자주 문학의 주제로 부상하였던 멜랑콜리적 속성을 보여준다. 그는 늘 깊은 사념에 잠겨 우유부단하고, 생각을 행동으로 옮기기를 주저한다. 그런 자신을 부끄럽게 여기면서도 과단성이 결여되어, 늘 깊은 사념에 빠져드는 햄릿이 그렇다고 해서 내성적인 몽상가나 세상에 등을 돌린 은둔자는 아니다. 연인이었던 오필리아는 그를 "국가의 꽃이자 희망"으로 찬양한다. 햄릿은 "궁정사람들의 눈과 학자의 혀"뿐만 아니라, "전사의 팔"을 지닌 사람이라는 것이다. 햄릿은 또한 계획을 한 번 품으면 냉철하면서도 철저하게 수행하는 인물이기도 하다. 그렇다면 햄릿은 왜 복수를 자꾸 미루는가? 그 이유는 열정에 사로잡혀 일을 그르치지 않고, 단칼에 완벽하게 해치우기 위해서다. 복수의 의도 역시 매우 단호하다. 햄릿은 아버지를 죽인 클로디어스에게 참회할 기회도 주지 않고, 그를 죄인으로 처단하여 저승으로 보내고자 한다. 햄릿의 우유부단함은 따라서 약하고 소심하기 때문에 발생하는 것이 아니라, 완벽한 복수 다시 말하면 죄인을 단 칼에 단죄하기 위한 의도에서 나온 것이다. 햄릿이 오필리아의 아버지(폴로니우스)를 클로디어스로 오인하여, 장막 뒤에 있는 그를 냉혹하게 칼로 찌르는 장면은 햄릿이 얼마나 단호하게 행동하는 인물인지를 명확하게 보여준다. 햄릿을 이성적인 인물로 부를 수 있는 이유도 여기에 있다. 햄릿이 자신을 죽이라는 왕명을 받아 실행에 옮기려는 로젠크랜스와 길덴스턴을 정확하고 단호하게 제거하는 데에서 알 수 있듯이, 햄릿은 매우 치밀하고 완벽하게 자신의 적들을 제거하는 데, 그 이유는 햄릿이 매우 사려 깊은 이성적인 인물이기 때문이다.

한편 햄릿이 즉각적인 행동에 돌입하지 않는 이유는 오히려 열정의 부족 때문이다. 열정에 사로잡혀 앞뒤를 가리지 않고 무턱대고 행동에 나서는 인물의 맨 반대쪽에 햄릿이 위치해 있는 셈이다. 따라서 작품 3막에 나오는 유명한 대사, "사느냐, 죽느냐 그것이 문제로다"라는 대목에서 햄릿의 우유부단한 무능력을 읽어낸다면 이 작품의 전체적인 맥락을 그르칠 수 있다. 햄릿이 독살된 아버지를 두고도 결연한 복수에 나설 열정이 부족함을 탓하는 대목은 이를 입증한다. 햄릿은 열정보다도 이성, 곧 분별력 있는 사고를 더 중시하고, 아버지의 죽음을 복수할 때에도 이러한 원칙이 적용된다. 햄릿이 복수를 망설이는 이유는 단번에 완벽하게 일을 처리하기 위함이지, 복수 자체를 망설이는 심약한 인간 유형이기 때문에 그런 것은 아니다.

셰익스피어의 비극들이 대체로 통제하지 못한 열정으로 이성이 무기력해짐을 보여주는 데에 반해, 『햄릿』의 주인공은 자신의 이성을 철저하게 지켜나간다. 그러나 작품 끝 부분은 햄릿 스스로도 열정에 빠지지 않을 수 없음을 보여준다. 사랑하는 연인 오필리아가 죽고, 오빠 래어티스가 그녀의 관을 붙잡고 눈물을 흘리자, 햄릿은 오필리아의 무덤에 뛰어들며 자신의 슬픔을 이렇게 표현한다.

> 오필리아를 사랑했어. 그녀를 사랑했던 오빠가
> 사천 명이라 해도, 내가 그녀를 사랑한 정도에는
> 이르지 못했으리. (『햄릿』, 5막)

억제했던 열정, 혹은 격정에 휩싸여 무덤에 뛰어든 햄릿의 공간적 위치는 이제 과거와 다르게 설정되어 있다. 무덤에 뛰어드는 장면의 설정이 이를 잘 보여준다. 격정에 휩쓸린 햄릿은 더 이상 주변에 대한 통제와 분별력을 잃어버린다. 이를 계기로 햄릿은 이성적인 위치를 벗어나, 격정과 열정의 세계에 빠져들고, 결국 파멸의 길을 가게 된다.

셰익스피어 비극의 이중성

그렇다면 열정은 늘 나쁜 것인가? 셰익스피어 비극의 특징 가운데 중요한 점은 중세의 가치관과 달리 이성과 열정 사이의 구분이 모호하다는 점이다. 중세에는 이성은 선이고 열정은 악으로 명확하게 구분되었지만, 셰익스피어의 경우는 다르다.

햄릿이 단호한 행동에 이르지 못한 것은 열정의 부족 때문인데, 다른 관점에서 보면 이 사실은 열정이 인간을 행동의 실천으로 옮기고, 따라서 영웅을 만드는 조건이라고 셰익스피어가 판단하고 있음을 보여준다. 그러면서도 동시에 열정은 인간을 맹목적으로 만들고 파멸로 이끄는 요인임이 드러나기도 한다. 셰익스피어의 경우, 열정은 선이며 동시에 악으로 기능한다는 점에서, 열정을 늘 악으로 규정하는 중세적 문화와 차이점이 드러난다. 셰익스피어에게 열정은 과감한 행동으로 나서게 하는 긍정적인 요소이면서 동시에 파멸의 원인이기도 한데, 이것은 선과 악에 관한 중세의 절대적인 기준이 1600년이라는 시대적 배경에서는 이미 무너지고 있음을 반영하고, 셰익스피어의 문학은 중세의 가치관과 결별하고 있음이 드러난다. 셰익스피어가 도덕적인 측면에서 이성이 더 우월한 것임을 분명히 하고 있지만, 햄릿처럼 지나치게 이성적인 인물이 지닌 우유부단함은 오히려 결점이 된다는 것을 보여준다.

셰익스피어의 비극에 나타나는 이성과 열정 사이의 관계는 셰익스피어의 작품들이 쓰여진 시대적 배경과 관련하여 해석해야 한다. 이 작품들은 이미 중세를 벗어난 근대 초입에 만들어졌다는 것, 따라서 근대적 문화의 풍토를 반영하고 있다는 점을 고려할 때, 셰익스피어의 비극이 지니는 문화적 특징들이 드러난다. 열정이 처음부터 열등한 것이 아니라는 것, 오히려 열정은 이성과 조화를 이룸으로써 더 완벽해질 수 있다는 점은, 열정을 무조건 억압하려 했던 중세적 가치와의 결별을 선명하게 보여준다.

이성과 열정의 조화는 근대로 이행해가는 영국 엘리자베스 여왕 시대에 두드러진다. 17세기 영국에는 이미 근대의 정치형태인 절대주의가 모습을 드러내고 있었고, 정치는 의회주의의 형태를 취하고 있었으며, 사유체계에서는 경험주의가 이론적 토대를 마련해가고 있었다. 홉스가 인식의 근거로 인간의 감각을 강조했고 데카르트는 인간의 사유를 인식의 토대로 삼았던 것과 달리, 영국의 경험론은 인간의 감각적 요소들을 경험의 중요한 원천으로 삼았다. 홉스는 인간에 잠재되어 있는 늑대적 본성 곧 열정과 격정의 세계를 이성에 기초를 둔 '상식'이라는 개념을 통해 순화시킬 것을 주장했다. 로크는 인간의 이성과 감각적인 인지를 동일한 차원에 놓았다. 영국의 지적 풍토에서 정신(이성, 도덕)과 육체(열정, 격정, 자연)가 균형에 도달하는 계기는 이렇게 해서 마련된다.

이후 18세기에 접어들면서 유럽은 이 두 요소가 때로는 분리되고, 때로는 합치되면서 다양한 문화적 변동을 만든다. 육체, 열정, 격정, 자연과 같은 요소들을 극단적으로 강조했던 흐름이 "질풍과 노도"였고, 이후에 이를 부활하고자 했던 흐름이 낭만주의(영국문학에서 워즈워스, 콜리지)였다. 이 두 요소의 통합은 고전주의에 이르러 다시 시도된다.

영화 〈냉정과 열정 사이〉의 경우

2000년 무렵 일본에서는 쓰지 히토나리와 에쿠니 가오리가 『냉정과 열정 사이』라는 소설을 발표한다. 두 명의 저자가 하나의 사랑을 서로 다른 관점에서 쓴 점이 흥미로운데, 츠지 히토나리는 『냉정과 열정 사이: Blu』(1999)를, 에쿠니 가오리는 『냉정과 열정 사이: Rosso』(2001)를 썼다. 이 소설은 20대 대학시절, 서로 사랑하다가 헤어진 두 남녀, 쥰세이와 아오이가 10년 후에 다시 만나기로 한 약속을 소재로 한 것인데, 츠지 히토나리는 이 소설의 블루편을, 즉 쥰세이의 입장에서 서술했고, 에쿠니 가오리는 아오이의 입장에서 이 소설의 한 부분을 썼다. 쥰세이와 아오이는 대학시절 서로 사랑했지만, 10년 후 피렌체의 두오모(성당)에서 다시 만나자는 약속을 한 채 헤어진다. 피렌체의 두오모는 영원한 사랑, 이별없는 사랑을 뜻한다는 속설을 믿을 정도로, 이들은 영원한 사랑을 추구했다.

그러나 이들은 쥰세이의 할아버지의 유산 문제와 관련하여, 쥰세이의 아버지의 방해로 어쩔 수 없이 헤어진다. 10년이 지난 시점에 쥰세이는 피렌체에서 미술작품을 복원하는 일을 하고, 아오이는 밀라노의 보석가게에서 근무한다. 밀라노의 서로 다른 곳에서 일하는 이들은 각각 다른 연인을 사귀고 있지만, 20대에 겪은 두 사람만의 사랑을 잊지 못한다. 아오이는 미국인 사업가를 애인으로 두고 있으면서도, 20대에 나눈 사랑을 잊지 못하고, 쥰세이 역시 애인이 있지만 아오이를 잊지 못한다. 헤어질 때, 이들은 30세 되는 해 아오이의 생일날에 피렌체의 성당에서 만나자는 약속을 해 놓았던 터라, 쥰세이는 아오이의 30세 생일날 올지 안올지도 모르는 아오이를 만나기 위해 피렌체의 성당 계단을 올라간다. 그곳에서 마침내 쥰세이와 아오이는 극적으로 상봉한다. 2003년 나카에 이사무 감독이 이 소설을 영화로 만들어, 〈냉정과 열정 사이〉

영화 〈냉정과 열정 사이〉의 한 장면

라는 제목으로 제작하였다.

냉정과 열정은 작품에 어떻게 표현되는가? 쥰세이는 한편으로는 아오이에 대한 사랑, 곧 열정을 품고 있으며, 동시에 아오이에게 미국인 애인이 있으니, 아오이를 다시 뺏어오는 것은 옳지 않다는 감정, 곧 냉정을 잃지 않는다. 냉정과 열정 사이를 오가는 쥰세이, 냉정한 현실을 받아들이면서도 열정을 떨칠 수 없는 쥰세이는 이렇게 말한다.

> 이 순간 과거도 미래도 퇴색하고 현재만이 빛을 발한다.(…) 과거도 미래도 현재를 이길 수 없다. 세계를 움직이는 것은 바로 지금이라는 일순간이며 그것은 열정이 부딪혀 일으킨 스파크 자체다. 과거에 사로잡히지 않고 미래를 꿈꾸지 않는다. 현재는 점이 아니라 영원히 계속 되어 가는 것이라는 깨달음이 내 가슴을 때렸다. 나는 과거를 되살리지 않고 현재를 울려 퍼지게 해야 한다.

아오이와의 사랑을 이어가고 싶어하는 쥰세이로서는 이상과 현실,

열정과 냉정 사이에서 방황하면서도 전자에 더 많은 무게를 두고 있는지도 모른다. 그러나 아오이의 경우는 상황이 다르다.

에쿠니 가오리는 아오이의 입장에서 이 두 사람의 사랑이야기를 서술한다. 아오이 역시 담담하게 일상을 살아가면서도 쥰세이와의 사랑을 잊지 못한다. 냉정과 열정의 교차는 아오이에게도 마찬가지로 남아있다. 쥰세이를 만나기로 한 날 피렌체의 성당에 나타난 아오이는 냉정과 열정, 사랑의 환희와 현실의 절망이 뒤섞이는 감정을 느끼는데, 이것은 파란색과 장밋빛의 하늘색으로 묘사된다. 10년 동안 그리워했던 쥰세이를 만나서, 서로 사랑을 재확인하지만, 그녀는 과거의 사랑에 얽매이지 않고 자기 자신으로 돌아온다. 작품에 나온 대사 "인생이란 그 사람이 있는 곳에서 성립하는 것이고, 사람이 있을 곳이란 누군가의 가슴 속뿐이다."라는 말은 냉정과 열정 사이를 오고가면서도 냉정을 잃지 않는 아오이의 심리를 잘 표현한다. 열정으로만 보면 지속적인 사랑을 나누어야 하지만, 냉정의 시선으로 보면, 사랑은 가슴에 묻고 현실을 받아들이지 않을 수 없다. 냉정과 열정 사이를 오가는 아오이는 어쩌면 냉정에 더 무게를 두고 있다고 볼 수밖에 없다. 쥰세이를 사랑하면서도 현실을 받아들일 수밖에 없기 때문이다.

인간에게는 이렇게 냉정과 열정, 즉 이성과 감성이 함께 있다고 보아야 한다. 어느 쪽에 더 무게를 두는가?라는 문제에는 개인적인 차이, 문화적인 차이가 있고, 또 역사적인 차이가 있다.

고대 비극 『안티고네』의 경우

인간은 숙명적으로 이성과 열정의 대립 속에서 살아갈 수밖에 없다. 그럼에도 불구하고 그 사이의 중용을 지키는 것을 서양에서는 미덕으로 삼았는데, 그 좋은 예가 고대 그리스 비극에 나와 있다. 기원전 442년에 공연되었을 것으로 보이는 소포클레스의 『안티고네』를 중심으로 이 문제를 살펴보기로 하자.

중심 무대는 고대 그리스의 도시국가 테베이고, 그곳의 왕은 크레온이다. 크레온은 칙령을 내린다. 반역죄로 처벌받은 폴리네이케스에 대한 보복으로 시신의 매장을 금지하며, 이를 위반하는 자까지 사형에 처하겠다는 것이다. 얼핏 이러한 칙령은 국가를 수호하려는 의지로 보이지만, 실제로는 원수를 처벌하고자 하는 크레온의 극단적인 성격을 드러낸다. 중용, 타협에 이르지 못하고, 극단에 치우치는 성격을 고대 그리스어로 히브리스라고 불렀는데, 이것은 성격비극에 나타나는 비극적 파멸의 제1원인이다.

작품 시작 부분에 처형된 폴리네이케스의 두 누이인 안티고네와 이스메네의 대화를 들여다보면, 크레온의 히브리스가 분명하게 드러난다. 극이 진행되면서 크레온의 만용은 더욱 노골화된다. 크레온의 전횡은 극에 달하고, 중용과 타협을 모르는 그의 행동에는 모순이 드러난다. 매장을 금지한 칙령을 발표하는데, 그 직후에 익명의 행위자가 시신을 매장했다는 소식이 들리는 것은 그 한 예다. 합창단은 매장은 신의 뜻임을 크레온에게 알려주지만, 크레온은 이러한 행위가 국사를 문란케 하는 행위에 불과하다고 생각하고, 이를 무시한다. 그러다 두 번째로 매장 소식이 들리는데, 이것은 안티고네가 저지른 일이다. 매장은 가족으로서의 도리이고 신의 율법을 따른 것이라고 항변하면서 안티고네는 오라비를 매장하지만, 크레온은 이를 인정하지 않고 안티고네를 처벌하겠다고 나선다. 이스메네는 서슬퍼런 크레온 앞에서 스스로 죄를 뉘우치며 용서를 구하지만, 안티고네는 이를 비판하고 잘못을 시인하려들지 않는다. 그녀 역시 중용의 길을 걷지 못하는 것이다.

결국 크레온은 안티고네를 처형하도록 명령한다. 안티고네와 약혼한 사이인 크레온의 아들 하이몬이 안티고네의 사면을 청원하지만, 뜻을 이루지 못한다. 마침내 하이몬은 직접 옥에 갇힌 안티고네를 구출하려 들지만, 이미 안티고네는 자살한 후였다. 연인의 죽음을 목격한 하이몬도 자살하고, 충격을 받은 왕비 오이리디케도 자살한다. 크레온만이 혼자 남아 이 모든 슬픔을 감당하는 것으로 작품은 끝난다.

작품에 등장하는 안티고네나 크레온은 현실과 이상 사이의 갈등을 겪다가 둘 사이를 매개할 중용의 길을 찾지 못하여 결국 파멸한다는 것이 이 작품이 전하는 주제다. 현실과 이상, 이성과 열정 사이의 대립에서 어느 극단으로 치우치지 않을 것을 이 작품은 주장하는데, 작품에 등장하는 두 인물은 중용에 이르지 못하고 파멸한다. 이것은 인간이 가지고 있는 히브리스, 즉 이성과 열정의 극단적 대립을 잘 보여준다. 이미 고대 그리스 시대에서부터 인간이 가지고 있는 이중성이 이 비극에서 분명하게 드러난다.

괴테의 『파우스트』의 경우

『파우스트』 시작 부분에 세 명의 천사가 등장하여 노래를 부른다. 천계를 관장하는 대천사 라파엘과, 대기의 제 현상을 다스리는 대천사 미카엘, 그리고 대지를 다스리는 대천사 가브리엘이 그들이다. 약간의 차이는 있지만 이들의 노래는 질서와 혼란의 대립과 통일이 주제를 이룬다. 자연은 겉으로 보기에는 혼란스럽고 무질서하지만 그 배후에는 엄격한 신의 뜻이 살아 있어서, 세계는 혼란스러워 보여도 결국에는 질서가 근본 원리로 자리잡고 있다는 것이다. 밤과 낮이 교체되고 폭풍과 파도가 일다가도 평온해지는 현상을 들어, 이들은 우주의 삼라만상이 일사불란한 조화를 이루고 있다고 주장하고, 이것을 신의 뜻으로 찬미한다. 『파우스트』에서 괴테가 대천사들의 노래를 통해 주장하는 것은 단순히 자연에 관한 이야기에만 그치는 것은 아니다.

이 작품이 쓰여진 시대가 고전주의인데, 고전주의가 궁극적으로 관심을 가졌던 분야는 인간이었다. 따라서 자연 현상은 인간의 본성에 관한 묘사로 보아도 크게 무리는 없다. 인간은 열정에 의해 지배되는 듯이 보이지만, 실제로는 이성의 범위 안에 있다는 것, 즉 이성과 열정은 조화를 이루고 있다는 것이 괴테의 관점이고 고전주의의 세계관이다. 그 증거는 작품 곳곳에서 볼 수 있다.

줄거리의 핵심은 파우스트와 메피스토의 내기다. 파우스트는 학자로서 이성적인 인물이고, 그는 자신의 이성을 통해 이 세계를 움직이는 깊은 원리를 찾아내려 한다. 그러나 실패하자 우울에 빠져 자살을 시도하는데, 이 순간 메피스토가 등장하여 파우스트에게 내기를 제안한다. 내용은 스스로 종이 되어 파우스트가 원하는 모든 것을 다 들어주되, 파우스트가 죽은 후에는 그의 영혼을 가져가겠다는 것이다. 파우스트는 메피스토의 도움으로 온갖 쾌락의 세계, 열정의 세계에 빠져든다. 그레트헨이라는 여자와의 육체적 사랑이 그 대표적인 예다. 학문의 세계를 추구하며, 가장 깊은 곳에서 자연만물을 움직이는 최후의 원리를 찾아내겠다는 파우스트와 그에게 온갖 쾌락을 가능하게 해주는 메피스토는 각각 인간이 가진 이성과 열정의 영역을 뜻하고, 이런 의미에서 이 두 인물은 인간의 대립적인 두 세계를 가리킨다고 볼 수도 있다. 이런 점에서 메피스토는 파우스트의 또 다른 자아일 것이다.

이성과 열정의 상호작용을 이해하지 못하는 메피스토가 인간을 천상의 불빛을 탐하기 위해 뛰어올랐다가도 결국은 쓰레기더미나 파먹고 사는 메뚜기에 비유하자, 하느님은 “인간은 추구하는 한, 방황한다.”라며 방황은 추구의 한 요소임을 암시한다. 방황이 좌절이나 절망으로 이어지는 것이 아니라 추구하는 마음과 함께할 경우, 오히려 긍정적인 요소가 될 수 있는데, 하느님은 작품에서 이렇게 말한다. "늘 추구하면서 노력하는 사람은 구원에 이를 수 있다."

추구와 방황은 이런 맥락에서 인간이 가진 이성과 열정의 대립으로 읽을 수 있다. 인간의 지혜, 이성에는 한계가 있고, 방황도 인간 조건의 하나일 수밖에 없다. 그러나 방황하면서도 하늘의 빛인 이성을 꺼뜨리지 않는 한 향상의 길은 열려 있다. 그리고 그 하늘의 빛이 맑고 밝은 곳, 곧 신들의 영역으로 인도해 준다. 가장 중요한 것은 현재 성취한 것에 만족하지 않고 보다 높은 곳을 향한 동경을 버리지 않는 것이다. 즉 주위 세계와 자기의 영혼을 완성하기 위해 끊임없이 노력하는 것, 이것이 바로 인간을 인간답게 만드는 것이다. "선한 인간은, 비록 어두운 충동에 휩싸여 있더라도, 올바른 길을 잘 알고 있다."라는 표현은 인간에게 이성과 열정이 어떻게 조화를 이룰 수 있는지를 잘 보여준다.

철학의 관점에서 본 이성과 열정의 문제

서양 정신사의 뿌리를 이루었던 고대 그리스 시대에도 인간이 가지고 있는 이성적 요소와 열정적 요소에 관한 통찰이 시도된 것은 분명하다. 고대 그리스 철학자들은 인간은 이성적이면서 동시에 감정적이라는 점, 그럼에도 불구하고 이성적 요소를 더 높이 여겨야 한다는 당위성을 역설했다. 플라톤이 육체를 영혼의 자유를 방해하는 감옥과 같은 것으로 여긴 이유, 그 스승이었던 소크라테스가 자신의 죽음을 당당하게 받아들인 이유도, 이성의 터전인 영혼이 감정과 열정의 토대가 되는 육체보다 더 우월한 것이라는 인식에서 비롯된 것이다.

이러한 철학적 사유를 이어받은 인물이 아리스토텔레스였는데, 이 철학자에게 문제는 정신, 곧 이성을 지닌 인간이 왜 늘 이성의 통찰을 따르기 어렵냐는 것이다. 즉 이성적인 인간, 정신적인 인간의 의지의 취약성은 어디에서 연유하는가라는 문제를 아리스토텔레스는 고민했는데, 이 문제가 『니코마코스 윤리학』 제7권 10장, 「자제력 없음과 품성」에서 다루어진다. 이성적인, 정신적인 인간이 때로는 자신의 이성을 배반할 수밖에 없는 이율배반이 어디에서 나오는가라는 문제가 바로 그것이다. 이성적이고 정신적인 인간의 의지의 취약성, 즉 자제력이 없는 이유는, 인간이 자신의 습관을 바꾸기가 어렵기 때문이다. 감성, 열정에 휩쓸리는 습관이 인간에게는 존재론적으로 주어져 있고, 이로 인해서 인간은 이성적임에도 불구하고 열정에 휩쓸릴 수밖에 없다.

약간의 차이는 있지만, 플라톤에서 아리스토텔레스에 이르는 과정에서 성립한 서양의 제1계몽주의에서는 인간의 이성에 대한 신뢰가 확고하다. 이성적인 존재로서의 인간은 감정을 통제하고, 성공적인 삶을 위해서 감정을 다스릴 줄 아는 존재라는 것인데, 이러한 입장은 중세를 거쳐 근대에 이르기까지 서양의 정신사의 큰 흐름으로 이어진다. 예를 들면 근대의 대표적인 철학적 사유를 열었던 칸트는 「계몽이란 무엇인가」라는 글에서, 인간은 이성을 통해 미성년 상태에서 벗어나는 존재라는 입장을 강조함으로써, 이성과 감정의 대립에서 이성의 편에 선다. 역시 같은 의미에서 의무와 기호의 대립을 강조하는데, 여기서 의무는 이성과, 기호는 감정과 관련된다. 칸트에 따르면 실천이성, 도덕적 선의 의지 그리고 여기에 기초를 둔 의무감만이 정당한 행동의 기준이 될 수 있다. 기호의 요소가 섞임으로써 의무감이 영향을 받으면, 이것은 단순한 이기심과 악으로의 유혹이 될 수 있다. 일체의 기호에서 벗어난 채, 의무감에서 나온 행동만이 도덕성이라는 도덕적 명칭을 부여받을 수 있다. 도덕과 선의 동기는 오로지 이성에 기초를 두어야 한다는 것이다.

칸트의 철학적 입장은 같은 시대 독일 고전주의 작가인 실러의 문학에 고스란히 반영된다. 실러는 「우아와 품위에 관하여」(1793)라는 논문과 「인간의 미적 교육에 관하여」(1795)에서 인간에게 내재해 있는 의무와 기호라는 두 대립적인 요소를 밝히며, 이를 어떻게 조화롭게 만들 것인지 모색한다. 실러는 인간의 유형을 '품위 있는 인간'과 '우아한 인간'으로 나눈다. 품위 있는 인간이란, 감정을 억제하고 이성을 실현하려는 인간이다. 그러나 이런 유형의 인간에게는 자신의 충동과 열정을 억누른다는 불만이 내재할 수 있다. 가장 이상적인 인간 유형은 이 두 요소가 어느 한쪽에 치우치지 않고 조화를 이루는 인간인데, 실러는 이를 우아한 인간으로 보았다. 실러에 따르면 전자는 숭고한 정신의 소유자이고, 후자는 아름다운 정신의 소유자이다. 그렇다면 어떻게 우아한 인간을 만들 수 있을 것인가? 그 내용이 「인간의 미적 교육에 관하여」라는 글에 실려 있다. 실러는 미적 교육, 즉 예술을 통해서 인간의 본성인 충동을 극복할 수 있다고 보았다. 고대의 비극과 같이, 개인과 공동체의 조화를 위해 헌신하는 인물이 등장하는 연극을 통해서 인간은 이성과 감성의 완벽한 조화에 도달할 수 있다고 본다. 충동을 억눌러야 한다는 강압 없이, 이성과 감성의 조화로운 발전이 가능하다는 것이다. 실러에 따르면 올바른 길을 찾는 데에는 이성이 작용하나, 이를 실천에 옮기기 위해서는 "살아 있는 감정"이 역할을 할 수 있다. 이렇게 이성과 감정이 조화를 이룬 상태의 인간이 우아한 인간이다. 그리고 그 방법은 오로지 미적 교육을 통해서만 가능하다. 미학, 예술을 통해서 인간이 이성과 감성의 조화를 실현할 수 있다고 본 실러의 관점은 실러가 인간의 근본적인 충동을 유희에서 찾기 때문이다. 다시 말하면 인간을 이루는 것은 이성도 감정도 아니다. 미적 유희가 인간의 본질이다.

참고문헌

* 이 글은 필자가 기존에 발표한 서양문학에 관한 저서[김길웅(2011)]의 내용 일부를 인간학적 차원으로 보완하여 확대 재구성한 것임.

김길웅, 『문화로 읽는 서양문학 이야기』, 아카넷, 2011.

괴테, 『파우스트』, 정서웅 옮김, 민음사, 1999.

셰익스피어, 『햄릿』, 최종철 옮김, 민음사, 1998.

소포클레스, 『오이디푸스왕, 안티고네』, 천병희 옮김, 문예출판사, 2001.

3

죽음

/

"모든 사람은 행복을 추구한다.
스스로 목을 매려는 사람까지도"

인간은 죽는다. 뿐만 아니라, 동물도 식물도 다 죽는다. 죽는 것을 죽음이라고 한다. 너무나 당연한 말이지만, 죽음은 많은 충격을 준다. 생로병사를 가리켜 인간이 겪는 네 가지 근본적인 변화라고 부른다. 죽음은 더없는 충격과 고통을 주기 때문에, 예술에서 자주 주제로 등장한다. 그림 한 편을 보자.

다비드의 「마라의 죽음」

프랑스의 화가 다비드는 프랑스혁명의 영웅인 마라의 죽음을 기념하여 1793년에 이 그림을 그렸다. 잘 알려져 있듯이, 프랑스혁명 당시 자코뱅당과 지롱드당이 대립했는데, 이 그림에서 죽은 모습으로 등장하는 인물은 자코뱅당의 당원이자, 프랑스혁명의 지도자 가운데 한 사람이었던 마라다. 자코뱅당은 마라Jean-Paul Marat, 당통, 로베스피에르 등이 주축이 되어 설립되었고 급진적인 혁명을 추구했다. 화가 다비드도 마라와 같은 자코뱅당 소속으로, 그의 혁명이념을 공유했다. 이들은 혁명의 걸림돌이었던 루이 16세를 단두대로 보내 처형했고, 로베스피에르는 이러한 공포정치를 선두에서 이끌었다.

1793년 7월 13일, 피부병 때문에 자주 목욕을 하던 마라가 욕실에서 칼에 찔려 죽었다. 머리에는 터번처럼 보이는 모자를 쓰고, 비록 어둠 속에 가려져 있기는 하지만, 쇄골 아래에 칼에 찔린 자국이 선명하다. 마라의 이러한 죽음은 벗은 몸이 더 뚜렷하게 보여주는 근육질의 건장한 신체와 대조가 된다. 욕조는 이미 피로 붉게 물들었고, 그 앞에는 범인 샤를로트가 휘두른 칼이 덩그렇게 놓여 있다. 샤를로트는 인민의 벗을 자처한 마라의 경계심을 풀기 위해 스스로 가난한 사람임을 자처하며 도움을 요청하는 청원서를 들고 접근했는데, 그가 전한 쪽지를 든 마라의 왼손은 그를 더욱 더 혁명의 영웅으로 보이게 한다.

마라와 혁명의 이념을 공유한 다비드는 동지의 죽음을 추억하며 이 그림을 그렸는데, 욕조 옆에 자리한 작은 탁자에 쓰인 "마라를 위해서, 다비드À Marat, David"라는 글은 이러한 맥락을 보여준다. 혁명을 최전선에서 이끌었던 마라와 지극히 단순하고 소박한 그의 탁자는 오로지 혁명의 이념을 실현하기 위해 헌신한 마라의 청렴함을 더욱 두드러지게 해준다. 배경은 어둡게 처리되어 세부묘사는 감추어져 있지만, 특징적인 것은 배경이 오른쪽으로 갈수록 밝은 빛깔을 보여준다는 점인데, 이것은 더 나은 미래를 실현하려는 고전주의적인 이념과 관련된다. 이런 관점에서 그림을 다시 보면, 죽어가는 마라의 모습도 유사한 맥락에서 읽을 수 있다. 죽어가는 마라는 왼손은 도움을 구하는 민중의 청원서를 들고 있고, 오른손은 깃털로 만든 펜을 쥐고 있는데, 그 손은 죽어가는 사람의 것으로 보기 어려울 정도로 힘이 들어가 있다.

마라의 혁명동지였던 다비드는 사건이 일어난 지 3일 후, 의회의 의뢰를 받아 3개월 만에 이 그림을 완성하였다. 죽어가는 마라와 그럼에도 불구하고 혁명의 이념의 실현을 포기하지 않는 마라의 모습이 뚜렷한 대조를 이루는데, 아마도 다비드는 마라를 혁명의 순교자로 묘사하려 했을 것이다. 죽어가는 마라의 모습이 예수의 죽음과 겹치는 이유도 여기에 있다. 다비드가 그린 마라의 죽음에서 미켈란젤로가 제작한 피에타상이나 혹은 카라바지오가 그린 십자가에 매달리는 그리스도의 죽음이 연상되는 것은 우연이 아니다.

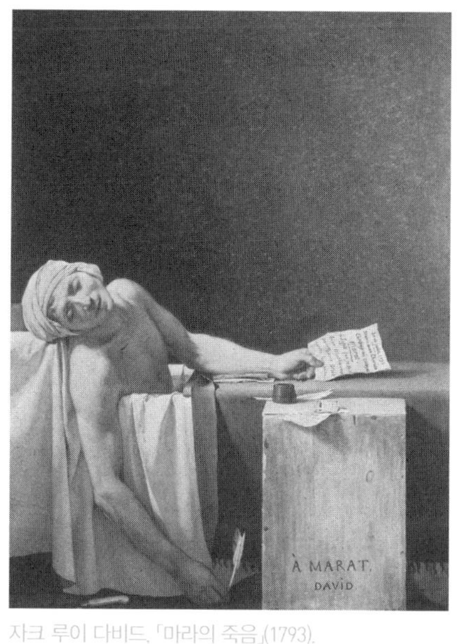

자크 루이 다비드, 「마라의 죽음」(1793).

더욱이 땅에 떨어진 칼과 마라의 손에 들려진 펜(글씨)의 대조는 전자(폭력)보다 후자(정신)의 우위를 보여주는 듯하다. 폭력보다 정신이 위대함을 보여주는 것은, "고귀한 단순성과 고유한 위대함"이라는 빙켈만의 고전주의 정의와도 잘 맞는다.

이 그림에서 죽은 마라는 혁명의 이념을 실현하다 죽어가는 이상적인 죽음으로, 고전주의라는 시대적 배경에 걸맞게 인간의 아름다움을 한껏 보여준다. 이것은 인간의 품위와 존엄을 마음껏 찬양할 수 있었던 시대, 인간의 아름다움을 마음껏 자랑할 수 있었던 시대였기 때문에 가능하다. 그러나 모든 시기에 인간의 죽음이 이렇게 이상화될 수는 없다. 죽음을 보는 시선은 문화와 시대, 즉 역사적 맥락에 따라서 달라지기 때문이다. 인간은 그저 죽을 뿐이지만, 이 죽음에 대해 서로 다른 의미들을 부여하는 것이다.

프로이트가 말하는 죽음

초기에 프로이트는 인간에게 성충동과 자아충동이라는 두 요소가 있다고 전제한다. 성충동은 인간의 적극적인 활동을 추진하는 원리이고, 자아충동은 자기의 생명을 보존하려는 충동이다. 그러다 지나치게 인간의 행동이나 심리를 성적인 차원으로 환원한다는 비판을 받고 1920년대부터 다른 이론을 제시한다. 인간에게는 삶충동Lebenstrieb과 죽음충동Todestrieb이 있다는 것이다. 삶충동은 생물적인 개체를 보존하고 이것을 더 확대재생산하려는 노력인데, 여기에 성적인 요소, 에로스적인 요소가 관련된다. 반대로 죽음충동은 살아 있는 생명체를 해체하고 파괴하고, 무기물 상태로 돌려놓으려는 충동이고, 이것을 타나토스라고 부르기도 한다. 에로스와 타나토스는 인간이 가지고 있는 두 가지 대립적인 심리적 충동인데, 여기에서 프로이트가 인간에게는 삶뿐만 아니라 죽음충동도 있다고 보았음을 알 수 있다.

죽음충동, 즉 타나토스가 내면으로 향할 때 자기파괴 충동이 되고, 자살을 불러올 수 있다. 그러나 그것이 외부로 향할 때에는 공격적 본능이 된다. 현대의학에서 우울증 환자들의 성향은 이러한 사실을 입증한다. 우울증 환자들이 보이는 공격적 성향, 자살 시도의 경향이 바로 그것이다. 우울증 환자들은 대체로 화를 많이 내고 공격적이라는 데에 의견이 일치한다. 그러나 이러한 성향이 지속되다가 육체가 기진맥진해지는 단계에 접어들면, 공격 성향이 자기 자신을 향하게 되어 죽음에의 유혹을 느낀다.

프로이트는 「쾌락의 원칙을 넘어서」(1920)라는 논문에서도 죽음충동을 언급한다. 에로스가 활력적인 삶의 충동을 의미하고 타나토스는 파괴와 죽음을 가리키지만 프로이트에 따르면 이 두 요소들은 서로 분리되어 있는 것이 아니라, 서로 밀접하게 결합되어 있다. 성의 쾌락의 배후엔 죽음충동이 깃들어 있기 때문이다. 에로스와 타나토스, 쾌락의 원칙과 죽음충동이 밀접히 결합되어 있는 예가 새디즘이다. 새디즘은 상대방을 학대함으로써 성적인 쾌감을 얻는, 변태성욕의 일종이다. 새디즘이 쾌락의 원칙과 관련되면서 동시에 파괴라는 죽음과 관련된다는 것이 프로이트의 주장이다. 이런 맥락에서 보면, 죽음충동은 성적인 쾌락, 혹은 자기애적인 충동과 관련이 있다. 프로이트에 따르면 인간의 죽음충동의 본질은 따라서 파괴성이고, 그 근저에는 성적인 요소가 잠재되어 있는 것이다.

유사한 내용이 현대 심리학의 또 다른 중요한 이론가 가운데 한 명인 라캉에게서 찾을 수 있다. 라캉 역시 삶충동과 죽음충동을 인간의 존재론적 양면성으로 본다. 죽음의 극단적 형태로 자살을 생각해 보면 이러한 맥락이 이해될 수 있을 것이다. 자살하려는 사람은 대체로 삶에 대한 강렬한 충동을 가지고 있지만, 이것이 여의치 못하자 자살을 선택하는데, 자살은 결국 자신에 대한 파괴 충동이다.

신화에 나타난 죽음

그리스인들은 죽음을 타나토스라는 신(로마신화에서는 모르스)으로 의인화하여 표현하였다. 흔히 추상적인 개념을 구상적인 이미지로 표현한 것을 알레고리라고 하는데, 타나토스는 죽음에 대한 알레고리였던 것이다. 그림은 날개를 단 타나토스인데, 어깨에 달린 날개는 시간을 뜻한다. 시간은 나는 새처럼 흘러가서, 인간은 누구나 죽는다는 점을 그리스인들은 타나토스라는 조형을 통해 표현하려고 했을 것이다. 급작스러운 죽음이든 예견된 죽음이든, 죽은 자의 시간은 너무나 빨리 흘러가는 것처럼 보일 수밖에 없었을 것이다.

날개를 단 타나토스의 조각상. 에베소스의 아르테미스 신전 대리석 조각. BC. 325~300.

저승에 해당하는 타르타로스의 입구를 지키는 타나토스는 저승의 입구에서 서서, 이승과 내세, 양쪽에 발을 들여 놓은 채, 반은 죽어가는 자의 세계에, 반은 죽은 자의 세계에 걸쳐 있다. 헤시오도스가 『신통기』에서 타나토스는 낮과 밤이 교차하는 곳에서 살고 있다고 서술한 이유도 여기에 있다. 그리스 신화에서 타나토스는 잠을 뜻하는 알레고리인 히프노스와 형제이다. 오늘날 죽음을 "영면"이라고 표현함으로써 죽음과 잠을 동일시하는 관습이 여기에서 발견된다. 타나토스와 그의 형제인 히프노스는 삶과 죽음이 갈리는 교차지점에서 산다. 그러나 잠을 뜻하는 히프노스는 땅과 바다를 건너 다시 살아있는 사람들을 찾아가지만, 타나토스는 마치 강철처럼 아무런 자비심도 없이 무감각한 상태로 존재한다. 타나토스는 한번 붙잡은 사람은 절대로 다시 놔주는 법이 없다고 묘사되는 것으로 봐서, 이미 그리스인들도, 죽은 자가 다시 살아나지 못한다고 믿었던 듯하다.

영화 〈미치고 싶을 때〉의 경우

2004년 제54회 베를린 영화제에서 황금곰상을 수상한 작품 〈미치고 싶을 때Gegen die Wand〉의 주제는 죽음이다. 겉으로는 터키 출신 독일인 여자와 남자의 사랑이 다루어지는데, 남자 주인공은 차히트(44세)이고 여자 주인공은 시벨(21세)이다. 차히트는 아내와 사별한 후, 술과 마약으로 슬픔을 달래며 빈병을 주워 팔아서 생계를 이어가는데, 거의 폐인에 가깝다. 차히티는 상실감과 우울에 시달리며 사랑할 수 있는 능력 등이 모두 사라져버린 상태이다. 시벨은 개성과 생기가 넘치는 스물한 살의 여자로, 자유롭게 살고 싶지만, 엄격한 부모와 폭력적인 오빠 때문에 심한 통제를 받고 자란다. 오빠는 시벨의 손을 잡았다는 이유로 남자친구에게 폭력을 행사할 정도로 보수적이다. 이렇게 보수적이고 강압적인 집안 분위기에서 자유롭게 살고 싶은 시벨이 택할 수 있는 방법은 오직 하나, 즉 터키 출신의 남자와 결혼해서 집을 나오는 방법밖에 없다. 시벨이 차히티를 만나는 이유도 바로 여기에 있다. 시벨은 차히티에게 위장 결혼을 부탁하고, 차히티는 고민 끝에 이를 들어준다. 결혼은 하지만, 이들은 겉으로만 결혼한 상태라서, 각자 자유롭게 따로따로 살아간다.

아내가 죽은 후, 차히티는 애도와 슬픔 그리고 상실로 인해 우울의 상태에 빠져 있다. 프로이트에 따르면 우울이란 파괴본능, 공격성이 자기 자신으로 향할 때 나타나는 반응이다. 우울증 환자가 스스로를 비난하고 자존감을 잃고, 스스로에게 욕설을 퍼붓는 이유도 여기에 있는데, 이것이 극단화되면 자살이 된다. 즉 우울증 환자가 보여주는 자기 파괴욕은 잃어버린 대상에 대한 공격성이 자기 내면으로 되돌려질 때 나타나는 것이라는 점이 프로이트의 결론이고, 이것이 궁극적으로는 자살로 나타난다. 차히티가 보여주는 죽음, 즉 자신의 파괴 본능은 그가 술집에서 다른 사람을 구타하고 자동차를 타고 돌진하며 벽에 부딪히는 장면에서 가장 극단적으로 나타난다.

유사한 내용이 시벨에게도 나타난다. 그녀가 차히티에게 위장결혼을 제안하면서, "나는 살고 싶고, 춤추고 싶고, 섹스하고 싶어요. 그것도 한 남자하고만 하고 싶은 게 아니에요."라고 말하는데, 여기에서 시벨이 가지고 있는 쾌락의 원칙이 드러난다. 그러나 이를 실현시켜줄 유일한 사람은 차히티이지만, 차히티가 결혼을 거절하자, 시벨이 맥주병으로 자신의 손목을 긋는 장면은 바로 성을 포함한 쾌락의 충동과 죽음충동이 얼마나 깊이 관련되어 있는지를 보여준다. 또 차히티가 마렌이라는 여자와 맺는, 새디즘적이면서도 마조히즘적인 성관계 역시 죽음충동의 변형이다. 프로이트에 따르면 새디즘적인 성적 충동은 자신에 대한 파괴적 본능, 즉 죽음충동이 성적으로 타인에게 나타난 행위이다. 영화에서 차히티가 보여주는 새디즘적인 성행위 역시 이러한 죽음충동의 변형인 것이다.

자살

자살하는 경우가 거의 없는 동물과 달리 인간은 스스로 죽음을 선택하기도 한다. 그렇다면 자살의 본질은 무엇일까? 스피노자에 따르면 인간은 누구나 자기 보존의 욕망을 강력하게 품고 있는데, 이런 인간이 자살한다는 사실은 아이러니하다. 인간은 왜 자살을 할까? 스피노자 스스로도 인간의 자살을 이해할 수 없었다. 그는 자살의 이유를 외적인 힘이 인간의 의지를 독점하고 의지를 완전히 변질시켰기 때문이라고 설명한다. 그런데 바로 스피노자의 이 주장을 뒤집어 보면, 삶에의 의지가 강한 인간일수록 자살을 택하는 경향이 더 강하다는 역설이 가능해진다. 스스로를 보존하려는 욕망이 인간에게는 원초적으로 주어져 있는데, 이것이 불가능해질 때, 인간은 극단적으로 자살을 선택한다는 역설이 여기에서 나타난다.

유사한 관점을 쇼펜하우어에게서 찾을 수 있다. 『의지와 표상으로서의 세계』의 제4권에서 이 철학자는 이렇게 말한다. "자살은 의지의 부정이 아니라, 살려는 의지의 강력한 긍정의 표시이다." 자살하는 사람은 살려는 의지가 약해진 사람이 아니라, 삶의 집착이 너무 강한 사람이다. 쇼펜하우어에 따르면 사람은 재산, 명성, 사랑 등을 잃었을 때 자살한다. 재산, 명성, 사랑 등을 지키며 살아가려는 의지가 너무 강하지만, 이 소망을 이루지 못할 때, 자살하고 만다는 것이다. 파스칼도 『팡세』에서 이렇게 말한다. "모든 사람은 행복을 추구한다. 스스로 목을 매려는 사람까지도."

프로이트, 쇼펜하우어, 파스칼 그리고 니체가 공통적으로 지적하듯이 인간은 삶의 충동이 한계에 부딪힐 때 자살하는데, 그렇다고 인간에게 죽음에 대한 본능적인 요소가 전혀 없다고 말할 수는 없다. 죽음에 대한 유혹은 분명히 존재한다. 이에 대한 암시를 프로이트에게서 찾을 수 있다.

스피노자에서 니체에 이르기까지 죽음은 살고 싶은 충동으로 말미암은 것이었는데, 프로이트는 후기에 접어들면서 약간 다른 관점을 보여준다. 초기의 프로이트는 자기애, 성적 충동과 같은 삶에 대한 본능만을 인정하였으나, 1차 세계대전을 경험하면서 인간에게는 죽음에 대한 충동도 있다는 견해를 내놓는다. 1915년 무렵부터 프로이트는 인간에게 생존, 삶과 관련되는 성적 본능 외에도 가학적 파괴본능, 자기 파괴의 충동이 있다고 주장한다. 이러한 생각들은 1920년, 「쾌락의 원칙을 넘어서」라는 글에서 절정에 이른다. 이 논문에서 프로이트는 인간이 소유한 죽음에 대한 충동, 가학적 파괴본능, 자기 파괴본능을 매우 상세하게 다룬다.

프로이트는 인간에게 죽음의 충동이 있는 이유를 외상성 신경장애에 의한 악몽, 불쾌한 사건의 반복, 환자들의 치료 거부 등 세 가지 차원에서 찾는다. 이런 요소들이 스스로 죽음을 선택하려는 사람들이 겪는 공통적인 심리적 상태라는 것이다. 전쟁 중에 겪는 트라우마와 같은 강렬한 심리쇼크를 받을 때, 인간은 외상성 신경장애를 겪고, 이럴 때 대체로 공포로 가득 찬 꿈을 꾸는 경향이 있다. 그럴 경우 죽음충동을 느낄 수 있다. 또 어떤 사람들은 과거의 불쾌한 기억들을 반복해서 반추하는 경향들을 보여주기도 한다. 정신과 의사와 상담하는 환자들의 경우가 대체로 이런 유형에 속한다. 이런 경험은 공포와 혐오감을 불러오고 인간을 죽음으로 몰고 가기도 한다. 마지막으로 환자들 특히 중병에 걸린 환자들의 경우, 치료를 거부하면서 스스로 죽음을 선택하기도 한다. 이러한 끝없는 정신적 장애의 역설은 퇴행의 심리적인 힘, 다시 말하면 정신의 엔트로피 법칙이 존재함을 암시한다. 엔트로피의 법칙이란 혼란도, 무질서의 정도가 증가하는 현상을 말하는 물리학의 용어인데, 이것이 인간으로 하여금 자살하게 하는 이유를 설명해 주기도 한다.

죽음의 엔트로피 법칙

아주 넓은 의미에서 죽음은 일반적인 물리적인 현상 가운데 하나일 수도 있다. 생명이 있는 것이건, 없는 것이건, 우주 만물은 시간이 흐르면서 사멸한다. 사람도 죽고, 동물도 식물도 죽으며, 심지어 생명이 없는 돌과 바위도 시간이 흐르면 변형되고 파괴된다. 만들어진 모든 것은 이렇게 죽고 사멸하게 되는데, 불교에서는 만들어진 모든 것을 상카라

(혹은 유위법)라고 한다. 만들어진 모든 것은 시간이 흐르면서 변하고 사라지며, 결코 '나'라고 할 만한 것, 불변의 실체는 없다. 이를 가리켜 불교에서는 '공'空이라 부른다. 가장 단단한 것으로 알고 있는 것 가운데 하나인 바위도 돌이 되고, 돌은 자갈이 되고, 자갈은 모래가 된다. "이 또한 지나가리라"라는 말은 물리학의 관점에서 보면 진리일 수밖에 없다. 만들어진 모든 것은 늘 변하기에, 그 모습을 유지할 수는 없는 것이다. 물리학에서 이러한 현상을 가리켜 엔트로피 증가의 법칙, 혹은 열역학 제2법칙이라고 부른다. 그릇은 땅에 떨어지면 깨어지지만, 깨어진 그릇이 원상으로 회복되지는 않는다. 혼란의 정도를 뜻하는 물리학 개념인 엔트로피는 시간이 지나면서 증가하고, 이것은 되돌이킬 수 없기 때문에 비가역적이다. 에너지는 보존되지만(에너지 제1법칙), 뜨거운 열이 식듯이, 혼란도는 증가하고 무질서해진다. 따라서 우주도 점점 쇠퇴해 소멸할 것이고, 태양도 언젠가 식을 것이다.

> 우주의 열의 소멸 논리는 간단하다. 모든 에너지가 자연적으로 열로 변하고, 그 열의 강도가 자연적으로 가장 낮게 강하된다면, 또 이 말은 세계의 에너지의 변환능력은 상실되기만 하고 회복될 수 없다는 것을 의미한다면, 즉 방산을 의미한다면, 그리고 만일 우주는 다른 세계와 에너지를 교환하지 않는 분리식으로 폐쇄된 체계를 형성하고 있다면, 언제인가 정해지지 않았지만 분명히 유한한 시간 내에 우주의 엔트로피는 최대치를 갖게 될 것이다. 즉 우주의 생성은 정지될 것이다. (앙드레 베르제, 드 니 위스망 공저, 『인간학, 철학, 형이상학』)

살아 있는 것이 죽을 수밖에 없는 이유, 죽음이 물리학에서 말하는 엔트로피의 법칙을 피할 수 없는 이유도 여기에 있다.

죽음의 기준

죽음이란 생명이 끝나는 것이다. 이 말의 뜻을 보다 분명하게 이해하기 위해서는 생명이 무엇인지, 죽음 이후에 무엇이 있는지를 살펴야 한다. 이 문제를 둘러싸고 이원론적 입장과 일원론적 입장이 갈라진다. 이원론에 따르면 인간은 육체와 정신으로 구성된다. 이에 따르면 정신은 육체와 무관하고, 따라서 육체는 죽어 사멸하더라도 영혼은 계속해서 살아남는다. 반면 일원론에 따르면 인간은 육체와 정신으로 이루어져 있고, 영혼의 활동은 모두 특정한 육체적 기능을 전제로 한다. 이럴 경우 육체가 죽으면 영혼도 사라진다. 그러나 이 두 입장에서도 공통점이 있는데, 죽음은 어쨌든 현세에서의 인간의 죽음을 뜻한다는 것이다.

생명의 본질이 무엇인지에 관한 논의는 역사와 문화권에 따라 서로 다르게 진행되어 왔다. 최근, 그러니까 20세기 이후에는 생명을 기능적으로 정의하려는 입장들이 주류를 이룬다. 살아 있다는 것이 무엇인가를 신체의 기능에 따라 구분하려는 것이 바로 그것이다. 생명이란 유기적인 신체가 이른바 생명의 기능의 도움을 받아 스스로 조직화되고 완전한 전체성을 획득한다는 입장이 여기에서 나온다. 유기체의 자기 보존에 얼마나 많은 생명의 기능들이 필요한가라는 문제는 종의 다양성에 따라 다를 수밖에 없다. 인간의 경우 이것은 대체로 다음과 같이 다섯 가지로 요약할 수 있다. 중앙신경체계를 통한 조절, 혈액의 순환, 호흡, 신진대사 그리고 체온조절능력이 바로 그것이다. 이 다섯 가지 가운데 그 어느 것 하나라도 작동을 멈추면, 인간은 생명을 유지할 수 없다.

그렇다면 죽음의 기준은 무엇인가? 가장 일반적인 판단 기준이 육체의 기능의 정지다. 뇌나 폐 혹은 심장과 같은 장기가 기능을 멈추면, 인간은 죽은 것으로 간주할 수 있다. 1960년대까지만 해도 죽음을 호흡과 심장의 정지를 기준으로 판단하는 것이 일반적이었다. 그러나 죽음을 늦추는 의학적 장비와 의료술이 발전하면서 연명치료가 가능해졌다. 예를 들면 기계적인 장치로 심장과 폐의 활동을 유지하는 것이 여기에 해당하는데, 이런 기계들이 발명되면서 인공적으로 혈액을 순환시키고, 또 산소를 공급할 수 있게 되었다. 이런 장치들 덕분에 뇌가 작동을 멈추거나 아니면 적어도 회복될 기미가 없는 환자들이 생겼는데, 이러한 환자들을 뇌사자라고 부른다.

한편 1950년대부터 시도된 장기이식 수술은 획기적인 발전을 거듭해 장기 이식 수요가 공급을 초과하는 상태가 벌어졌고, 이런 사정 때문에 회복할 수 없는 혼수상태의 환자의 장기를 떼어내어 인공이식할 필요성이 제기되었다. 이런 맥락에서 1968년 하버드 대학의 의과대학에서 뇌기능이 정지한 뇌사자를 사망으로 인정하자는 결정을 내렸다. 48시간 동안 뇌파가 수평상태에 있으면, 따라서 뇌전류가 사라지면, 또 복잡한 소생기구로 인체를 순환시키고 호흡시킨다 하더라도 죽은 것으로 간주되었다. 뇌사로 판정하여 죽음으로 인정하는 경우는 크게 두 가지가 있다. 먼저 뇌가 심각하게 손상되어 다시는 의식을 회복할 수 없어야 하고, 또 치료될 수도 없어야 한다. 그리고 뇌사자의 신체의 장기들이 자발적으로 다른 장기들과 전체적으로 균형을 이루어 제대로 기능할 수 없어야 한다.

그렇다고 뇌사를 인정하는 데에 문제점이 없는 것은 아니다. 먼저 의식이 있어야 생명이 있다고 인정해야 하는가의 문제가 있다. 예를 들면 뇌가 없이 태어난 아이가 있는데, 이런 아이는 생명이 없는지를 생각해 봐야 한다. 의식이 없어도 생명을 인정할 수 있어야 한다면, 뇌사자의 경우 뇌는 기능을 멈추었지만, 다른 장기들은 여전히 살아 있을 수 있다. 이런 경우 장기들은 아직 부패해 가기 이전이기 때문에, 모든 장기들이 작동을 멈춘 시신과 다른 측면이 있다. 이런 문제 때문에 뇌사를 죽음으로 볼 것인가의 문제는 오랜 논란거리다.

종교적 의미에서의 죽음

생물학적 의미에서 죽음은 생명 유지에 필수적인 심장, 뇌 그리고 폐와 같은 장기의 하나 혹은 여럿이 작동을 멈추는 것에 불과할지도 모른다. 장기들이 멈춤으로써 나타나는 생명의 종말이 죽음이고, 이런 의미에서 의학에서는 죽음을 고대 그리스어에서 차용한 엑시투스[exitus]로 부른다. 라틴어로 exitus는 '끝', '종말', '출구'를 의미하는데, 흥미로운 점은 이 단어가 새로운 출발을 가리키기도 한다는 사실이다. 출구를 지나 하나의 공간을 나가면 또다른 공간이 나오듯이, 이미 고대인들이 죽음을 하나의 삶에서 다른 삶으로의 이행으로 이해했다는 점이 여기에서 입증된다. 즉 죽음이 끝 혹은 종말이 아니라 새로운 시작이 되는데, 죽음을 단순히 생물학적 차원이 아니라 문화적 현상으로 이해해야 하는 이유도 여기에 있다.

죽음을 종말이자 새로운 시작으로 해석할 수 있는 강력한 증거가 이미 호모 사피엔스의 매장관습에서 발견된다. 원생인류의 하나인 네안데르탈인은 죽은 유해를 매장하는 풍습을 갖추고 있었다. 이들 무덤의 유해에 아마도 방부처리의 일종으로 황토칠을 한 흔적이 발견되었고, 많은 장신구가 부장품으로 함께 묻혀있으며, 돌을 쌓아 덮기도 했다. 또 시체가 완전히 부패한 후에 새롭게 이장했음을 시사하는 증거들도 남아 있다. 동물들과 달리 유해를 아무렇게나 내버리거나 모른 체 하지 않았던 것인데, 이러한 정황들과 라틴어 어원은 이미 기원전 10만 년 전에도 인간은 죽음 이후에 또 다른 세계가 있다고 믿었으며, 죽음을 하나의 삶에서 또 다른 삶으로의 이행으로 받아들였다는 학설을 뒷받침한다.

이집트 사람들도 생전에 사용하던 무기, 보석, 가장 소중하게 생각하는 물건들, 심지어 최후의 심판대로 가는 마지막 여행에 필요한 식량까지도 함께 부장품으로 묻는 관습이 있었다. 무덤에 일상생활에 필요한 도구들과 물건들을 함께 매장한 것은 죽은 자가 사후에도 활동을 지속해 나가기를 바라는 뜻 이외로는 해석하기 어렵다. 인간은 이렇게 자연의 상태에서 문화의 상태로 진입한 것인데, 여기에서 인간은 적어도 불사를 믿었거나 혹은 이를 희망했다는 증거를 찾을 수 있다.

내세, 즉 죽음 이후의 세계에 대한 생각은 다섯 가지 유형으로 나눌 수 있다. 내세를 믿는 이유는 먼저 죽은 자들도 비록 보이지는 않지만, 살아 있는 자들과 똑같이 이 세상에서 함께 살아간다고 믿는 문화나 종교에서 찾을 수 있다.

예를 들면 인도에서는 사람은 죽어도 이 세상에서 살아 있는 사람들과 함께 살아간다고 믿었다. 눈에는 보이지 않지만 죽은 자들이 살아 있는 자들과 접촉하고 또 그들의 운명을 좌우할 수도 있다고 인도 사람들은 믿고 있다. 조상들을 숭배하는 관습도 여기에서 유래한다. 사람이 죽으면 황량한 지하세계에서 살아간다고 믿는 문화권도 있다. 고대 그리스의 시대가 그러한데, 그리스신화에서는 이곳을 대개 하데스라고 부르고, 우리나라에서는 저승이라고 부른다. 물론 사람이 죽으면 구원을 받을 경우 하늘에 있는 천국으로 간다고 믿는 기독교 문화권도 있다. 이 천국에는 아무런 부족함이 없다고 믿는다. 또 어떤 문화권에서는 사람이 죽으면 육체와 영혼이 분리되어 영혼이 다른 육체와 결합한다고 믿기도 한다. 물론 이 육체가 반드시 인간의 육체는 아니다. 힌두교나 불교에서 말하는 윤회가 여기에 해당할 수 있다. 이들 종교에서는 삶을 고통으로 보고, 윤회에서 벗어나게 해달라고 기도한다. 마지막으로 죽은 자들은 잠시 죽을 뿐이고, 언젠가 다시 신과 하나가 되어 생명을 부여받고 부활할 것으로 믿는 종교도 있다. 그렇다면 인간은 왜 죽음 이후의 세계에 관심을 가질까?

죽음 이후의 세계를 믿는 경우 대부분은 도덕과 정의의 실현을 믿고 또 염원하기 때문이다. 내세가 있다면 사람이 죽은 후에 현세에서의 악업에 대한 벌을 받을 수밖에 없고, 이것을 두려워할 수밖에 없다. 따라서 사람들은 현세에서 도덕을 지키고 불의를 저지르지 않아야 한다. 많은 종교권에서는 악행을 범한 사람들은 죽은 후에 이에 대한 벌을 받고, 선행을 베푼 사람들은 천국에 간다고 가르친다. 기독교에서 강조하는 최후의 심판이 그 예다.

죽음 이후의 세계에 관심을 가질 수밖에 없는 또 다른 이유는, 죽음에 대한 공포다. 인간은 내세에 관한 표상을 얻음으로써, 지적으로 그리고 감성적으로 죽음에 대한 공포를 이기려고 한다. 영혼의 불멸이 비록 인간에게 완벽하게 위안을 가져다 줄 수는 없지만, 죽음을 받아들이는 데에 도움을 줄 수는 있다. 영혼의 불멸 외에도 인간은 죽음의 공포를 이기기 위해서 자신을 이어받을 후계자를 생각하고, 명예가 지속되기를 원하며, 기계의 도움을 받아서라도 생명의 연장을 시도한다. 자식이 자신을 대신해서 살아줄 것이라고 믿는 것 혹은 유언장을 작성하여 자신의 뜻을 후손들이 이어받게 하려는 것도 죽음에 대한 공포를 이겨내려는 인간의 의지를 보여준다. 뿐만 아니다. 자신은 죽어도 명예는 영원하리라 믿는 사람도 있다. 위업을 이루어 후세의 기억에서 잊히지 않겠다는 것, 그래서 영원히 살 수 있을 것으로 믿는 것이 대체로 이에 해당한다. 혹은 건강검진을 하거나 약물을 복용해서라도 생명을 연장하려는 것도 결국은 죽음에 대한 공포를 이기려는 노력을 뜻한다고 보아야 한다.

철학에서 보는 죽음

죽은 후에 인간이 무엇이 되는가라는 문제는 신화와 종교뿐만 아니라 철학에서도 관심을 갖는다. 인간이 죽으면 어떻게 되는가라는 질문은 생각하는 존재로서의 인간에게는 늘 관심거리였다.

예를 들면 플라톤은『파이드로스』에서 인간이 죽은 다음 육체는 사멸하지만 영혼은 윤회를 한다고 주장한다. 육체는 사멸하지만 영혼은 고향인 이데아의 세계로 되돌아간다는 것이다. 그는 인간의 영혼에 관하여 설명하면서, 영혼은 물질이 아니어서 나뉘어지지 않고, 또 나뉘어지지 않는 것은 부분으로 분해될 수 없기 때문에, 파괴되지 않는다는 매우 논리적인 설명을 곁들였다. 플라톤이 보기에 영혼은 변하지 않고, 따라서 불멸이다. 플라톤의 이러한 논리는 중세를 거쳐 서양에서는 매우 강력하게 지지를 받았으나, 칸트는『순수이성비판』에서 영혼이 비물질적인 실체를 지니는 것이 아니라는 주장을 펴면서, 영혼의 불멸성을 비판한다. 그러나 칸트는 자신이 주장하는 이성의 근거를 영혼에서 찾을 수밖에 없어서, 이를 다루었던『실천이성비판』에서는 영혼의 불멸이 이론적으로 입증될 수 없지만, 영혼은 불멸이라는 주장을 제기하기도 했다.

칸트에 따르면 유한한 존재인 인간은 무한한 과정을 거쳐서 도덕적인 완벽성의 이상을 추구해야 하고, 또 인간은 죽은 후에 악덕과 미덕에 대한 판결을 거쳐 처벌을 받거나 보상을 받아야 한다. 이런 의미에서 영혼은 불멸성을 지닐 수밖에 없다는 것이 칸트의 결론이었다. 그러나 현대의 철학에서 영혼의 불멸을 주장하거나 이를 신봉하는 철학자들은 찾아보기 어렵다.

죽음을 인간 존재의 상수로 받아들이면서, 죽음에 관하여 많은 성찰을 했던 철학의 분야가 실존주의 철학이다. 실존철학자들에 따르면 인간은 죽음을 향해 내닫는 존재이며, 또 "존재의 종말로서의 죽음은 나만의 것이고, 남과 바꿀 수 없으며, 반드시 찾아오고, 넘어서서 살아갈 수는 없는 존재의 가능성이다."(하이데거, 『존재와 시간』) 하이데거에 따르면 인간은 끊임없이 죽음을 향해 달려가는 존재, 즉 시간의 지배를 받는 유한한 존재다. 그러나 인간은 동물과 달라서 끊임없이 미래를 향한 시간을 염두에 둔다. 인간의 의식은 항상 미래를 향해서 도망가는 것이다. 이런 의미에서 인간은 자신의 죽음을 예기하고 따라서 죽음을 생각하지 않을 수 없다.

실존주의 철학을 문학에 적용한 문학사조가 부조리문학이다. 부조리문학을 발전시킨 이오네스코의 작품 『죽어가는 왕』에서 왕이 죽어가면서 "항상 살아 있지 않을 바에야 왜 내가 태어났는가?"라고 묻는다. 유사한 내용이 빅토르 위고의 시집 『명상』에도 나온다. "그래서 부인들은 부르짖는다. 우리에게 이 작은 존재를 되돌려 달라. 그를 죽게 하려면 왜 태어나게 하였는가?" 인간은 죽을 수밖에 없는 존재라는 것, 그리고 그로 인하여 삶은 어떻게 되는지를 생각했던 실존주의 사상과 부조리문학은 기존의 서양의 사유에서 중시한 이성적이고 이상적인 삶을 비판한다.

인간은 누구나 죽는다는 사실을 우리는 모두 알고 있다. 그렇다면 어떻게 인간은 그 사실을 알게 될까? 인간은 태어날 때부터 이를 알게 되는 것일까 아니면 경험을 통해서 알게 되는 것일까? 이 문제에 대해서도 철학자에 따라 관점이 다르다. 예를 들면 볼테르는 인간은 경험을 통해서 죽음에 대한 지식을 얻는다고 주장하지만, 막스 셸러는 죽음은 인간의 본질이기 때문에, 타인의 죽음을 경험하지 않아도 인간은 자신이 죽는다는 사실을 안다고 말한다. 그러나 현대 심리학자들은 인간이 직관적으로, 즉 경험하지 않고도 죽음을 알고 있다는 주장에 대해 대체로 부정적이다. 적어도 유년기에라도 이런 저런 죽음을 경험하면서, 인간은 죽는다는 사실을 알게 될 뿐이라는 것이다. 심리학자들에 따르면 인간은 약 4세에서 9세에 이르는 과정에서 누구나 죽는다는 것, 그리고 죽음을 막을 수 없다는 것을 알게 된다고 보는 것이 일반적이다. 어쨌거나 죽음을 예감하고, 이에 대한 관념을 갖는 것은 인간 고유의 영역인 듯하다. 동물의 경우에는, 심지어 원숭이의 경우라도, 죽음을 예감하거나 혹은 지각할 수 없다. 뿐만 아니라, 자기와 같은 종족을 보더라도 살아있는 유기체와 시체를 잘 구별하지 못하는 동물들이 많다.

죽을 수밖에 없는 인간이 자신의 죽음을 늘 의식하는 경우는 많지 않다. 중병에 걸렸거나 혹은 나이가 많은 경우를 제외하면 대부분 죽음보다 삶에 더 많은 의미를 둔다. 심지어 곧 죽을 환자들도, 죽음에 대비하지 않는 경우들이 있는데, 이것은 인간에 따라서 죽음을 쉽게 받아들이거나 염두에 두지 않음을 보여준다.

또 다른 문제는 인간이 자신의 죽음을 경험할 수 있을까라는 점이다. 몽테뉴는 『수상록』에서 "우리가 죽을 때, 우리는 존재하지 않으니, 죽음은 우리와 아무런 관계도 없다."라고 말한다. 인간은 자신의 죽음을 경험할 수 없음을 몽테뉴는 이렇게 설명한 것이다. 살아 있을 때에는 죽지 않았고, 죽은 다음에는 살아 있지 않기 때문에, 인간은 결코 자신의 죽음을 경험할 수 없다.

관점은 다르지만, 동서양을 막론하고 죽음을 잠에 비유한 것은 오래된 전통이다. "죽는 것은 잠드는 것"이라는 햄릿의 대사처럼 잠과 죽음은 늘 유사하게 파악되는데, 잠드는 내가 잠든다는 사실을 경험하지 못하듯이, 죽는 나도 죽음을 체험하지 못한다. 여기에서 죽음의 신비, 나는 죽지 않으며 그렇다고 죽지 않는 것도 아니라는 역설이 성립하는데, 이것은 이미 고대 그리스의 에피쿠로스학파가 밝혀낸 바 있다. 이 학파는 죽음을 걱정할 필요가 없다고 주장한다. 그 근거는 나는 절대로 죽음을 만날 수 없기 때문이다. 어떻게 "나는 죽었다"라는 말을 할 수 있겠는가? 이런 점에서 보면, 우리는 결코 우리 자신의 죽음을 경험할 수 없다.

에피쿠로스학파의 주장을 세상에 널리 보급시킨 로마의 철학자 루크레티우스는 저서 『사물의 본성에 관하여』에서 "실제의 죽음 가운데에, 살아서 자신의 상실을 한탄할 수 있는 또 하나의 다른 자기가 존재하지 않는다는 것을 어떻게 모를 수 있는가?"라고 묻는다.

시대별 죽음에 관한 인식의 변화

심성사 연구의 일환으로 죽음에 관한 유럽인의 관점을 발표하여 많은 논란을 남겼던 프랑스 아날학파의 필립 아리에Philippe Ariès는 중세 이후 유럽인들이 죽음을 대하는 방식을 네 가지로 분류하였다. 그 가운데 흥미를 끄는 것이 중세인들의 죽음관이다.

근대와 달리 중세에서 죽음은 단순하게 개인의 운명으로 받아들여지지 않고 공동체 차원에서 인식되었다. 죽음을 묘사한 중세의 회화나 문학작품을 보면, 죽는 사람은 대체로 널찍한 공간에서 수많은 사람들이 임종을 지켜보는 가운데 죽는다. 임종 침상은 왕관의 형태를 띠고 있고, 궁성의 큰 문을 통해 애도하는 사람들이 밀려드는데, 이것은 죽은 자에 대한 존중과 산 자와의 유대감을 표현한다. 중세에서 죽음은 죽는 자가 중심에 놓여 있고 공동체와 확고한 유대를 맺었으며, 살아남은 사람들은 죽음의 제의를 통해 서로 결속하여 공동체를 지켜나갔다. 이것은 신이라는 형이상학이 존재했기 때문에 가능했다.

중세에 그려진 그림을 보면, 죽음을 바라보는 중세인들의 생각이 선명하게 드러난다. 비록 이 그림에 묘사된 죽음은 인간의 죽음이라기 보다는 예수의 죽음이지만, 죽어가는 예수의 주변에 수많은 천사들과 성인들이 함께하는 모습을 보여준다.

지오토, 「통곡」(1304~1306). 그리스도의 생애를 그린 연작 프레스코화 중 하나.

죽음을 대하는 인간의 태도는 문화와 시대에 따라 다를 수밖에 없다. 근대의 죽음은 중세의 그것과 사뭇 다른데, 그 전형을 청년시절 괴테가 쓴 『젊은 베르테르의 슬픔』(1774)에서 찾을 수 있다. 연인과의 사랑이 이루어지지 않자, 항의의 표시로 쓸쓸한 서재에서 고독하게 스스로 삶을 마감할 수밖에 없는 베르테르의 임종을 지켜본 사람은 아무도 없고, 사랑을 나누었던 롯테는 장례식에도 참석하지 않는다. 뿐만 아니다. 베르테르의 친구이자 롯테의 남편인 알베르트 역시, “롯테의 생명이 염려된다.”는 핑계로 장례식에 불참하여 연적의 죽음을 존중하지 않았고, 베르테르의 유해는 일꾼들이 운반할 뿐, 성직자들은 한 명도 따라가지 않았는데, 이것은 공동체의 붕괴를 암시한다. 중세에 죽음이 공동체 안에서, 공동체 사람들과 함께 했다면, 근대에는 혼자서 죽어간다.

죽는 자가 남기는 유언이 보편화된 것도 근대 이후다. 공동체와의 공속감을 잃어버린 개인은 죽는 순간까지도 자신의 뜻을 관철시키기 위해 유언을 남긴다. 유언의 초기 사례가 베르테르에게서 발견된다. “당신을 위해 죽을 수 있는 행운을 갖고 싶어요! 롯테, 당신을 위해 내 몸을 바치고 싶습니다. 제가 당신에게 평온과 삶의 환희를 다시 드릴 수 있다면, 용기를 내어 즐거운 마음으로 죽고 싶었습니다." 사랑을 위해 죽을 수 있다는 다소 신파조의 이 내용은 베르테르가 자살을 결심하며 롯테에게 남긴 유언의 핵심이다. 롯테는 베르테르와의 사랑의 감정을 공유하면서도 혼인제도로 묶인 알베르트를 떠나지 못해, 시민사회의 관습에 종속된다. 자살을 암시하는 베르테르의 편지를 읽었으면서도, 롯테는 권총을 빌리러 온 심부름꾼에게 "그 불길한 도구"를 건네준다. 그것도 깨끗하게 권총의 먼지를 닦아서. 혼인이라는 시민사회의 일면적인 질서를 내세워, 천둥이 몰아치고 폭우가 내리던 날, 술집 창가에서 나눈 사랑이라는 또 다른 질서를 내팽개치고 또 연인의 죽음을 방조한 혐의를 받는 롯테는 이기적이라는 비난을 피할 길이 없다. 베르테르와 롯테 사이의 사랑은 이렇듯 서로 이질적인데, 어쩌면 이것은 근대사회를 살아가는 인간의 쓸쓸함을 드러낼지도 모르겠다. 이런 사회에서는 죽음도 쓸쓸하고 유언도 마찬가지일 뿐이다.

공동묘지의 위치에서도 근대인의 죽음이 갖는 외로움이 드러난다. 원래 유럽의 공동묘지는 마을의 한 가운데 위치하여, 산 자와 죽은 자의 유대감 내지는 친밀감을 표시했다. 그러나 근대 시민사회가 본격화되는 18세기 말, 유럽의 공동묘지는 더 이상 주택가가 아니라 사람의 눈에 띄지 않는 도시의 외곽으로 옮겨진다.(발터 벤야민, 「이야기꾼. 니꼴라이 레스코프의 작품에 관한 관찰」 참고) 위생관념이 발달하면서 근대인들은 삶과 죽음을 엄격하게 구분하려 들고 죽어가는 자의 눈길마저 외면했는데, 이것은 근대에서는 죽어가는 자보다는 죽음 자체가 문제시됨을 보여준다. 죽는 자는 인간적인 유대감을 잃고, 살아남은 자들에게는 죽음이라는 추상명사로 기억될 뿐이다. 우리 시대의 인간이 병원이나 요양원에 격리되어 죽어가는 이유도 여기에 있다. 그래서 우리는 근대를 몰인정한 사회로 부른다.

참고문헌

괴테, 『젊은 베르테르의 슬픔』, 박찬기 옮김, 민음사, 1999.

마르틴 하이데거, 『존재와 시간』, 이기상 옮김, 까치, 1998.

루크레티우스, 『사물의 본성에 관하여』, 강대진 옮김, 아카넷, 2012.

몽테뉴, 『수상록』, 손우성 옮김, 동서문화사, 2007.

앙드레 베르제즈, 드니 위스망, 『인간학, 철학, 형이상학』, 남기영 옮김, 삼협종합출판부, 1999.

임마누엘 칸트, 『실천이성비판』, 백종현 옮김, 아카넷, 2009.

Philip Ariès, *Geschichte des Todes*, München und Wien, Hanser, 1980 (11. Auflage 2005).

Walter Benjamin, *Der Erzähler. Betrachtungen zum Werk Nikolai Lesskows*, in: Orient und Occident. Blätter für Theologie, Ethik und Soziologie 3, 1936.

4

불안은 인간의 존재론적 토대: "나의 본질은 불안이다"

불안은 인간이 타인 혹은 세계와 관계를 맺는 과정에서 발생한다. 불안이 육체적 현상인지, 아니면 정신적 현상인지의 문제에 대한 대답은 관점에 따라 다를 수 있다. 뇌과학이 발달한 오늘날, 인간이 불안할 때, 뇌의 어떤 부위가 활성화되는지, 신경전달물질에는 어떤 변화가 오는지 상당 부분 밝혀져 있기 때문에, 불안을 신체적 현상으로 볼 수도 있다. 그러나 이러한 신체적 변화는 정신적인 스트레스와 밀접한 관련이 있어서, 불안을 신체적인 현상으로만 볼 수는 없다. 육체적인 요소와 정신적인 요소 가운데 어느 것이 먼저인지는 아직도 분명하게 밝혀져 있지 않고, 또 어떻게 보면 닭이 먼저인지 달걀이 먼저인지의 문제와 유사해 보인다. 그러나 불안은 인간의 기본 감정 가운데 하나인 것은 분명하다.

외적인 위험이 발생했을 때, 불안은 이를 알리고, 이에 맞설 것인지 혹은 도피할 것인지를 선택하게 하고 생명의 보존에 기여한다는 긍정적인 측면도 있지만, 이것이 과도할 경우 병적으로 진행되어, 불안장애나 공황장애와 같은 질병을 낳기도 한다. 정신치료를 받는 사람들 가운데 제일 많은 빈도수를 차지하는 증상 가운데 하나가 불안인데, 불안은 이렇게 인간의 감정 가운데 매우 중요한 범주를 이룬다.

불안은 주로 뇌과학과 신경생물학을 포함한 의학 혹은 심리학의 영역에서 주로 다루어져 왔다. 그 결과 불안을 야기하는 신경전달 물질과 해당 뇌의 부위 등이 많이 밝혀졌고, 이에 대한 의학적, 심리적 치료법 등도 상당히 발전했다. 그러나 불안을 문화적 현상으로 파악하여 시대 혹은 사회와 관련지어 살펴보는 경우는 비교적 드물다. 이 문제를 밝히기 위해서는 예술에 표현된 불안을 살펴보아야 한다.

뭉크의 불안

그림 한 장을 보자. 노르웨이의 화가, 뭉크의 「절규」라는 제목의 그림이다. 이 그림을 그리던 무렵, 뭉크는 일기에 이렇게 쓰고 있다.

> 어느 날 저녁, 나는 두 명의 친구들과 무척 지치고 몸도 안 좋은 상태에서 도로를 따라서 걷고 있었다. 도시와 피요르드 해안이 우리의 다리 아래에 놓여 있었다. 태양은 지고 있었고, 구름은 마치 피처럼 노을을 물들이고 있었다. 그때 나는 자연의 색깔들이 절규하는 소리를 들었다. 이 절규는 피요르드 해안 위로 올라오고 있었다.

피처럼 노을을 적시는 붉은색의 색깔을 보고, 화가는 절규하는 듯한 소리를 듣는다. 흥미로운 것은 화면 중앙 아랫부분에 서 있는 인물이 보여주는 불안에 사로잡힌 절규다. 이 불안은 어디에서 오는가? 그림만 놓고 보자면, 화면에 등장하는 인물은 핏빛 노을에서 마치 환청처럼 절규를 듣고 불안해하고 있다. 그런데 화가의 이력을 보면 유년기부터 불안에 노출되었음을 알 수 있다.

뭉크, 「절규」(1893~1893)

뭉크는 노르웨이의 수도 오슬로에서 의사의 아들로 태어났으나, 유년기부터 매우 불우하고 우울한 분위기에서 자랐다. 그 스스로 "우리 집은 질병과 고통 그리고 죽음의 집"이었다고 술회한 바 있다. 어머니는 폐결핵으로 고생하다가 서른 살에 죽었는데, 그때 뭉크의 나이는 겨우 여섯 살이었다. 뭉크도 이미 열세 살이었을 적에 고열로 죽을 고비를 넘기기도 했다. 이런 체험들로 인해 그는 삶에 대해 부정적이었고, 또 아버지와 사이도 좋지 않았다. 여동생은 종교적인 광기에 빠져 살았고 심각한 정신질환에 시달렸다. 뭉크는 그의 나이 열일곱 살 때 심각한 우울증과 공황장애로 인한 불안감에 시달렸고, 이런 정신적인 고통, 불안감으로 인해서 자신을 표현하는 다른 언어를 발견했는데, 그것이 미술이었다. 뭉크는 그림을 통해 위안과 안정을 찾았으며 불안을 극복했다. 뭉크는 무기력한 절망감, 불안, 공포 등을 자주 그림에서 드러내면서 이렇게 말했다.

> 인간적인 저주가 나의 예술의 근저에 놓여 있다. 나의 그림들은 나의 일기와 한 편에 있다.

이러한 기록을 고려할 때, 그가 그린 그림들은 불안에 시달리는 자신의 내면을 그대로 표현했다. 뭉크는 파리와 베를린에 몇 년을 체류하다가 스물여덟 살에 이 그림을 그렸다. 그림에는 불안에 떨고 있는 한 인간의 실존 속에 인간 존재의 공포가 그대로 표현된다. 뭉크는 이 그림에 대해서 "피의 맛을 보고, 신경을 망가뜨리는 불면의 밤이 낳은 아이"라고 평했다. 화면에 등장하는 사람의 공포에 가까운 불안감이 굵은 선과 원색을 통해 매우 효과적으로 표현되었다.

그러나 이 그림에 나타난 불안을 다른 각도에서 해석할 수 있다. 그림이 그려진 시기가 1891년, 즉 세기말이고, 유럽에서 이 시기는 전통과 현대가 교차하는 과도기이자 1차 세계대전과 같은 시대적 어둠이 유럽을 뒤덮은 시대이기도 했다. 이런 혼란과 더불어 시민사회는 점차 위기를 겪었고, 젊은 세대들은 아버지 세대의 가부장적 권위, 사회의 제도가 주는 억압 등을 마음의 짐으로 여겼다. 따라서 이 그림은 시민사회의 위기와 전쟁을 앞둔 유럽인들의 정신적인 혼란과 불안을 그리고 있다고 볼 수도 있다. 이럴 경우 불안은 개인의 심리를 넘어 사회문화적 현상이 된다. 불안이 문화와 역사적 환경의 영향일 수 있는 것이다.

유럽의 예술사를 보면, 사회가 위기를 겪는 과도기에는 이렇게 불안, 공포가 매우 광범위하게 예술에 표현됨을 알 수 있다. 대개 1800년 무렵 유럽의 낭만주의, 1900년 무렵 유럽의 세기말 예술, 혹은 아방가르드 예술, 그리고 1960년대의 실존주의가 유행하던 당시 유럽의 예술이 여기에 해당한다. 프랑스혁명과 산업혁명이 이루어진 1800년 무렵, 유럽에서는 전통과 현대가 교차하고 있었고, 이런 혼란기에 낭만주의 예술이 등장했는데, 낭만주의 예술의 가장 큰 주제가 불안이었다. 낭만주의가 가장 성공을 거둔 나라가 독일인데, 독일 낭만주의 회화나 문학작품에 나타난 불안과 혼란 그리고 광기는 이러한 시대적 분위기를 배제하고는 설명하기가 어렵다. E.T.A 호프만의 『모래 사나이』에 나오는 크리스티안의 광기와 불안이나 C.D.프리드리히의 풍경화에 묘사된 폐허 등은 이러한 시대적 분위기를 배제하고는 이해할 수 없다.

불안이란 무엇인가?

불안은 영어로 Anxiety, 독일어로 Angst라고 하는데, 그 어원은 라틴어로 angustus 혹은 angustia에서 찾을 수 있다. 라틴어로 angustus는 "조여옴, 목조름"을 뜻한다. 목을 조르는 듯이 무서운 상황, 답답하고 죽을 것 같은 느낌, 안정을 취하지 못하는 상태가 불안이다. 물론 불안은 공포(혹은 두려움)와 다르다. 불안은 특정한 대상과 관련되지 않지만, 공포는 특정한 대상과 관련되기 때문이다. 바닷물만 보면 무서운 것이 공포라면, 뚜렷한 대상이 없이, 늘 마음의 안정을 못 찾고 편하지 않은 상태는 불안이다.

불안의 종류도 다양하고 불안이 지칭하는 개념의 범위도 매우 넓지만, 감정계가 안정을 찾지 못한다는 점이 공통적이다. 이런 의미에서 불안이 인간의 심리적 장애와 관련된다는 점은 분명하다. 불안을 연구한 심리분석학자 프리츠 리만Fritz Riemann은 심리장애를 가진 인간을 정신분열병적 인간유형, 우울증적 인간유형, 강박증적 인간유형 그리고 히스테리적 인간유형으로 나누었는데, 다소의 차이는 있지만 그 근본에는 모두 불안이 내재해 있다. 실제로 정신과를 찾은 환자의 거의 대부분이 불안을 호소한다는 보고가 있을 정도로 불안은 인간의 삶에서 안정감을 빼앗는, 아주 고통스러운 감정임에 틀림없다.

실험심리학자 바르비츠Siegbert A. Warwitz에 따르면 불안은 1) 단순한 불안감(가슴 졸임, 두려움, 겁먹음)에서 2) 강박(음식강박, 통제강박, 청결강박), 3) 공포에 가까운 불안(부상, 거절, 접촉에 대한 두려움 등), 4) 공포증(광장공포증, 밀실공포증 등) 그리고 5) 정신병적 불안(신경증적 불안, 피해망상, 생존 불안 등)에 이른다. 불안은 때로는 수치심, 불신, 혹은 정신적인 긴장까지 포함하기도 한다.

불안은 대체로 불쾌하고 부정적인 감정적 반응으로 간주되지만, 이것이 반드시 부정적인 것만은 아니다. 체험하는 개인의 상황이나 능력에 따라서 불안은 다르게 느껴질 수도 있다. 예를 들면 '스릴감'이 그것인데, 공포영화를 볼 때와 같이 불안은 때로는 스릴감으로 작용하여 즐기는 대상이 될 수도 있다. 스릴감은 삶의 긴장을 높여주어, 오히려 긍정적인 효과를 줄 수도 있다.

진화심리학의 관점에서 봤을 때, 불안은 인간의 감각을 깨어나게 함으로써 생존과 자기 보호 메커니즘을 강화하는 기능을 담당한다. 인간은 불안을 느낌으로써, 위험한 상황에서 도피할 것인가 아니면 당당하게 맞설 것인가를 결정하기 때문이다. 행동생물학자이자 인간학자인 로버트 여키스Robert Yerkes와 존 더슨John D. Dodson은 1908년 동물을 대상으로 실험을 하여 일정 수준의 신경 자극이 목표 달성에 더 효과적임을 밝혀냈고, 이를 "불안의 법칙"이라고 불렀다. 현재 이러한 가설은 동물뿐만 아니라 인간의 경우에도 해당한다는 사실이 밝혀졌다. 물론 불안이 너무 크거나 너무 적을 때 이러한 기능은 제대로 작동하지 않을 수도 있다. 불안이 너무 크면 인간은 오히려 위축되어 안절부절 못하기가 쉽고, 반면에 너무 적으면, 상황의 변화에 제대로 대처할 수 없을 수도 있다. 적절한 수준의 불안이 현실에서 마주하는 위기를 극복하고 상황에 슬기롭게 대처하는 능력에 도움을 주는 이유가 여기에 있다.

불안의 학습

불안은 인간에게 근본적으로 주어져 있다. 불안을 이겨낼 수는 없을까? 학습을 통해서 불안을 극복할 수 있는 방법은 없을까? 이에 대해서 심리학에서는 상당히 발전된 방법을 제시한다. 그 대표적인 것이 미국의 존 카밧진에 의해 발전된 마음챙김 명상이다.

인간은 태어날 때부터 특정한 상황에 직면하면 불안에 노출되는 경향이 있다. 예를 들면 어렸을 때부터 고양이를 보면 공포감을 느끼는 사람도 있고, 밀폐된 곳에 있을 때 불안감을 느끼는 사람도 있다. 물론 이러한 일들은 학습을 통해서 극복해 나갈 수 있는데, 이것을 불안에 대한 인지행동치료라고 부른다. 특정한 상황에 노출되어 불안감을 느낄 때, 이를 알아차리며, 불안이 아무런 실체가 없는 것임을 연습을 통해 인지해가는 것이다.

예를 들면 어렸을 때, 밀폐된 공간에 갇혀서 불안했던 기억이 있는 사람은 같은 상황에서 불안감이 밀려들 수 있다. 한 번 겪은 이러한 불안은 사라지는 것이 아니라, 무의식 속에 저장되어 동일한 상황에서 쉽게 되살아난다. 마치 조건반사처럼 이루어지는 이러한 메커니즘을 자동화된 사고라고 부른다. 불안의 인지행동치료로써 대표적인 방식인 마음챙김 명상은 자신이 불안에 빠질 때, '아 내가 또 불안해 하구나'라고 알아차리고 여기에서 빠져 나오는 것을 연습을 통해 배운다.

존 카밧진의 마음챙김 명상은 초기 불교의 수행법인 위빠사나 수행법과 유사하다. 위빠사나란 흔히 사념처라고 부르는 신수심법身受心法, 즉 몸, 느낌, 마음, 무상(사물의 공성)을 알아차리는 것이다. 몸의 통증이나 마음의 불안이 느껴졌을 때, 이것을 즉각적으로 알아차리고 이것이 영원하지 않고 늘 변한다는 것을 깨닫는 것이다. 불교에서는 이것을 공하다고 이야기하고 공성이라는 표현을 쓰기도 한다. 그러니 몸의 통증이나 마음의 불안에 매달릴 필요가 없다. 예를 들면, 내 몸에 통증이 생겼을 때, 아 통증이 생겼구나라고 알아차리고 내려놓고, 또 어떤 괴로운 마음이 들었을 때, 이를 알아차리고 내려놓고, 호흡과 같은 다른 한 가지에 집중한다. 이를 통해서 우리 마음속에 떠도는 온갖 고통을 이겨내고 불안을 떨칠 수 있다는 것이 불교 위빠사나의 핵심이고, 존 카밧진은 이를 마음챙김 명상에 응용했다. 결국 마음챙김 명상이나 위빠사나는 어떤 생각, 느낌, 통증들이 있을 때, 얼른 알아차리고 내려놓으며 호흡에 집중하는 방식이다. 인간의 두뇌는 한 가지에 집중할 때, 다른 것을 생각할 수 없다. 따라서 불안감이 엄습할 때, 아 이것은 쓸 데 없는 불안이고 헛것일 뿐임을 알아차리고 내려놓고, 숨에 집중하면서 불안을 이겨내는 것이다. 이런 방식이 불안을 치료하고 이겨내는 심리학의 기본 원리이다.

불안에 대한 철학적 성찰

불안이 인간의 중요한 감정이기 때문에 철학에서도 자주 다루어졌는데, 대표적인 철학자가 키에르케고르와 하이데거다. 하이데거는 1920년대에 『존재와 시간』을 쓰면서 지금 여기를 살아가는 인간의 존재에 관심을 가진다. '지금 여기를 살아가는 인간의 존재'를 '현존재Dasein'라고 하는데, 하이데거는 현존재의 존재론적 기본 조건을 불안, 시간성, 단독자, 결단, 순간, 역사성 등과 같은 개념들을 통해 밝힌다. 끊임없이 과거의 영향을 받고 미래를 설계하며 살아가는 현존재로서의 인간은 근심과 염려를 특징으로 한다. 현존재로서의 인간은 숙명적으로 불안을 안고 살아갈 수밖에 없는 것이다. 불안을 인간의 존재론적 토대로 보는 관점은 그에 앞서 키에르케고르에게서 원형을 찾아 볼 수 있다.

불안에 관한 키에르케고르의 대표적인 저서가 1844년에 쓴 『불안의 개념』인데, 그에게 문제가 되는 것은 추상적인 개념으로서의 인간이 아니라 "지금 여기를 살아가는 나"였다. 지금 여기를 살아가는 나를 철학에서는 실존, 혹은 현존재라고 부른다. 전통적으로 서양의 철학은 인간은 어떠해야 하는가라는 문제, 즉 존재로서의 인간을 다루었다. 인간은 도덕적이고, 이상을 추구하고, 정의를 실현하고, 더 나은 세계를 만들어가야 한다는 당위로서의 인간의 존재에 더 많은 관심을 기울여 왔는데, 키에르케고르는 이런 문제가 아니라, 지금 여기에서 살아가는 나에 더 많은 관심을 기울였다.

키에르케고르에 따르면 인간은 신 앞에선 단독자로서, 지금 여기에서 끊임없이 불안에 시달리며 살아갈 수밖에 없는 개인일 뿐이다. 그 이전의 철학자, 특히 칸트는 인간을 도덕적으로 규정하며, 인간 일반의 문제를 다루면서 이를 인간학이라는 개념으로 포괄하려 했지만, 키에르케고르는 지금 여기에서 살아가는 개인으로서의 인간을 더 중요하게 문제 삼았던 것이다. 이런 의미에서 키에르케고르는 실존주의 철학의 선구자로 부를 수 있다. 여기서 실존이란, 지금 여기를 살아가는 나의 존재를 뜻한다. 실존을 문제 삼는 철학의 경향은 훗날 사르트르에게까지 이어져, "실존이 본질에 앞선다."라는 유명한 테제를 낳았다. 인간에게는 지금 여기를 살아가는 나의 존재가 문제가 되는데, 이러한 문제제기의 출발점에 키에르케고르가 있는 것이다. 인간은 사회적 신분이나 재산의 많고 적음과 무관하게 누구나 '지금 여기'에 존재한다. 이것이 바로 실존이다. 실존이란 지극히 내면적이고 파악하기 어려운 개별 인간 존재의 핵심적인 문제일 수 있다. 인간은 이렇게 순간이라는 시간성 안에서 실존하는 존재다.

키에르케고르에게 중요했던 또 다른 문제는 기독교적 신앙이었다.

키에르케고르 초상화 (1902년 작품, Luplau Janssen)

키에르케고르에 따르면 인간은 "신 앞에 선 단독자Einzelne vor Gott"이다. 이 말의 의미는 인간은 모든 것을 스스로 판단하고 행동해야 한다는 점이다. 인간은 모든 일을 스스로 판단해야 하고 이에 따라 행동해야 하며, 그 결과에 대한 책임을 지게 되어 있다. 인간은 단독자라는 점에서 자유로운 존재이지만, 오히려 그렇기 때문에 불안에서 벗어나기 어렵다. 중세에는 목자로서의 신이 있고, 신이 인간의 운명을 정해주니, 인간은 어린 양과 같은 존재에 불과했다. 이런 경우에 인간은 자유는 없지만, 모든 것을 신에게 맡길 수 있다. 그러나 키에르케고르가 보기에 인간은 이미 더 이상 신의 보호 아래 놓여 있지 않고, 신 앞에 단독자로 존재한다. 단독자로서의 인간은 모든 것을 스스로 선택하고 결정해야 한다. 인간은 이렇게 존재론적으로 고독하다. 인간에게는 자유가 주어져 있지만, 이것은 끊임없는 선택을 강요한다. 이것이 인간에게 불안의 뿌리가 된다.

키에르케고르는 "죄와 죄로부터의 구원"을 중심에 놓고 불안이론을 전개한다. 여기서 '죄'가 뜻하는 의미를 알려면, 『죽음에 이르는 병』을 살펴봐야 한다. 이 글에서 인간은 육체와 영혼이라는 대립적인 요소를 가지고 있는, 매우 모순적이고 불완전한 존재로 파악된다. 뿐만 아니다. 인간의 대립성은 시간적으로도 과거와 미래라는 요소에서 파생되기도 하며, 인간은 필연성과 가능성, 유한성과 무한성이라는 대립적 속성도 함께 갖추고 있다.

그러나 인간이 이러한 대립에 빠져 있는 것만은 아니다. 이 철학자는 인간은 자유의지와 정신 혹은 자아라는 것을 가지고 있어서 이러한 대립을 통일시킬 수 있다고 본다. 그에 따르면 인간은 무한을 추구하지만 유한할 수밖에 없기에 유한 속에서 무한을 구현해야 한다. 마찬가지로 육체 안에서 정신을, 또 필연성 안에서 가능성을 실현할 수밖에 없고, 또 그러할 때 인간은 이러한 대립을 넘어설 수 있다. 그러나 이러한 방식은 이상적일 수밖에 없고, 실제로 인간은 이러한 진정한 종합으로 나가기가 어렵다. 그럴 경우 죄가 발생한다. 유한한 인간이 무한에 집착하거나 육체에 구속받을 수밖에 없는데도 영혼만을 추구하거나, 도덕과 법률이 뜻하는 필연성을 무시하고 자유로운 가능성만을 추구할 경우, 그로부터 유래하는 모든 고통을 인간은 스스로 감당할 수밖에 없다. 이것이 죄의 근원이다. 그 반대의 경우도 마찬가지다. 육체만을 절대시하고 영혼을 배제한다든가, 혹은 유한성만을 절대시하고 무한성을 무시하는 것도 죄가 된다. 육체적인 쾌락에 빠져 지냄으로써 영혼의 순수함을 잃어버리거나, 혹은 세속적인 유한성에 빠져서 신적인 무한의 영역들을 알아차리지 못하는 것도 죄의 근원이다. 육체와 영혼의 대립을 겪고 있는 인간이 육체 안에서 영혼을 실현하려고 들 때에도 신에 의지하지 않고 인간 자신의 의지를 통해서 구현하려고 한다면, 이것 역시 죄의 근원이다. 인간이 할 수 있는 것은 한계가 있고, 또 인간은 신의 뜻에 의해 창조되었기 때문이다. 대립의 극복과 통일은 오로지 신의 힘을 통해서만 실현될 수 있다.

비록 신이라는 매개범주를 넣었지만, 대립의 극복과 통일을 추구한다는 점에서 이러한 입장은 고대의 정신적 유산이 보여준 중용의 길과 유사하다. 중용을 벗어나는 것, 즉 유한성과 무한성의 대립을 슬기롭게 극복하지 못하는 것을 서양에서는 "마성das Dämonische"으로 불렀다. 그리스어로 히브리스Hybris라고 부르는데, 이것은 오만의 대표적인 예이고 중용을 벗어난 것이기 때문에, 파멸과 불행의 싹이 된다. 소포클레스의 비극에 등장하는 안티고네가 보여주듯이 고대 그리스 비극에서 주인공이 파멸하는 이유의 대부분이 여기에 있다. 결론적으로 말하면 죄란 인간 특유의 영역인 자유라는 능력을 잘못 사용한 데에서 비롯된다. 키에르케고르에 따르면 인간은 실존적으로 죄를 짓게 되어 있다. 이것이 인간의 원죄다.

인간의 존재론적 근원으로서의 불안

그렇다면 인간이 인식을 얻기 이전, 다시 말하면 낙원에 있을 때에는 어떠했을까? 성경에 나와 있듯이, 낙원에서 인간은 아무런 인식을 갖지 않기 때문에, 위에서 언급한 인간의 숙명적인 대립도 느끼지 못했을 것으로 추측해볼 수 있다. 대립을 느끼지 못했기에 통합을 위한 노력도 필요없고, 따라서 죄를 짓지 않게 될 것이니, 불안도 느끼지 못했을 것이다. 키에르케고르는 그러나 그렇게 생각하지 않는다. 인간은 동물과 달라서 인식을 얻기 이전이라도, 다시 말하면 정신이 깨어나기 이전이라도 막연하게나마, 다시 말하면 마치 꿈을 꾸듯이 정신이 활동을 한다.

정신이 활동을 한다면, 막연하게나마 인간은 낙원의 상태에서도 불안을 느낀다고 봐야 한다. 이런 맥락에서 인간이 낙원에 있든 아니면 낙원에서 추방된 후이든 인간은 불안을 느낄 수밖에 없고, 따라서 불안은 인간 존재의 상수일 수밖에 없다는 것이 키에르케고르의 결론이다.

키에르케고르의 논지에 따르면, 인간의 불안은 죄에서 비롯되고 죄는 숙명적으로 대립적 상태에 처해 있는 인간이 스스로 자유로운 선택을 통해서 이를 해소하려는 과정에서 발생한다. 인간의 자유는 오히려 인간에게 불안을 줄 수밖에 없다. 신 앞에선 단독자로서의 인간은 자기 스스로의 행동에 대해서도 책임을 질 수밖에 없는 것이다. 인간의 불안이 실존적인 성격을 지닌 이유도 여기에 있다.

존재의 귀환

인간이 상품화되는 시대, 다시 말하면 인간을 물질적인 가치로 판단하는 근대라는 시대에 인간의 존재방식에 대해 심층적인 관심을 기울인 철학자가 하이데거였다. 인간이 물질화되기 이전의 인간의 본질과 물질화된 이후의 인간의 본질을 구분하기 위해 하이데거는 존재와 존재자를 구분한다. 여기서 존재란 '있음', 존재자란 '있는 것'을 의미한다. 근대는 인간을 인간 자체로 바라보지 않고 수학적으로 계산할 수 있는 물질적인 가치로 평가하는데, 이것은 인간을 존재가 아니라 존재자로 바라보는 것이다. 그러나 하이데거에 따르면 원래 인간은 이 세계에 존재하는 것들, 예컨대 돌과 물, 동물과 식물들 그리고 다른 사람들과 함께 살아가는 존재, 즉 이 세상에 존재하는 것들의 한 부분일 뿐이다. 하이데거가 인간을 '세계 내적 존재in der Welt sein'로 부른 이유도 여기에 있다.

'세계 내적 존재'로서의 인간은 세상에 존재하는 수많은 존재자들과 서로 뒤섞여 부대끼며 살아간다. 존재자들, 예를 들면 물, 불, 바람, 공기는 물론이고 식물과 동물 그리고 사람들과 어울리며 살아가는 것이 인간의 운명이다. 그리고 세계란 하이데거가 『형이상학의 근본개념들』에서 말했듯이 "존재자 전체가 각각의 고유한 존재 방식을 드러내는 열린 장"이다. 바람은 특정한 목적이 없어도 저절로 불어오다 잦아들고, 꽃도 반드시 무엇을 위해서가 아니라 스스로 피었다가 시들 듯이, 존재자들은 이 세계에서 스스로 생멸한다. 존재자의 이러한 측면들, 다시 말하면 피었다가 지는 꽃, 태어났다가 죽는 인간, 불었다가 멈추는 바람과 같은 것은 이 세상에서 존재자가 존재하는 방식이고, 이것이 존재, 즉 '있음'이다.

존재자가 존재하는 방식을 하이데거는 '자연physis'이라는 개념에서 찾는다. 하이데거는 저서 『형이상학 입문』에서 이렇게 말한다. "스스로 피어오름 (예를 들면 장미의 피어오름), 스스로를 열면서 펼침, 그러한 펼침 속에서 모습을 드러냄 그리고 그 안에서 멈추어 머묾, 간단히 말해서 피어오르며 머무는 주재主宰, Walten." 장미가 들판에서 피었다가 사라지듯이, 인간 역시 그러하다는 것이다. 인간이 장미 위에 군림하여 장미를 착취하고 활용하는 그런 존재가 아니라, 장미와 더불어, 장미처럼 태어났다가 살아가다 사라지는 존재다. 이것을 하이데거는 퓌지스physis로 불렀고, 이것이 인간 존재의 본질이다.

이런 관점에서 보면 인간을 물질적인 성취로만 판단하고, 경제적인 관점에서만 파악하는 근대의 인간관은 인간을 존재자로만 파악할 뿐, 인간 본연의 존재를 망각했다고 볼 수밖에 없다. 근대란 이렇게 존재망각의 역사가 시작되는 불행한 시대다. 존재를 망각한 근대에 다시 존재의 귀환을 시도해야 하는데, 그것은 인간 역시 들판에 피었다 지는 장미처럼, 인간 존재도 태어나서 살아가다 죽는다는 사실을 알려주는 것이다. 이런 의미에서 인간의 존재는 식물이나 동물의 존재와 크게 다르지 않다. 세계 내적 존재로서의 인간은 이 세계에 살면서 다양한 존재자들을 만나 부대끼며 살아가는데, 그 과정에서 근본적인 기분들을 느낀다. 하이데거에 따르면 인간이 가지는 근본적인 기분들 가운데 하나가 불안이다.

불안은 세계내적 존재로서의 인간이 느끼는 근심에서 나온다. 따라

하이데거는 인간을 물질 가치로 판단하는 근대적 인간의 존재방식을 심층적으로 고민했던 철학자다.

서 불안을 극복하는 방법도 분명해진다. 인간은 자신의 존재에 귀를 기울임으로써 불안을 극복할 수 있다. 다시 말하면 인간도 퓌지스로서 다른 자연의 사물의 존재와 동일한 근원에 서 있음을 깨달음으로써, 불안도 이겨낼 수 있다. 인간의 불안은 퓌지스로서의 자연과 존재에의 귀 기울임을 망각했기에 발생한다. 하이데거가 인간이 이성화되어 가는 과정, 계몽화되어 가는 과정, 문명화되어 가는 과정을 존재 망각의 역사로 부른 이유도 여기에 있다.

존재 자체에 귀를 기울임으로써, 다시 말하면 장미는 왜 피는지, 어떻게 하면 장미를 더 아름답게 해서 더 많은 돈을 벌 것인지를 묻지 않고, 이유 없이 피었다 지는 장미를 있는 그대로 인정함으로써, 우리는 존재를 회복할 수 있고 불안을 극복할 수 있다. 여기에서 하이데거가 근대화, 문명화, 물질 중시의 경향이 얼마나 인간의 근본적인 존재를 위태롭게 만들고, 또 여기에서 불안이 어떻게 형성되어 나오는지를 매우 탁월하게 관찰하고 있음을 알게 된다.

근대와 불안

불안은 반드시 개인적인 차원에만 국한되지 않고 문화, 시대, 혹은 역사와 같은 요소들과 결부되기도 한다. 불안을 체험하는 방식, 불안을 일으키는 동기, 불안에 관한 표현 등이 시대와 문화권에 따라 다르다는 사실은 불안이 문화적 현상임을 보여준다. "문화적 기술과 생활태도는 인간의 몸에 각인된다. (…) 이와 더불어 문화적 의미소들과 기술들이 인간의 신체에 남게 된다. 따라서 모든 불안은 문화적 주변세계가 남기는 인상을 보여준다." 문화연구의 좋은 선례를 남긴 뵈메의 이런 지적에 따르면 인간이 겪는 불안도 문화라는 환경의 영향을 받음을 알 수 있다. 문화사적으로 볼 때, 탄탄한 질서와 공동체가 존재하였던 고대나 중세의 불안과 이러한 틀의 안정감이 훼손된 근대의 불안은 본질이 서로 다를 수밖에 없다.

기독교가 인간의 정신세계와 문화적 토양을 강렬하게 각인했던 중세에는 비록 신에 의한 구원이라는 믿음이 존재하였고, 신 안에서 하나라는 공동체 의식이 확고하게 자리잡고 있었지만, 그럼에도 불구하고 주로 죄와 그로 인한 벌의 문제가 불안의 핵심을 이루었다. 그러나 근대에 들어오면 사정이 달라진다.

근대는 기본적으로 불확실성이 지배했던 시기였고, 이 불확실성은 공허감에서 연유한다. 이것을 '공허감의 공포horror vacui'라고 하는데, 니체는 『도덕의 계보』에서 이렇게 말한다. "코페르니쿠스 이후 인간은 비스듬히 휘어진 평면에 빠져든 듯이 보인다. 인간은 점점 빨리 중심에서 벗어나 버린다. 어디로? 바로 공허 속으로. 가슴을 관통하는 듯한 허무감 속으로."

근대에서 불안이 공허감에서 연유한다면, 이 공허감의 본질은 무엇인가? 이것은 기본적으로 신의 죽음으로 표현되는 인간의 삶의 세속화 과정, 그리고 이와 결합된 기술 문명의 발전, 이로 인한 인간 정신의 황폐화(예를 들면 경험 공간과 기대 지평의 불일치, 자아와 세계의 불일치, 정신과 물질의 불일치 등)에서 찾을 수 있다. 이런 맥락에서 탄생한 근대의 불안이 근대의 정치, 철학 그리고 미학적 사유를 각인한다.

근대는 발전 속도의 가속화, 우연성 그리고 복합성을 특징으로 한다. 이로 인해 전해져 내려온 가치들과 관습들이 적응하기 어려울 정도로 급속하게 변하고, 기술문명의 발전으로 근대인들은 겉으로는 더 많은 개인적 자유를 누리는 듯이 보이지만, 실제로는 새로운 불확실성의 증가라는 현상을 겪고, 이것이 불안의 원인으로 작용한다. 흔히 말하는 공동체의 붕괴, 인간 사이의 유대감의 상실, 그리고 열린 가능성 등의 개념은 근대의 이러한 사정을 두고 하는 말이다.

근대 문학에 나타난 불안: 카프카의 『변신』

체코 출신 유대계 작가 카프카의 『변신』에는 근대인이 겪는 불안의 밀도가 매우 두드러지게 나타난다. 물론 이 소설의 주인공 그레고르 잠자의 불안은 카프카 자신의 불안이기도 한데, 기본적으로 카프카는 독일어권에서 생활하는 유대계 출신으로, 주변인으로서 자신이 겪는 정체성의 혼란 자체가 불안감을 안겨주었다. 약혼녀 밀레나에게 보낸 편지에서 카프카가 "나의 본질은 불안이다."라고 밝힌 대목만 봐도, 그에게 불안이 어떤 성격을 지니고 있었는지가 드러난다. 심지어 그는 이렇게 쓰기도 했다. "무시무시한 불안감 이외에 다른 어떤 것에도 몰두할 수가 없다. 명쾌한 순간에도 이러한 불안에 대한 불안을 가지고 있다."

『변신』의 주인공 그레고르 잠자는 어느 날 아침 일어나 보니 자신의 몸이 갑충으로 변해 있음을 발견한다. 변신의 이유를 따지고 들어가면,

그 심층에 경제적 가치만을 중시하는 근대의 자본주의 사회에서 느끼는 인간의 불안이 잠재해 있음을 알게 된다. 그레고르는 자본주의 사회에서 가장 고달프고 소외된 직업 가운데 하나로 간주되는 옷감 세일즈맨이다. 작품 시작 부분에서 그레고르는 자신의 직업에 대한 환멸을 자주 표현한다. 직업으로서 옷감 세일즈맨이라는 일을 하고 싶지 않지만, 가족을 부양해야 한다는 책임감 때문에, 새벽에 떠지지 않는 눈을 억지로 뜨고, 기차를 타고 멀리 출장을 가서 고객을 만나고 상품을 판매해야 한다. 싫은 일을 하지 않으면 안 되는 현실, 그리고 아무런 만족감도 얻을 수 없는 직업으로 인한 압박의 내면에는 이러한 자신의 삶에 대한 회의와 불안감이 작동하고 있다. 현실에서는 절대로 벗어날 수 없는 근대 사회의 인간의 조건에서 달아나기 위한 도피의 메카니즘이 주인공의 내부에서, 무의식의 차원에서 작동하게 되는데, 이것이 바로 변신의 직접적인 이유이다.

그레고르의 방은 인간관계가 배제된 현대 산업사회의 상징으로 읽을 만하다. 그레고르의 방은 휴식과 가족의 사랑을 보증하는 공간이 아니다. 방 구석구석에는 옷감 견본 꾸러미가 널려 있다. 사적 영역으로서의 방은 인간의 가장 내밀한 공간인데, 이곳에까지 주인공이 가장 싫어하는 직업과 관련된 상품들이 침범하고 있다. 이것은 공적인 영역의 삶이 사적인 영역을 파고드는 근대 자본주의 사회의 삶을 반영한다.

그레고르의 방에 있는 시계도 근대 자본주의적 효율성을 높이기 위한 장치다. 원시시대부터 인간은 해가 뜨면 일어나고 해가 지면 자는 생체리듬을 가지고 있었는데, 이를 무너뜨린 두 가지 기술적 장치가 시계와 전깃불이다. 시계가 발명되면서 인간의 삶은 시계가 알려주는 시간의 통제를 받았고, 그 결과 시계는 인간에게 업무의 추진과 독촉을 강요하는 장치로 기능한다. 작품에도 이러한 현상이 잘 반영된다. 옷감을 싸들고 먼 곳으로 가서 상품을 판매해야 하는 그레고르는 새벽 5시 기차를 타야 하고, 그러기 위해서는 네 시에 일어나야 하는데, 그레고르는 조금만 더 자고 싶은 생리적 욕구를 느끼지만 시계가 강요하는 근대 자본주의의 물질적인 통제를 벗어날 수 없다. 내면에서 근대적 삶에서 도피하기로 작정한 그레고르는 변신한 날 아침, 시계의 알림을 무시한다. 평소라면 4시에는 일어나야 하지만, 이미 5시 기차가 떠나버린 아침, 6시 반이 되어도 일어나지 않는다. 그때부터 그레고르를 깨우는 시계의 울림은 점점 더 빨라진다. 시계는 계속해서 점점 빨리 흘러서 6시 45분, 7시, 7시 10분이 되며, 마침내 부모들까지도 시계를 내세우며 그레고르를 깨운다. 이처럼 세일즈맨이라는 근대 자본주의의 삶, 인간의 소외를 부추기는 삶에서의 불안이 그레고르의 내면에서 무의식으로 작용하여, 그를 벌레로 변신하게 한 것이다. 변신 당일 그레고르는 현실이 "회색 하늘과 회색 땅이 하나로 어우러져 그 경계를 분간할 수 없는 황무지"로 변해있음을 발견하는데, 이것은 내면세계의 황폐화를 상징한다.

벌레로 변신한 그레고르가 자본주의적 삶의 일상이 가져다 준 소외를 벗어날 수 있을까? 흥미롭게도 그레고르는 벌레로 변신한 상태에서 오히려 더 불안감을 느낀다. 작품에는 이렇게 묘사되어 있다. "그가 어쩔 수 없이 방바닥에 납죽 누워 있어야만 하는 높고 텅 빈 방이 그를 불안하게 만들었다. 그는 그 원인을 알 수 없었다. 그는 오 년째 그 방에 살고 있었기 때문이다." 근대적 인간의 불안은 사적 영역(변신 이후 자신의 방에 누워 있는 그레고르)과 공적 영역(변신 전 세일즈맨으로서의 삶을 살아가는 그레고르) 모두에 걸쳐 있다. 원인을 알 수 없는 불안을 오랫동안 겪을 수밖에 없는 그레고르에게서 근대 자본주의 사회가 불안이 상존하는 사회임을 알 수 있다.

참고문헌

마르틴 하이데거, 『형이상학 입문』, 박휘근 옮김, 문예출판사, 1994.

마르틴 하이데거, 『형이상학의 근본개념들』, 이기상, 강태성 옮김, 까치, 2001.

박찬국, 「키에르케고르와 하이데거의 불안 개념에 대한 비교 연구」, 한국철학사상연구회, 《시대와 철학》 10권1호, 1999.

쇠얀 키에르케고르, 『불안의 개념』, 임규정 옮김, 한길사, 1999.

프란츠 카프카, 『변신』, 이재황 옮김, 문학동네, 2005.

프리드리히 니체, 『선악의 저편. 도덕의 계보』, 김정현 옮김, 책세상, 2002.

프리츠 리만, 『불안의 심리』, 전영애 옮김, 문예출판사, 2007.

5

기억

/

"살았던 과거는 유한하지만,
기억된 과거는 무한하다"

기억이란 생명체가 경험한 정보들을 저장하고 불러내는 신경체계의 능력이다. 생명체가 저장한 정보들은 의식적이든 무의식적이든 학습과 경험 그리고 환경의 산물이고 또 기억력은 신경체계에 좌우된다. 신경체계를 갖추지 못한 것들, 예를 들면 식물이나 광물은 기억을 할 수 없다. 그리고 신경체계는 생물학적인 발생과 성숙 그리고 쇠퇴의 과정을 거치기 때문에, 그때그때 기억력이 달라진다.

기억이 경험한 정보들을 저장하고 불러내는 행위라는 것, 기억이 학습의 산물이라는 점, 그리고 인간의 신경체계가 기억과 밀접한 관련을 맺는다는 사실은 인간의 기억이 기계, 예를 들면 컴퓨터의 저장장치에 자료를 저장하고 이것을 꺼내는 것과 다르다는 점을 말해준다. 인간의 기억은 주관적이고 가변적이다.

인간의 기억은 뇌의 신경세포들이 시냅스로 연결되어 네트워크를 형성함으로써 새롭게 만들어지고 망각되며, 경우에 따라서는 조작되고 왜곡된다. 인간의 기억은 뇌의 신경 세포를 연결하는 시냅스의 작용인데, 이것이 고장을 일으키면 기억은 지워지거나 왜곡될 수 있다. 유기체인 인간의 뇌는 기계와 다르다. 기억이 주관적이고 가변적이라는 사실은 동일한 사건을 목격한 사람들의 기억이 서로 다르다는 데에서도 분명하게 드러난다. 예를 들면 하나의 교통사고를 목격하고도, 어떤 사람은 피해자를 가해자로 잘못 기억하기도 하고, 또 그 반대의 경우도 많다.

인간과 기계가 다르다는 사실에 주목한 사람들이 생철학자들이었다. 생철학은 19세기에 등장한 철학의 한 흐름이다. 프랑스에서는 앙리 베르그송과 독일에서는 빌헬름 딜타이가 대표자들인데, 이들은 인간은 자연과학에서 말하는 논리적이고 기계적인 존재가 아니라는 것, 인간은 감정과 충동에 의해 움직이는 비합리적이고 역동적인 요소를 갖춘 존재임을 강조한다. 생철학은 인간의 삶은 기계와 달라서 인간에게 중요한 것은 구체적인 경험이고, 이것은 이성이 아니라 직관, 본능, 충동 그리고 의지 등에 의해 좌우된다는 것을 강조한다. 감정이나 사유능력이 없는 컴퓨터와 같은 기계는 주어진 입력값이 동일하면 여기에서 나오는 출력값도 동일할 수밖에 없다. 그러나 인간은 동일한 사건을 자신이 처한 상황에 따라 서로 다르게 기억하기도 한다. 어떤 것은 망각하기도 하고, 또 다양한 사건들 가운데 일부분만 선택적으로 기억하기도 한다. 인간의 기억의 용량은 한계가 있고 인간은 누구나 관심이 있는 것을 기억하려는 경향이 있다. 영화의 예를 들어보자.

영화 〈메멘토〉에 나타난 기억

2000년 미국에서 〈메멘토Memento〉라는 범죄 미스테리 스릴러 영화가 제작되었다. 영국 출신 크리스토퍼 놀란이 각본을 쓰고 감독을 맡았다. 원작은 감독의 동생인 조나단 놀란이 쓴 소설『메멘토 모리』였다. 이 영화는 다양한 파편들로 구성된 퍼즐처럼 줄거리가 매우 복잡하다. 시간적 순서로 진행되는 내용(영화에서 흑백으로 표현)과 시간의 역순으로 아내를 죽인 범인을 찾는 과정(영화에서 컬러로 표현)으로 내용이 전개된다. 감독은 영화 〈인터스텔라〉의 감독으로도 유명하다.

'단기기억 상실증'을 주제로 한 이 영화의 주인공은 보험회사 조사관으로 일하는 레너드다. 괴한에게 사랑하는 아내가 성폭행을 당하고 마침내 살해되어 큰 충격을 받은 레너드는 본인도 머리를 다쳐 단기적인 기억 상실이라는 병에 걸린다. 그의 기억 지속 가능 시간은 단 10분으로 현재 기억하고 있는 것은 자신의 이름과 아내의 죽음, 살인범의 이름뿐이다. 그는 살인범을 찾아 복수하기 위해 갖가지 수단을 동원하여 범인을 찾기 위해 수사해 나간다. 기억을 오랫동안 유지할 수 없기 때문에 레너드는 거의 동물적인 감각에 의존하여 하루하루를 살아간다. 그는 기억을 잃지 않기 위해서 폴라로이드 카메라로 그날 있었던 일들, 만난 사람들을 찍고, 간단히 기록하여 메모로 남긴다. 그가 믿을 수 있는 것은 오로지 이러한 기록뿐이다. 아내를 강간하고 자신에게도 상처를 남긴 살인범 존 G에게 복수하기 위해 해당 사건의 기록을 자신의 몸에 문신으로 남기는 것도 기억 보존의 수단이다.

그렇다면 메모나 문신, 폴라로이드 사진과 같은 수단들은 기억의 객관성을 보증해줄까? 영화는 이것 역시 기억의 변형과 왜곡에 기여함을 보여준다. 레너드를 이용하려는 주변인물들이 왜곡된 정보들을 레너드에게 주기 때문이다. 레너드는 아내를 성폭행한 범인이 존 G라고 알고

영화 〈메멘토〉에서 레너드는 기억의 보존 수단으로 문신을 남긴다.

있지만, 그가 실제로 죽인 사람은 살인범을 찾는 데에 도움을 준 테디였고, 아내는 당뇨병으로 인하여 죽었는데, 레너드는 성폭행범이 살해했다고 기억한다.

현대에는 인간의 기억을 관장하는 뇌의 부위가 많이 알려졌다. 예를 들면 단기기억은 뇌의 전전두엽이, 장기기억은 측두엽에 위치한 해마가 담당한다. 인간의 뇌는 생물학적 법칙의 영향을 받기 때문에, 인간의 기억도 주관적이고 불확실할 수밖에 없다. 실재로 〈메멘토〉의 주인공 레너드는 기존의 의학 연구에서 H. M.이라는 약어로 알려진, 실제로 존재했던 환자의 증상을 모델로 한 것으로 알려져 있다. 이 환자는 1953년 간질 발작이 심해서 양쪽 측두엽의 전측 부위를 제거하는 수술을 받았는데, 이로 인해 간질 발작은 멎었지만 단기기억 상실증에 걸렸다. 이처럼 인간의 기억은 뇌의 손상에 따라 달라질 수 있어서 매우 취약하다.

기억과 자서전

기억이 주관적이고 불완전하다고 해서 나쁜 것만은 아니다. 인간은 주관적인 기억을 토대로 이 세상을 살아가고 자신의 정체성을 만들어 간다. 자서전을 쓰는 것도 기억의 주관성, 불완전성과 깊은 관련이 있다.

인간은 자신의 과거의 삶을 늘 기억해 내고 이를 표현한다. 여러 생명체 가운데 자서전을 쓰는 동물은 인간밖에 없다. 자서전은 자신의 과거를 재구성하여 표현하는 것인데, 그 기반이 기억이다. 여기에서 알 수 있듯이, 과거를 의식적으로 되불러오는 것은 어떻게 보면 인간 특유의 속성일 수 있겠다. '나'라는 표현을 쓰며, 시간과 공간의 연속성 속에서 자기 개인의 존재를 탐구하고 지나간 과거를 되돌아볼 수 있는 능력은 인간 특유의 것으로, 미래의 행동에 대비하는 목적에 사용될 수 있다.

자서전과 관련된 기록은 과거의 사실을 객관적으로 보여주는 것이 아니라, 현재의 관점에서 과거의 사건들을 선택적으로 재구성한 것으로 사실도 재구성되고 허구가 개입되기도 한다. 인간은 기억을 하면서 동시에 자신이 기억을 한다는 사실을 의식한다. 즉 인간의 기억은 자기의식적인 기억이다. 이 말은 인간의 기억 방식을 특징짓는 매우 중요한 개념이다. 인간은 의식적으로 그리고 선택적으로 특정한 기억을 불러온다. 여기에 자서전을 쓰는 인간의 의도가 개입될 수 있다. 과거 자신의 행적을 미화하거나 자신의 책임을 회피하려는 의도 등이 그것이다.

인간은 의도적으로 먼 과거의 기억을 찾아 나서기도 한다. 이를 통해 특정한 행동을 눈앞에 그려보고, 현재의 유사한 상황에서 더 유리한 행동방식을 취하기도 하며, 또 의도적인 어떤 결정을 내리기도 한다. 이 과정에서 시간이 관련되기도 하는데, 인간의 현재는 끊임없이 과거와 미래의 영향을 받는다. 다시 말하면 인간의 과거는 객관적으로, 있는 그대로 현재에 재현되지 않고 현재 상황의 영향을 받아 취사선택된다.

인간의 기억은 자기의식적인 기억이기 때문이다.

진화심리학의 입장에서 보면, 인간은 현실에 적응하려는 노력, 즉 현실의 어려움을 극복하고 생존해 나가기 위해 노력할 수밖에 없고, 이런 필요성 때문에 과거에 대한 기억도 마찬가지로 늘 현재의 상황에 의해 수정되고 선택되며, 때로는 왜곡된다. 중요한 것은 현재의 상황에 대처해 적응하는 것이다. 이를 위해 과거의 기억들을 불러오기 때문에, 기억은 늘 생존의 필요성, 현실에의 적응의 필요성과 관련될 수밖에 없다.

성찰적 기억

끊임없이 변하는 주변 환경에 적응함으로써 영장류로서의 인간은 생존을 보존해왔다. 만일 이런 능력이 없었다면, 인간은 환경의 변화를 극복하지 못하고 사멸했을 것이다. 인간이 변화하는 주변 세계에 끊임없이 적응할 수 있었던 배경은 무엇인가? 인간종의 고유한 특징 가운데 하나인, 인간 특유의 기억체계에서 그 배경을 찾을 수 있다. 신경체계가 가장 발달한 동물로서의 인간의 기억체계는 다른 동물의 그것과 다를 수밖에 없다. 먼저 인간은 자기의식적인 특징을 지니고 있다. 생물학적으로 인간의 기억은 감각기관이 받아들인 자료들이 신경체계를 통해 전달되고 뇌에서 가공함으로써 성립하는데, 인간이 받아들이는 감각적 자료들은 모두 인간 자신에게서 비롯된다. 인간의 기억은 과거의 시간과 공간 속에서 자신에게 주어진 감각적 자료들과 이에 대한 감정들이 복합적으로 작용하여 만들어진다. 자서전에 활용되는 기억이 바로 여기에 해당한다. 이런 의미에서 인간의 기억은 자기의식적이고 성찰적이다. 둘째, 인간은 자신의 기억을 주변세계에 전달하고 또 언어와 같은 매체로 표현하는데, 이 과정에서 인간의 기억은 보존되어 시간과 공간의 한계를 넘어 전달된다. 뿐만 아니라 기억의 보존과 전달의 과정에서 인간의 기억은 필요에 따라서 주관적이고 선택적인 편집의 과정을 거치기도 한다.

다른 동물의 종에서는 찾기 어려운, 인간의 기억의 특성은 주변 세계가 요구하는 조건들을 충족시켜 생존하기 위한 것이다. 보통의 동물들은 천적을 만나면 본능적으로 싸우거나 피하는데, 천적을 만나 발생하는 위험을 벗어나기 위해서 과거의 기억들을 불러와 어떻게 천적을 피할 것인지를 찾는다. 사유하는 존재로서의 인간의 경우는 이 과정이 훨씬 복합적이고, 따라서 인간의 성찰적인 기억이 지니는 선택성, 주관성은 훨씬 더 풍부할 수밖에 없다. 인간은 다른 포유류 동물들과 마찬가지로 삽화(즉 에피소드)와 같은, 선택적이고 구성적인 기억력을 갖는다. 인간은 이러한 기억 체계 때문에 진화의 과정에서 난관을 극복하고 혜택을 누릴 수 있었다. 성찰적 기억 덕분에 인간은 생존과 이로 인한 진화에 더 나은 기회를 만들어낼 수 있었고, 문제적 상황의 극복에 더 많은 도움을 받은 것이다. 도전에 대해 인간은 응전의 선택과 타이밍을 맞출 수 있었고, 그래서 진화의 과정에서 난관들을 극복할 수 있었다.

현실에 적응하고 생존해 나가기 위한 목적에서 발생하는 인간 특유의 성찰적 기억은 또한 기억의 내용을 외재화할 수 있게 해준다. 인류 역사 초기에는 단순히 식량이 있는 곳을 표시하거나 나아가 언어적 소통을 통해 상징적 의미교환을 하였으며, 또 문자가 발명되고 난 후에는 언어로 기록하여 기억을 저장함으로써 인간은 기억의 내용을 보존하는 탁월한 능력을 보여주었다. 문자를 통해서 인간은 기억한 내용을 시간적으로 공간적으로 멀리 떨어져 있는 인간에게도 전달할 수 있게 된 것이다.

인간과 원숭이의 차이를 언어의 사용과 이로 인한 기억력의 확장에서 찾았던 사람이 미국의 인류학자이자 인간의 행동 연구에 많은 성과를 보여준 마이클 토마셀로Michael Tomasello였다. 이 학자는 2002년 진화심리학의 관점에서 포유류와 영장류를 비교하면서 인간은 언어를 사용한 상징적 소통을 발전시키면서 진화에 엄청난 변화와 발전을 이루었다고 주장한다. 그에 따르면 원숭이와 달리 인간은 '우리'라는 표현과 의식을 갖출 수 있고, 따라서 이기적인 데에 그치지 않고 이타적인 사유를 할 수 있었다. 뿐만 아니라 기억과 경험을 언어를 통해 타인에게 전달하면서 인간은 단순히 생물학적으로 진화하는 데에 그치지 않고, 사회를 이루어 발전해 나갈 수 있었다. 언어를 사용함으로써 기억과 경험을 기록하고 전달함으로써, 인간은 고도의 문화를 발전시킬 수 있었던 것이다.

문자는 인간의 기억에 긍정적인가?

문자 혹은 언어와 같은 매체가 인간의 기억을 보조하여 더욱 풍부하게 할 수는 있지만, 부정적인 요소들도 무시할 수 없다. 부정적인 요소로는 문자가 현실을 정확하게 재현하기 어렵기 때문에, 실재를 왜곡할 수 있다는 것, 그리고 인간이 문자와 같은 매체에 의존함으로써 오히려 인간의 뇌에 의한 기억력이 쇠퇴할 수 있다는 점을 들 수 있다. 이것은 고대 그리스의 철학자 플라톤이 『파이드로스』에서 이미 밝힌 바 있다. 플라톤은 이 책에서 고대 이집트에서 문자가 발명되자, 이에 대한 기대와 우려를 이렇게 표현한다.

그 발명품은 기억을 외면하게 할 것이며, 학습자의 영혼에 망각을 불러일으킬지도 모릅니다. 왜나하면 학습자들은 자기 스스로 내면적으로 기억하기

보다는 문자에 의존한 나머지 그 낯선 기호들을 통해 단지 외면적으로만 기억할 수 있기 때문이다. 그러니까 당신은 기억을 위한 수단이 아니라, 기억 박탈의 수단을 발명한 셈이며, 그렇기 때문에 지혜와 관련해서도 당신은 제자들에게 진리보다는 가상만을 심어줄 지도 모릅니다.

문자와 같은 매체들이 인간의 기억력을 약화시키며, 오히려 실재와 다른 기억들을 만들어나간다는 점을 플라톤이 우려하고 있는데, 이에 대해서는 곧 다시 살펴보기로 하자.

기억과 문화

계통발생사의 관점에서 인간의 기억이 어떻게 발생했고 변화해 왔는지에 관한 확실한 정설은 아직까지 학계에 보고되지 않았다. 그러나 진화심리학이나 진화신경생리학은 지난 1990년대 이후 인간의 기억의 개체발생사에 관하여 충분한 설명을 할 수 있는 근거들을 마련했다. 인간이 자신의 과거, 자신의 삶을 기억하는 것은 문화라는 틀 안에서 획득한 능력과 관련된다는 사실이 밝혀졌다. 인간이 자신의 삶을 기억하고 이를 표현하며 기록으로 남기는 능력, 다시 말하면 자신의 이야기를 기억을 통해 재구성하여 들려주는 능력은 고도로 지적인 인간의 인식능력의 산물이고, 여기에는 인간이 처한 문화적 상황이 개입한다. 인간의 이러한 능력은 매우 복잡한 기억의 형태와 관련된다. 기억은 개인적이고 또 생명을 지닌 유기체의 속성에 불과한 것이 아니라, 타인과의 관계 속에서 형성되고 자신의 정체성을 지속시키며, 각각의 개인들로 구성된 사회 내에서 소통을 가능하게 하기 때문이다.

개체발생의 관점에서 인간이 자신의 과거를 기억하고 이를 구성하여 표현하는 능력, 그리하여 과거와 현재 그리고 미래의 시간적 차이를 서로 구별하여 자신의 삶을 구축해 나가는 능력은 인간이 자신에 관하여, 즉 자아에 관하여 확실하게 인식하기 시작하고 또 자신과 타인을 분명하게 구분할 수 있어야 가능하다. 대체로 이러한 시기는, 피아제의 이론에 따르면 인간이 인칭대명사를 사용하는 시기와 비슷해진다. 학자들은 이 나이를 대개 빠르면 두 살 정도에 시작한다고 보는데, 늦어도 3~5세 정도면 이러한 기억능력이 확고하게 자리잡는 것으로 알려져 있다. 따라서 이 이론에 따르면 문화적인 측면에서 적어도 두 살 이전의 인간은 기억력이 없다고 보아야 한다. 흥미로운 사실은 개체발생사의 관점에서 인간이 과거를 기억하는 능력은 언어습득 시기와 밀접한 관련을 맺고 있다는 점이다.

다른 관점에서 보자면 인간이 언어를 사용하지 않는다면, 어쩌면 인간의 기억력도 다른 동물들과 유사한 수준에 그치지 않았을까 생각해 볼 수도 있겠다. 3~5세에서 처음 시작하여 청소년 시기까지 인간의 기억능력은 지속적으로 발전해 나가는데, 이러한 과정은 인간의 언어 사용이 지속적으로 증가하고 또 정교해지는 과정과 일치한다. 이를 염두에 두면 인간의 기억이 단지 생물학적인 것에 그치지 않고, 사회문화적 요소들과 밀접한 관련이 있을 것이라고 추론할 수 있다. 인간은 사춘기를 거치면서 청소년기에 이르기까지 지속적으로 자신과 주변세계와의 관계를 의식하기 때문이다. 인간의 기억력이 언어의 사용, 또 사회문화적 환경의 접촉과 밀접한 관련이 있다는 사실은 동서양 사람들의 기억력이 형성되는 시기의 차이에서도 알 수 있다. 서양의 어린이들은 3~4세에 기억력이 발전하기 시작하는데, 동양의 어린이들은 그보다 1~2년이 늦은 5~6세에 기억력이 발전한다. 이것은 동양과 서양의 어린이들이 사회와 관련을 맺고 문화를 형성하며, 자신의 정체성을 찾아 나가는 나이의 차이와 관련이 있다.

기억과 사회: 영화 〈늑대소년〉의 경우

현대사회에 진입할수록 성인기에 접어드는 기간이 빨라진다. 사회적 접촉의 방식이나 접촉의 양이 다양하고 많기 때문이다. 기억을 관장하는 인간의 두뇌의 기능들이 발전하고 성숙하여 완성되는 과정에 사회 환경이 깊숙이 작용하는 것이다. 어쩌면 사회와 접촉을 차단한 상태의 어린이의 기억력은 그렇지 않은 경우와 비교해 볼 때, 매우 부족하거나 아니면 아예 동물적인 상태에 머물 가능성도 있다. 이런 사정들을 고려하면 인간의 기억력은 사회 혹은 문화적 환경과 밀접한 관련이 있다. 좋은 예를 영화 〈늑대소년〉(2012년)에서 찾을 수 있다.

〈늑대소년〉은 조성희 감독이 제작한 영화로, 늑대소년 역은 송중기가, 그리고 상대역은 박보영이 맡았다. 요양차 가족들과 한적한 시골 마을로 옮긴 박보영이 어둠 속에서 동물처럼 살아가는 늑대소년을 발견한다. 늑대소년은 야생에서 늑대처럼 동물적 본성의 상태로 존재한다. 그런 늑대소년에게 소녀는 인간처럼 살아가는 법을 가르친다. 소녀를 만나면서 늑대소년은 사회를 경험하는데, 이를 통해서 사랑이라는 감정을 배우고 기억한다. 소녀는 늑대소년에게 기다려달라는 쪽지를 남기고 떠난다. 47년 동안 오지 않는 소녀를 기다리며, 막노동을 하여 돈을 벌고, 글과 그림을 그리면서, 사랑하는 사람에 대한 기억을 이어간다. 늑대소년은 소녀를 만나면서 사회를 이루고, 그 결과 그의 기억의 수준은 동물적 상태에서 인간적 상태로 진보한다.

인간의 기억은 끊임없이 사회, 즉 주변세계의 영향을 받는다. 주변세계와 소통하면서 기억을 하고, 또 기억을 통해서 소통을 한다. 이처럼 인간이 사회 내지는 문화적 환경과 접촉을 통해 자신의 과거를 기억한다는 정황을 고려하여 틸만 하버마스Tilmann Habermas와 수잔 블룩Susan Bluck은 인간이 자신의 삶에 관하여 일관적인 이야기를 들려줄 수 있는 시기, 즉 인간이 사회와 문화적 맥락에서 자신의 정체성을 확립하고 이를 토대로 사회와 문화에 대한 일관된 기억이 완성되는 사춘기가 끝날 무렵이 되어야 비로소 가능하다고 말한 바 있다. 인간은 사춘기가 지나면서 자신이 속한 사회나 문화에 완벽하게 적응하기 때문이다. 이런 관점에서 본다면, 늑대소년은 사회화의 과정이 늦거나 그 조건이 약하기 때문에 기억이 동물적인 수준에 멈췄고, 따라서 미숙할 수밖에 없었다.

문화 예술에 나타난 기억의 영향

문학과 문화에 관한 매우 주목할 만한 글들을 발표한 발터 벤야민은 유대계 마르크스주의 문예이론가로서 현대의 문학, 예술론, 기억의 성격과 이것이 예술에 미친 영향에 관하여 매우 중요한 이론적 근거를 마련했다. 초현실주의 문학과 예술, 기술복제시대의 예술의 운명 등에 관한 벤야민의 분석은 매우 뛰어나다. 그의 저작들 가운데 「기술 복제시대의 예술작품」(1935), 「초현실주의」(1929), 「프루스트의 이미지」(1929) 등은 기억과 관련하여 매우 중요한 내용들을 담고 있다.

기억이론을 예술에 접목시키려는 벤야민에 따르면 과거란 구원의 손길을 기다리는 열린 대상이다. 과거는 늘 기억에 따라 재구성되는데, 인간은 기억을 통해서 과거를 불러온다. 벤야민이 인간은 기억을 통해서 과거를 구원한다고 한 말의 의미가 여기에 있다. 망각에 묻혀 있던 과거가 기억을 통해서, 지금 이 순간에 우리에게 모습을 드러낸다. 초현실주의 예술의 핵심도 여기에 있다. 초현실주의는 현실을 넘어선 영역의 세계를 그리려는 문예사조인데, 꿈과 무의식 등의 영역이 이에 해당한다. 우리는 꿈속에서 과거의 기억들을 늘 새롭게 불러오는데, 이러한 꿈의 구조들을 문학과 예술에 활용하려는 경향이 바로 초현실주의였다. 벤야민의 기억이론이 초현실주의를 설명할 중요한 이론적 토대가 될 수 있는 근거도 여기에 있다. 예를 들면 우리의 유년기는 망각에 묻혀 있다가 현재의 어떤 상황에 의해 갑자기 기억되어 모습을 드러낸다. 실제와 기억의 차이를 벤야민은 이렇게 말한다. "살았던 과거는 유한하지만, 기억된 과거는 무한하다." 실제의 현실, 즉 우리가 살았던 과거의 실재의 삶은 유한하다. 그렇지만 이것은 늘 인간의 기억을 통해서 다시 소환되고, 인간이 처한 상황에 따라 주관적으로 채색되거나 재구성된다. 기억은 불러낼 때마다 다른 모습을 띨 수 있다. 그래서 기억된 과거는 무한하다고 벤야민은 말한다. 기억은 과학과 다른데, 그 차이를 벤야민은 『아케이드 프로젝트』에서 이렇게 말한다.

> 과학이 "확정"한 것을 기억은 수정할 수 있다. 기억은 완결되지 않은 것(행복)을 완결된 것으로 만들며, 완결된 것(고통)을 완결되지 않은 것으로 만들 수 있다. 이것은 신학이다.

인간은 늘 현재의 상황에서 과거를 보며 과거의 기억을 되살리기 때문에, 기억을 통해서 완결되지 않은 것이 완결되기도 하고, 완결된 것이 완결되지 않기도 한다. 기억이 얼마나 주관적이고 재구성적인 것인지가 이 말에서 나타난다. 인간은 기억을 통해서 행복을 만들어가고, 이런 의미에서 기억은 인간을 구원하는 신학이 될 수 있는 것이다.

신학이 구원을 위한 믿음이듯이, 기억 역시 그러하기에 과학적 객관성과 다르다는 것이 벤야민의 관점이다. 벤야민은 역사도 마찬가지라

19세기 공간 아케이드로 들어가는 것에는 유년시절의 기억을 되살려 현재를 인식하는 벤야민의 역사해석 방법이 적용되어 있다.

고 이해한다. 우리는 역사 서술이 객관적일 것으로 믿지만, 역사 서술 역시 역사가의 기억에 의존하기 때문에, 주관적이고 구성적이며 선택적일 수밖에 없다. 마치 우리가 꿈에서 깨어나면 꿈 가운데 어떤 것은 기억에 남고 어떤 것은 사라지는 것처럼 말이다. 인간이 유년기를 회상하고 유년기의 기억을 되살리는 것도 마찬가지다. 역사를 서술하는 사람이나 유년기의 경험을 들려주는 사람은 이것이 최대한 객관적이라고 생각할 수 있으나, 실제로는 마치 꿈에서 막 깨어난 자가 꿈을 해독하는 것과 같이 서술자의 통찰에 각인되어 있다. 이런 의미에서 기억이란 기억된 대상을 객관적으로 복원하는 것이 아니라 기억하는 자의 상태가 가미된 것이기에 주관적이고 구성적이며 선택적이다. 역사인식을 꿈과 깨어남의 관계로 파악할 수 있는 근거가 여기에 있는데, 자본주의의 본질을 폭로하는 벤야민의 대작『아케이드 프로젝트』에는 다음과 같은 내용이 담겨 있다.

역사를 연구하는 새로운 변증법적 방법은 현재를 깨어 있는 세계로서, 즉 우리가 과거에 존재했던 것이라고 부르는 꿈이 실제로 관계를 맺고 있는 세계로서 경험하는 기법이다. 과거에 존재했던 것을 꿈의 기억을 통해 철저하게 경험하는 것이다! – 따라서 기억과 깨어남은 아주 긴밀한 친화관계에 있다. 다시 말해 깨어남은 회상의 변증법적, 코페르니쿠스적인 전환이다.

이렇게 과거는 기억될 순간을 기다리며 잠들어 있다가 기억을 통해서 비로소 언어와 조형적 표현을 얻는다. 기억을 통해서 과거가 깨어나면서 과거를 깨운 현재도 함께 깨어난다. 아니 반대로 현재가 깨어나면서 과거의 기억도 함께 깨어난다고 말할 수도 있다. 기억의 주관성, 자의성, 선택성, 구성적 성격은 20세기 초 문학에서 '의식의 흐름'이라는 기법을 만들어냈다.

프랑스의 소설가 마르셀 프루스트의 대표작 『잃어버린 시간을 찾아서』라는 소설은 그 탁월한 예를 보여준다. 이 작품에는 인간의 기억이 얼마나 현재의 상태에 의존하는가, 다시 말하면 인간의 기억이 현재 자신이 처한 상황에 의해서 얼마나 주관적이고 선택적으로 재구성되는가의 문제가 매우 분명하게 드러난다. 성인이 된 마르셀이 마들렌이라는 과자를 홍차에 적셔 먹으면서, 행복했던 어린 시절 콩브레 마을에 있는 고모집에서의 기억을 떠올린다.

> 콩브레의 그 어떤 것도 나에게 더 이상 존재가 되지 못하던 시절이 있었다. 어머니는 통그스름하고 앙증맞은 작은 케이크, 즉 세로로 홈이 파인 조개껍데기 모양의 예쁜 마들렌을 주셨다. 기력이 빠진 나는 마지못해 입을 열고 마들렌을 적신 차를 조금 맛보았다. 케이크 부스러기가 섞인 따뜻한 차가 입천장에 닿자마자 나는 이내 몸서리쳤다. 갑자기 그 맛이 기억났다. 그 맛은 콩브레에서 일요일 아침에 먹는 작은 마들렌 조각의 맛과 비슷했다. 곧 이모의 방이 있는 거리 위쪽의 오래된 잿빛 집이 작은 현관과 분리된 무대처럼 우뚝 치솟았다.

현재가 과거의 기억을 재구성하여 불러오는 대표적인 예가 바로 이 대목에서 발견된다. 과거의 객관적인 경험들 가운데 일부가 재구성되어 현재와 관련을 맺는다. 프루스트의 이 소설이나 벤야민의 기억론은 인간에게 시간이란 시계가 가리키는 것처럼 직선적으로만 흘러가는 것이 아니라, 현재가 과거로 또 다시 미래로 종횡무진 교차함을 보여준다. 따라서 성인이 된 마르셀의 현재 시간과 유년기의 과거 시간이 서로 겹쳐서, 서로 다른 두 차원의 시간이 하나로 뒤섞인다. 문학에서는 이를 의식의 흐름으로 부르는데, 그 배경에는 프로이트의 무의식이라는 개념이 자리잡고 있다.

인간이 겪은 경험은 시간이 흐른다고 해서 완전히 사라지지 않고, 인간의 정신이나 육체 어딘가에 무의식으로 저장되어 있다. 우리가 어떤 냄새를 맡고는 과거의 어떤 기억을 떠올릴 때가 있는데, 이것은 과거의 기억이 후각이라는 감각기관에 무의식으로 저장되어 있기 때문에 가능하다. 과거에 있었던 일들이 파편처럼 조각난 채, 현재의 어떤 경험에 의해 새롭게 재구성되는 것을 빗대어 '프루스트 현상'이라고 부른다.

초현실주의와 자동기술

의식의 흐름이란 현재와 과거 그리고 미래가 서로 시간적, 논리적, 인과적 관계를 무시한 채 서로 뒤엉키는 현상을 가리키는데, 이것은 초현실주의 예술 기법의 '자동기술'과 관련된다. 질서 정연하게 시간적 순서에 따라 인과적으로 사건들을 전개해 나가는 것이 전통 소설의 구조라면, 프루스트와 제임스 조이스에서 시작한 현대의 소설 그리고 초현실주의 예술에서는 시간적, 인과적 관계를 무시하고 생각과 느낌을 있는 그대로 여과 없이 써 내려간다. 잘 알려져 있듯이, 초현실주의는 프랑스의 문예이론가 앙드레 브르통이 1924년 「초현실주의 선언」을 발표함으로써 그 이론적 기초가 다져졌다. 브르통은 초현실주의를 이렇게 정의한다.

> 심리적 자동주의로, 진정한 내면의 표현을 위해 봉사한다. 이성의 통제, 심미적 도덕적 선입관을 배제한 상태에서 얻어지는 자동적인 글쓰기.

브르통은 현실 너머의 세계, 다시 말하면 의식 너머의 세계를 예술에서 드러내려는 것이 초현실주의이고, 그 기법이 자동적인 글쓰기임을 강조한다. 현실 너머의 세계가 초현실인데, 이것을 표현하는 방식이 자동적 글쓰기이다. 즉 동시성, 꿈과 상상의 세계에 대한 무의식적 표현을 얻으려는 것이 초현실주의로서, 이는 다다이즘을 이어받는다.

초현실주의의 토대를 만들어준 것은 바로 프로이트의 꿈 이론이다. 프로이트와 브르통에 따르면, 꿈에서는 무의식이 지배하고 상상의 영역이 절대적 현재로 전개되는데, 초현실주의 예술은 이러한 세계를 드러낸다. 상상의 세계를 탐험하고 신화와 상상 그리고 꿈의 세계로 진입하기 위해서 자유 연상을 매개로 한 프로이트의 무의식 이론이 원용된다. 초현실주의 예술가들이 현실의 세계를 떠나려고 하는 것은, 현실의 세계가 이성이나 의식의 통제를 받고 있고, 진실된 인간의 원초적인 욕망이 억압된 공간이라는 생각 때문이었다.

살바도르 달리의 『기억의 지속』

살바도르 달리는 시간과 관련된 주제를 자주 그림의 소재로 활용하였다. 여기서 시간은 과거와 현재 그리고 미래의 구분이 사라진 시간으로, 문학과 예술에서 '의식의 흐름' 기법과 동일한 차원이다. 과거에 대한 기억이 선택적으로 현재에 재현되면서 과거와 현재의 구분이 사라지는 것이다. 달리의 그림에 기계적으로 진행되는 시계에 대한 불신이 많이, 그리고 자주 표현되는 이유도 여기에 있다. 이와 관련하여 잘 알려져 있는 작품이 「기억의 지속」(1931년)이다.

「기억의 지속」에는 마치 치즈처럼 녹아서 늘어져 있는 시계, 개미가 기어 다니는 시계가 등장하여, 시간의 흐름에 대한 부정적인 입장을 보여준다. 근대의 핵심적인 아이콘으로서 시계는 시간 흐름의 선형성을 단적으로 상징하는데, 달리의 그림은 시계를 작동을 멈춘 상태로 그리고, 이를 통해서 선형적 시간의 붕괴를 지시한다.

달리가 이 그림을 그린 배경으로는 그가 살았던 리가트 항구에서 저무는 석양의 풍경을 본 것이 계기가 되었는데, 달리가 그린 이 그림에서 시계와 그것이 지시하는 시간은 무엇을 뜻할까? 달리의 설명에 따르면, 이 그림은 현실의 해체를 상징하는 공간과 시간관념을 표현하고 있다. 어머니 뱃속에서 오줌 누던 "유아시절의 황홀경"에 도달하기 위해 시간과 공간의 붕괴를 선택한 것이다. 시간의 흐름이 멈추면서, 과거의 황홀경을 기억으로 불러옴을 이 그림은 보여준다. 「기억의 지속」이라는 제목을 갖게 된 것도 바로 그 때문이다.

문화적 기억

1980년대 이후 기억과 인간의 정체성의 관계가 새롭게 주목을 받았다. 정체성이란 개인적으로 봤을 때에는 "나는 누구인가?"라는 문제이고, 집단의 차원에서는 "우리는 누구인가?"라는 문제에 대한 답을 뜻한다. 정체성은 기억의 영향을 받기 때문에, 정체성 자체도 고정불변의 실체가 아니라 기억에 따라 끊임없이 달라지고 시대와 상황에 따라 변해가며, 이런 의미에서 유동적이다. 페미니즘 계열의 문학 비평가 테레자데 로레티Teresa de Lauretis는 정체성을 "적극적인 구성이자 담론을 통해서 매개된, 자기의 역사에 관한 정치적 해석"이라고 정의한다. 정체성은 환경과 상황 그리고 정치적 입장에 따라 다르게 설정되고, 이러한 설정은 상황이 변하면 또 바뀐다는 것이다. 즉 정체성 역시 관점과 시간에 따라 변하게 되니 주관적일 수밖에 없는데, 기억은 정체성의 확립에 결정적으로 작용한다.

집단의 차원에서 '우리'란 무엇인가? 우리란 우리가 함께 기억하고 함께 망각하는 것에 의해 결정된다. 따라서 기억이야말로 정체성의 형성에 결정적인 역할을 수행한다. 정체성을 재형성한다는 것은 기억을 재구성하는 것과 다름없다. 시대가 바뀌면서 혹은 정치적 환경이 바뀌면서 정체성의 재확립이 필요하다. 이럴 때 역사서술을 바꾼다든지, 기념비를 새롭게 만든다든지 혹은 공공건물의 명칭을 바꾸면서 정체성의 변경을 꾀할 수 있다. 이와 같이 기억을 재구성함으로써 정체성을 재형성할 수 있게 되는 것이다.

예를 들어보자. 1970년대에 이순신 장군이 갑자기 우리의 문화 안에 폭넓게 들어온 적이 있었다. 광화문에 이순신 장군 동상이 세워지고 충무공의 일대기가 영화로 제작되었으며, 아산의 이순신 생가가 복원되어 성역화 되기도 했다. 이런 과정을 거치면서 우리는 무신으로서, 국가를 구한 애국심의 화신으로서 이순신 장군을 기억하며, 사회가 무신을 우상화하는 분위기로 재편성되어 새로운 정체성을 만들어나갔다. 이순신 장군은 우리나라의 국민들에게 문화적 기억으로 자리잡게 되었던 것이다. 물론 그 배후에는 군인들이 정권을 잡고 권력을 장악했던 유신시대라는 시대적 배경이 있었다.

최근 들어 "문화적 기억"이라는 용어를 자주 사용하는데, 기존에 기억이 인간 개인의 차원에서 다루어지고, 주로 심리학에서 사용되었다면, 이제 인간 개인이 아니라 집단으로서 인간의 기억에 관심을 갖게 되면서 기억의 문제가 인문학, 역사학 등으로 확장된 것이다. 즉 기억이 개인의 기억에서 집단적, 사회적 기억의 문제로 확대된 것인데, 이 문제를 매우 심도 있게 다룬 학자가 알라이다 아스만Aleida Assmann과 얀 아스만Jan Assmann 부부다.

이집트 학자로서 이집트의 고대 유적과 문화에 관심이 많았던 얀 아스만은 집단이 공유하는 기억들이 일정한 시간이 흐르면 문화적 기억으로 변모되어, 제의, 춤, 신화, 의복, 장식, 부적, 회화, 풍경화, 문학과 같은 여러 기호체계 속에서 표현된다고 주장한다. 그리고 이러한 기호체계로서의 문화적 기억은 기계적인 저장과 꺼내기의 관계가 아니라, 선택적, 구성적 방식으로 이루어지며, 특정 집단의 세계관과 밀접한 관련을 맺는다고 단정한다. 따라서 '저장기억'이 단순히 저장매체 속에 기록하여 임의의 순간에 꺼내오는, 따라서 객관성을 특징으로 한다면, '기능기억'은 특정 집단의 이해관계와 관련되고 그 집단의 정체성 수립에 기여하며, 선택적이고 구성적이며 특정한 가치에 구속을 받고 미래지향적인 특성을 갖는다. 예술은 정체성 형성에 기여하는 문화적 기억으로서 단연코 후자, 즉 기능기억에 속한다.

예술이 지니는 이데올로기적 성격이 여기에서 드러난다. 예술이 선택적, 구성적 기억과 관련되는 한, 예술은 단순히 기억을 돕는 매체일 뿐만 아니라 망각의 매체이기도 한다. 무엇을 기억하고 무엇을 망각하는가의 문제는 예술이 속한 집단, 계층의 세계관과 밀접한 관련이 있다. 즉 예술은 그 예술이 속한 집단의 이데올로기를 반영하고, 그 집단의 정체성을 확립하는 데에 기여한다. 이와 관련하여 알라이다 아스만은 "우리는 누구인가?"라는 정체성은 우리가 함께 기억하고 함께 망각하는 것에 의해 확립되며, 정체성의 형성은 바로 기억의 재구성에 의해 결정된다고 주장한다. 시대가 바뀌어 새로운 정체성의 확립이 필요할 경우, 역사서술을 바꾼다든지, 새로운 기념비를 건립한다든지 아니면 공공건물이나 거리의 이름을 바꾸는 작업을 착수하는 현상은 바로 기억과 문화 그리고 이데올로기의 상관관계를 뚜렷하게 보여준다.

예술을 특정 집단의 세계관과 결부짓는 현상은 발생론적 구조주의를 주장한 루시앙 골드만의 문학사회학에서 이미 찾아볼 수 있다. 하지만 '기억'이라는 매개항을 통해 문화를 분석할 경우, 우리는 다양한 자료들을 근거로 훨씬 풍성한 결론을 제시할 수 있다. 문학, 회화, 기념비, 건축, 음악과 같은 예술은 물론이고, 사회적 상징체계, 가치관, 철학적 진술, 자서전적 기록 그리고 언론의 보도와 같은 다양한 담론 차원의 영역의 자료들이 마치 해석을 기다리는 기호체처럼 우리 앞에 다가온다. 모리스 알박스Maurice Halbwachs가 말하는 집단적 기억이나, 알라이다 아스만이 개념화한 문화적 기억은 한결같이 위에 열거한 예술 내적 혹은 예술 외적 자료들이 특정 시대의 문화적 의미구조를 이룬다는 점을 입증한다.

로마의 무덤에서 발견된 상징들은 단지 관습적인 무덤 장식에 그치는 것이 아니라 로마인들이 생각하고 기도한 것이 무엇인지를 암시하는 기억의 이미지라고 바흐오펜J. J. Bachofen은 단정하는데, 이 말은 무덤의 상징들의 배후에는 집단적 기억이 자리잡고 있음을 알려준다. 감각적 인지와 초시간적 기억 그리고 현재화라는 기억과 그것의 표현의 관계를 활용하면, 자서전의 기록이나 철학적 진술까지도 모두가 결국은 문화적 기억의 소산이고, 문화연구의 중요한 자료가 된다.

참고문헌

마르셀 프루스트, 『잃어버린 시간을 찾아서』, 김화영 옮김, 민음사 2012.

정재승, 『뇌과학자는 영화에서 인간을 본다』, 어크로스, 2012.

플라톤, 『파이드로스』, 조대호 옮김, 문예출판사, 2008.

Harald Welzer, *Das kommunikative Gedächtnis: eine Theorie der Erinnerung* (『소통적 기억. 기억의 이론』), C.H. Beck, 2011.

J. Piaget, *Einführung in die genetische Erkenntnistheorie Taschenbuch*(『발생론적 인식론 입문』), Suhrkamp, 1981.

Walter Benjamin, *Das Kunstwerk im Zeitalter seiner technischen Reproduzierbarkeit*(「기술복제시대의 예술작품」), in: Gesammelte Schriften, hrsg. v. R. Tiedemann und Hermann Schweppenhäuser, Bd. I/1, Suhrkamp, Frankfurt a. M., 1991.

Walter Benjamin, *Das Passagen-Werk*(『아케이드 프로젝트』), in: Gesammelte Schriften, hrsg. v. R. Tiedemann und Hermann Schweppenhäuser, Bd. V-1, Suhrkamp, Frankfurt a. M., 1991.

6

비극과 부조리

/

인간은
"존재 안에서 존재의 무가 문제가 되는 그런 존재일 뿐"

불교의 성전 가운데 『아함경阿含經』이 있다. 여기서 '아함'이라는 단어는 산스크리트어로 '아가마āgama'를 음역한 것으로, 전해져 내려오는 가르침을 뜻한다. 따라서 아함경이란 부처님의 가르침을 이어받아 기록한 경전을 뜻하며, 초기 불교의 핵심이 이 경전에 담겨 있다. 그 가운데 '네 가지의 성스러운 진리'라는 의미에서 사성제四聖諦, Āryasatya가 있다. 사성제란 '네 가지 높은 깨우침'(Ārya: 높은, Satya: 깨우침)이라는 뜻인데, 이것을 고집멸도苦集滅道라고 부른다.

고통, 즉 고제의 원인은 붙잡을 수 없는 것, 붙잡아서는 안 되는 것을 붙잡으려는 마음, 즉 집착에 있다. 고집멸도에서 '집'은 이를 뜻한다. 불교에서는 이를 집제集諦, Samudaya Satya라고 하며 인간의 고통은 무상한 것, 얻을 수 없는 것, 혹은 얻어야 아무런 이익도 되지 않는 것을 얻으려는 욕심(갈애渴愛), 즉 집착에서 비롯한다고 가르친다.

그렇지만, 인간이 어떻게 이런 갈애, 즉 욕망, 욕심을 버릴 수 있을까? 이런 욕망들이 있기 때문에 인간이 아닐까? 버려야 할 욕망을 버릴 수 없는 인간은 비극적일 수밖에 없다. 인간에게는 얻을 수 없는 것이 있음에도 불구하고 얻으려는 욕망이 있다. 이러한 모순은 인간에게 태생적으로 주어져 있다. 인간은 존재론적으로 비극적일 수밖에 없다.

그리스신화의 경우

그리스신화에 관한 이야기에서 시작해보자. 신화는 신들에 관한 이야기인데, 그 배후에는 고대인들이 가지고 있는 세계관과 인간관이 담겨 있다.

그리스신화에 나오는 여신 가운데 페니아는 가난, 빈곤을 뜻한다. 페니아는 풍요, 부를 뜻하는 포로스Poros의 씨앗(오늘날로 말하면 정액)을 훔쳐서 에로스(로마 신화에서 큐피드)를 낳았다. 미의 여신 아프로디테가 에로스를 키운다.

페니아의 아들인 에로스는 충족이 아니라 가난, 빈곤을 뜻한다. 여기서 빈곤, 가난은 물질적인 것이 아니다. 고대인들은 원래 인간은 남녀가 한 몸이었는데, 제우스의 벌을 받아 남자와 여자로 나뉘게 되었다고 믿었다. 따라서 부족, 결핍에 시달리는 인간은 늘 잃어버린 자신의 반쪽을 찾아 나선다. 에로스란 이렇게 잃어버린 자신의 반쪽을 찾아 이전의 온전한 존재로 되돌아가려는 인간의 욕망을 반영한 것인데, 고대에서 이것은 아름다움, 곧 '미'였다. 에로스를 키운 사람이 미의 여신 아프로디테인 이유가 여기에 있다. 에로스가 추구하는 완전한 사랑은 단순히 남녀 간, 이성 간의 사랑에 그치지 않는다. 오히려 완전함으로 상징되는 미의 세계로의 상승을 뜻하며 이러한 미의 세계는 진선미가 하나로 통합된, 완벽하고 완전한 세계를 의미한다. 이런 내용이 플라톤의 『향연Symposion』에 실려 있다.

헤라클레스가 프로메테우스를 풀어주는 장면

여기에서 이미 고대인들도 인간을 부족한 존재, 결핍의 존재로 파악하고 있음을 알 수 있다. 인간은 원래 완전했는데, 제우스의 벌을 받아서 남자와 여자로 나뉘게 되어 불완전해졌다는 말은 인간의 본질에 관하여 매우 의미심장하다. 인간은 남자와 여자로 나뉘어져 있을 뿐만 아니라, 정신과 육체, 이성과 열정이라는 대립적인 요소로 나뉘어져 있다. 이런 측면들을 보면, 인간은 태어날 때부터 비극적인 운명을 타고 났으며 여기에 인간의 '존재론적 비극성'을 추론해 볼 단서를 열어 놓았다.

다른 예로 프로메테우스를 생각해 보자. 프로메테우스는 어원상 "미리 생각하는 사람"이라는 뜻이다. 프로메테우스는 그리스신화에서 인간에게 불을 가져다줌으로써, 인간을 자연상태에서 문명의 상태로 진입하게 해준 뛰어난 거인족이자 때때로 흙으로 인간과 동물들을 창조한 영웅으로 묘사되기도 한다.

이러한 영웅도 신의 분노를 피할 수 없었다. 제우스는 프로메테우스의 책임을 묻는다. 인간에게 불을 가져다 준 죄의 책임을 물은 것이다. 제우스는 프로메테우스를 황량한 코카서스 산으로 끌고 가서 자기 아들이자 대장간의 신인 헤파이스토스로 하여금 단단한 쇠줄로 프로메테우스를 바위에 꽁꽁 묶어 두게 한다. 프로메테우스는 먹을 것도 마실 것도 없이 잠도 못자고 제우스가 내린 운명적인 벌을 감당할 수밖에 없다. 독수리가 날마다 찾아와서 그의 간을 파먹고, 그로 인한 고통을 프로메테우스는 날마다 느낄 수밖에 없다. 프로메테우스는 제우스에게 은총을 내려달라고 빌며 자신이 겪는 고통이 얼마나 큰지를 태양과 강물이 지켜보게 했다. 그래도 제우스는 꼼짝하지 않고 이 고통을 외면한다. 프로메테우스의 고통은 수백 년을 지속했다. 이를 보다 못한 영웅 헤라클레스가 그를 불쌍히 여겨 구해주지만, 그 이후에도 프로메테우스는 코카서스의 바윗돌로 만든 무거운 반지를 끼고 고통을 받을 수밖에 없었다.

고대 비극의 경우

신화의 터전이 되었던 고대 비극을 보자. 비극에 관한 이론은 아리스토텔레스의 『시학』에 나타난다. 『시학』은 결국 비극론이다. 아리스토텔레스는 비극을 주인공이 몰락, 파멸하는 이야기로 정의한다. 비극의 주인공은 진실하고, 도덕적으로 선하며 아름다운 존재로, 최고의 이상적이고 모범적인 인물인데, 이러한 인물이 몰락하고 파멸하기에 슬픈 이야기다. 그런데 흥미로운 사실은 비극이 고대에는 최고의 장르로 간주되었다는 점이다. 비극의 주인공은 인간적인 품위를 지닌 인물이기 때문이다. 물론 아리스토텔레스 입장에서 보면, 주인공의 몰락 자체가 목적은 아니다. 선한 인간이 몰락함으로써 관객들은 이 주인공에게 공포와 연민을 느끼고, 이를 통해 극이 끝나면서 카타르시스에 이른다는 점이 아리스토텔레스가 비극에서 발견한 매력이었다. 고대 그리스에서는 비극을 국가적 차원에서 장려하여 경연대회를 열 정도로 매우 중시했다.

그러면 주인공은 왜 몰락하는가? 비극의 주인공은 필연적으로 몰락하는데, 그 이유는 주인공이 부도덕하여 죄를 짓거나, 혹은 타락한 인물이어서가 아니다. 고대에는 인간을 세계의 중심에 놓았고, 따라서 휴머니즘이 문화의 중심을 이루었음을 고려하면 이러한 인간, 즉 악하고 탐욕스러운 인간은 예술에 주인공으로 등장할 수 없었다. 그렇다면 선한 인물인 비극의 주인공은 왜 몰락할까? 그것은 비극의 주인공이 왕과 귀족과 같은 사회의 엘리트 계층이면서도 태생적인 비극적 과오, 인간이기 때문에 겪을 수밖에 없는 잘못이 있기 때문이다. 이것을 고대 그리스어로 하마르티아hamartia라고 한다. 비극적 결함은 인간의 태생적 한계로 인해 발생한다. 신이 아니라 인간이기 때문에 겪는 것이고, 이로 인해 파멸해 가는 것이다.

비극적 결함을 둘로 나누자면, 인간의 성격적인 오만과 인간으로서 피할 수 없는 운명적인 한계를 들 수 있다. 고대의 가장 탁월한 비극작가이자 아리스토텔레스가 『시학』을 쓸 때 모범으로 삼았던 소포클레스의 작품을 예로 들어보자. 그의 3대 비극작품으로 『오이디푸스왕』, 『안티고네』, 『엘렉트라』가 있다. 이 작품들은 오이디푸스 일가의 비극적인 이야기를 담고 있는데, 오이디푸스의 딸 안티고네는 삼촌이자 국왕인 크레온과 정면으로 맞서고 타협을 모른다. 합창단은 지속적으로 안티고네에게 타협, 즉 중용의 길을 갈 것을 종용하지만 안티고네는 거부한다. 마찬가지로 조카와 다투는 국왕 크레온도 타협하지 못함으로써 자식을 잃고 아내를 잃는다. 이처럼 인간은 태생적으로 오만하며 인간의 몰락이 운명적임을 뜻한다. 인간이 운명적으로 파멸하는 이야기, 즉 왜 인간은 태어날 때부터 모순적이고, 따라서 존재론적으로 비극적인지의 예를 오이디푸스 이야기에서 찾아보자.

『오이디푸스왕』은 기원전 436년~433년 소포클레스가 오이디푸스 전승을 소재로 쓴 작품으로, 『안티고네』 그리고 『콜로노스의 오이디푸스』와 더불어 이른 바 '테바이의 3부작'으로 부른다. 고대 그리스에서 오랜 전승으로 내려온 오이디푸스 소재는 테바이의 왕 라이오스와 이오카스테 그리고 그들의 아들 오이디푸스에 얽힌 이야기를 다룬다. 잘 알려져 있듯이, 오이디푸스에게는 태어나면서 불길한 신탁의 예언이 전해진다. 성인이 되어서 아버지를 죽이고 어머니와 결혼할 것이라는 것이다. 오이디푸스에게 내려진 불행한 운명의 원인은 아버지 라이오스 자신에게 있다. 라이오스가 자신의 목숨을 지켜주고 환대해준 펠로프 왕을 배반하고 그의 아들 크리스포스를 유혹하여 욕정을 채우려했기 때문이다. 배은망덕한 행실로 신의 분노를 산 라이오스는 새로운 왕조를 세우고 유지하려는 꿈과 야망에 불타지만, 신들의 저주를 피할 수 없게 되고, 결국은 아내 이오카스테와 합의하여 오이디푸스를 내다 버리라고 한다. 오이디푸스를 버리면서 도망을 못 가게 하기 위하여 발뒤꿈치에 상처를 내는데, 오이디푸스라는 이름이 여기에서 연유하여 "발꿈치가 부어오른 사람"을 뜻한다는 주장이 있으나, 이 주장이 학술적으로 뒷받침된 것은 아니다.

왕의 명령을 받은 하인은 어린 오이디푸스를 불쌍히 여겨 깊은 산중으로 가서 이웃나라 코린트의 목동에게 넘겨준다. 마침 코린트의 왕은 자식이 없어서 오이디푸스를 양자로 입양하여 오이디푸스라는 이름을 지어준다. 어린 오이디푸스는 양부모를 친부모로 알고 자란다. 그러던 중 오이디푸스는 청년이 되고, 어느 날 궁정에서 열린 연회에서 우연히 술 취한 어떤 남자에게서 코린트의 왕 폴리보스가 자신의 친부모가 아니라는 암시를 듣는다. 폴리보스와 그의 아내 메로페의 설득에도 확신을 갖지 못한 오이디푸스는 마침내 아폴로 신전의 사제에게서 자신에 관한 끔찍한 예언의 내용을 다시 듣는다. 아버지를 죽이고 어머니와 결

장 앙트안느 테오드르 지루, 「콜로노스의 오이디푸스」(1788), 달라스 미술관

혼할 것이라는 신탁의 내용이 다시 반복되는 것이다. 방황을 거듭하던 오이디푸스는 폴리보스의 궁정에 머물면 결국 신탁의 말이 실현되고 말리라는 두려움 때문에, 마침내 궁정을 떠나려고 한다. 궁정을 떠나 폴리보스와 메로페에게서 멀어지면 신탁의 말이 실현되지 않을 수도 있을 것을 기대한 것이다.

궁정을 떠나 실의에 빠져 나라 바깥을 정처없이 떠돌던 오이디푸스는 어느 날 테바이의 왕 라이오스가 탄 마차 행렬과 조우한다. 라이오스는 테바이의 괴물 스핑크스를 제거하기 위해 델피로 가는 길이었다. 스핑크스는 테바이의 백성들에게 수수께끼를 내어 알아맞히지 못하면 절벽에서 밀어 떨어뜨렸고, 이를 보다 못한 왕 라이오스는 스핑크스와 대결하려던 참이었다. 그런데 외길에서 라이오스와 오이디푸스가 마주치자, 서로 길을 비켜달라고 요구하는 상황이 벌어진다. 귀인의 행렬을 방해한 오이디푸스에게 라이오스의 시종이 모욕을 주고, 모욕을 참지 못한 오이디푸스는 라이오스를 포함한 수행원들을 죽이는데, 단 한 사람의 시종만이 죽음을 모면하고 도망을 간다. 오이디푸스는 라이오스를 대신하여 스핑크스와 대결하여 이 괴물을 제거하고, 테바이의 백성들은 그 업적을 기려 오이디푸스를 자국의 왕으로 맞아들인다. 왕위에 오른 오이디푸스는 과부가 된 아름다운 왕비 이오카스테와 결혼하여 행복하게 살며 에테오클레스와 폴리네이케스라는 이름의 두 아들, 그리고 안티고네와 이스메네라는 두 딸을 낳는다. 그런데 얼마 후 테바이에 병마와 기근이 찾아와 나라가 존망의 위기에 빠진다. 오이디푸스는 이 재난의 원인과 해결책을 찾다가, 마침내 자신이 죽인 사람이 자기 친아버지였으며 현재 결혼한 아내는 친어머니라는 사실을 깨닫고, 육신의 눈으로는 세상을 제대로 보지 못했음을 탓하며 스스로 눈을 찔러 실명하고 테바이를 떠나 유랑의 길을 떠나며 자신의 죄를 속죄한다.

이렇게 오이디푸스는 몰락한다. 눈을 잃고 장님이 되고, 왕권을 내놓고 나라 바깥으로 정처 없이 떠도는 모습은 인간의 몰락을 탁월하게 형상화한다. 그렇다면 오이디푸스는 왜 몰락할 수밖에 없을까? 즉 이 이야기를 비극적으로 만드는 비극성은 무엇일까?

인간은 숙명적으로 맹목성과 통찰이라는 대립적인 측면을 가지고 태어난다. '맹목성'은 오이디푸스가 자신의 아버지를 알아보지 못하고 죽이는 데에서 나타난다. 그가 아버지를 죽이는 것은 인간으로서의 숙명 내지는 한계 때문이다. 오이디푸스는 신이 아니기 때문에 어렸을 때 헤어진 아버지를 알 수가 없었다. 신이라면 알 수 있겠지만, 인간의 지혜는 한계가 있다. 이것이 맹목성이다. 상대방이 아버지인 줄 몰랐고, 따라서 모욕을 받은 상황에서 상대방을 죽이는 것은 지극히 인간적이다.

상대방이 아버지인 줄 아는 사람은 신밖에 없다. 인간은 신이 아니기 때문에, 신의 전능을 공유할 수 없고, 이것이 인간의 맹목성의 원인이다. 오이디푸스가 자신의 엄마 이오카스테와 결혼하는 것도 마찬가지다. 어려서 헤어졌기 때문에, 이오카스테가 자기 엄마라는 것을 알 수가 없었고, 따라서 결혼한 것이다.

그렇지만 인간에게는 맹목성과 동시에 '통찰'의 요소가 함께 있어서, 오이디푸스는 자신의 죄를 깨닫는다. 맹목과 통찰은 이 작품에서 눈멂의 모티프를 통해 탁월하게 형상화된다. 오이디푸스와 예언자 테이레시아스의 관계가 그것인데, 극의 초반에 매우 총명한 왕 오이디푸스도 자신과 부왕의 관계를 통찰하지 못하지만, 눈이 먼 예언자는 이를 알고 있다. 즉 외적인 눈멂은 내적인 통찰과 대비되어 변증법적 구성을 돋보이게 해준다. 마지막에 오이디푸스가 세상을 제대로 보지 못했다며, 자신의 눈을 찔러 실명에 이르는 장면도 내적인 통찰을 얻기 위한 것에 다름 아니다. 육신의 눈으로는 세상을 바로 보지 못했으니, 이제는 영혼의 눈으로 세상을 보겠다는 오이디푸스의 결연한 의지는, 인간에게 통찰의 요소가 얼마나 중요한지를 보여준다. '인간 조건'이 지니는 운명적인 맹목성과 내면에서의 통찰이 이러한 모티프를 통해 대립적으로 형상화된다. 인간이 갖는 이러한 운명적인 속성으로 말미암아 이 작품은 운명비극의 대표작으로 손꼽기에 충분하다. 뜬 눈과 감은 눈은 인간에게는 숙명적으로 그 반대의 세계를 지시할 수밖에 없고, 그러한 인간의 숙명은 신의 그것과 대립되기 때문이다.

존재의 불완전함에 관한 성찰은 고대 비극에 충분히 반영되어 있다. 메데이아, 안티고네, 프로메테우스, 오이디푸스와 같은 비극의 주인공 그 누구도 이 운명을 벗어나지 못하고 파멸했다. 불완전하기에 인간은 방황하고 좌절한다. 자초하지 않은 고난으로 파멸하는 인간, 이것이야말로 비극성의 본질인데, 이것은 인간의 존재론적 비극성을 잘 보여준다. 위업을 이룬 영웅도 때로는 시샘하는 신들의 질투를 받고 변덕스러운 운명의 파도에 휩쓸린다.

인간을 만들고 인간에게 불을 가져다준 영웅 프로메테우스도 제우스의 질투를 받아 파멸한다. 존재의 비극성은 태생적이기도 하여 더욱 씁쓸하다. 오이디푸스는 태어나기도 전, 이오카스테의 뱃속에서 자라고 있을 때 아버지를 죽이고 엄마와 결혼하리라는 운명이 정해진다. 운명은 가혹하여 부인하고 벗어나려 할수록 더욱 더 인간을 옭아맨다. 오이디푸스가 신이 점지한 운명을 거부하며 코린트를 떠나지만, 오히려 그로 인해 운명의 사슬에 더 꽁꽁 묶이는 것은 분명 역설이고 아이러니다. 이것은 인간이 숙명적으로 비극적인 운명을 타고 났음을 보여준다. 그래도 이 시기에 인간은 품위를 유지할 수 있었다. 파멸하고 몰락하고 죽어가지만 인간은 품위가 있었고, 이것이 휴머니즘의 근간이 된다.

하늘의 별들이 우리가 갈 길을 비춰주었던 고대의 인간은 행복할 수 있었다. 인간은 파멸하지만 정신적으로 공동체와 이념을 공유하고 유대감을 잃지 않았으니 가능한 일이다. 이 시기의 인간이 품위를 손상하지 않았다는 증거가 여기에 있다. 정의의 판단 근거를 들고 나와 세계적인 주목을 받았던 『정의란 무엇인가』의 저자 마이클 샌델의 착상도 여기에서 비롯된 것 아닐까? 이 저서의 핵심 사상도 개인의 가치와 공동체(사회)의 가치가 충돌할 때, 어떤 선택을 해야 하는가를 묻고 있다. 고대에는 당연히 공동체의 가치를 중시했고, 그 안에서 이상적인 인간은 파멸하면서도 행복할 수 있었다.

근대 인간의 모습

휴머니즘이 최초로 선보였던 고대에도 인간은 존재론적인 비극성을 벗어나지 못하고, 몰락하고 죽는 운명의 형벌을 받았다. 중세에는 예술이 인간의 운명과 감정을 표현하는 데 한계가 있었지만 르네상스 이후의 예술에는 다시 인간의 존재론적 비극성이 두드러진다. 이 비극성은 운명적인 요소 즉, 인간 자신의 의지와 무관하게 오는 것이어서, 더욱더 인간의 존재론적 비극성을 강조한다.

근대의 초입에 바로크(1600~1720년)가 등장했다. 이 개념은 "찌그러진 진주"를 뜻하는 포르투갈어였다. 진주가 둥글고 곱지 못하며 찌그러져 있다는 의미다. 바로크는 이 시대의 예술이 당시 유럽 인구의 1/3을 죽게 만든 30년 전쟁의 여파로 인간의 불안과 운명에 의한 파멸, 그리고 불완전한 세상의 모습들을 표현하였다고 해서 붙여진 문예사조 이름이다.

바로크 예술이 지닌 인간의 존재론적 비극성, 그리고 그 결과로 나타나는 인간의 불안과 파멸을 잘 보여주는 알레고리적 인물이 포르투나(운명의 여신)였다. 로마신화에서 운명의 여신으로 등장하는 포르투나가 바로크 시기에 재발견된 것이다.

그림을 보면 바람은 맹렬하게 불어오고 인간은 눈이 가려진 채 속수무책으로 그 바람을 맞을 수밖에 없다. 포르투나가 올라타고 있는 공은 늘 기우뚱거리기에 부침하는 운명을 상징한다. 묘사된 뿔피리와 원경에 그려진 난파선을 염두에 두면, 운명은 어쩌면 파멸로 예정되어 있는지도 모른다.

근대에 접어들면서 존재론적 불완전함에 시달리는 인간의 꼴은 더욱 초라해진다. 이성에 대한 신뢰가 정점에 올랐던 계몽주의가 유럽 역사의 전면에 등장한 18세기 중반, 유럽의 예술과 철학은 "완전한 인간"

쿤츠 코니츠, 「눈을 가린 운명의 여신」(1754)

이라는 표어를 내걸고 주류문화가 숨겨 놓았던, 아니 억압해 놓았던 인간의 반쪽, 예컨대 육체, 감각, 충동, 본능, 무의식과 같은 영역들을 본격적으로 드러낸다. 인간의 불완전함, 그 예로 이성과 열정의 메꿀 수 없는 간격으로 인한 파멸이 셰익스피어의 『햄릿』에서 살짝 드러났다가, 200년 후 그러니까 1800년 무렵, 정신과 육체의 대립으로 확대된다.

괴테의 『파우스트』를 보자. 주인공 파우스트는 이성의 눈으로 세계를 보면서 만물의 이치의 최후의 근원을 파헤치려 시도하지만 실패한 후, 마침내 메피스토와 결탁하여 관능의 세계에 빠져든다. 그레트헨이라는 처녀와의 육체적 쾌락은 그녀의 어머니, 오빠 그리고 태어난 아이의 목숨을 잃게 만드는 파국을 초래한다. 물론 이 시절이 고전주의였고, 따라서 낙관적인 미래를 예술이 그려야 하기에 파우스트는 작품이 끝날 무렵 구원을 받는 것으로 묘사되지만, 인간에게 대립적인 속성이 함께 작용하고 있음은 부정할 수 없다.

고전주의와 거의 평행하게, 어쩌면 당시 시민사회의 주류문화였던 고전주의에 대한 하위문화적인 현상으로 등장했던 낭만주의는 인간이 얼마나 불완전한 존재인지를 탁월하게 보여준다. 근대사회가 발전해 가면서 불완전한 인간은 더욱 깊은 수렁에 빠져들고, 더불어 '이성의 타자', 다시 말하면 이성의 범주 바깥에 있는 감성과 충동 그리고 본능과 같은 요소는 낭만주의 시대에 이르러 더욱 다양하게 예술의 주제가 된다. 낭만주의 예술이 탐구했던 광기와 죽음은 그 대표적인 예다.

이 시기 문학의 주인공들은 대체로 광기에 시달리며 미쳐서 죽거나 혹은 정신병에 시달리며 환각상태에 빠지거나, 아니면 내면에 간직되어 있는 무의식적인 트라우마에서 벗어나지 못한다. 이른바 비도덕적인 것, 아름답지 않은 것, 진실하지 않은 것이라고 믿었던 요소들이 낭만주의 시대, 즉 1800년을 중심으로 한 서양의 예술에서 폭발적으로 드러난다. 이처럼 추한 것이 미학의 주제로 등장하는 것을 보면, 인간이 결코 이상주의 미학에서 간주되는 것처럼 아름답고 진실되며 도덕적이지 않다는 사실을 알게 된다. 즉 예술은 인간이 결코 이성적이지 않다는 것, 인간의 존엄이나 이성적이이고 합리적인 판단이 애초에 불가능하다는 것을 폭로하는 것이다. 이러한 과정을 거쳐서 니체는 인간의 본 모습이 무엇인지를 보여준다.

니체가 보는 인간의 모습

니체의 철학은 인간의 존재론적 비극성을 선명하게 드러낸다. 인간이 지닌 도덕, 즉 선도 본래 악과 구분할 수 없다는 것, 그리고 우리가 진리라고 믿는 것은 단지 비유에 불과할 뿐, 진리와 거짓의 구분도 없다는 것이 니체의 주장이다. 그렇다면 인간에게는 그 어떤 삶의 지향점도 사라진다. 인간의 존재 자체가 비극적일 수밖에 없는 이유가 여기에 있다. 니체의 주장을 조금 더 자세하게 들여다보자.

니체에 따르면 도덕이나 진리는 영원하고 절대적인 것이 아니며, 늘 지배계급의 가치에 의해 좌우된다. 시민사회의 도덕과 가치는 기독교의 그것에 연동되어 있어서 기독교의 가치에 맞는 것은 도덕이고, 그렇지 않으면 비도덕으로 판단된다. 그러나 언젠가 기독교가 권위를 잃게 되면, 도덕을 바라보는 관점도 변하고 진실의 기준도 바뀔 것이다. 따라서 영원한 도덕, 영원한 진리는 존재하지 않는다. 진리와 허위, 선과 악 그리고 미와 추의 절대적인 구분도 존재할 수 없다. 그런데 니체 철학의 출발에는 서양의 시민사회의 문화적 토대가 되었던, 기독교에 대한 비판이 있다. "신은 죽었다"라는 단호한 선언이 암시하듯, 니체에 따르면 시민사회의 도덕은 기독교의 가치관에서 나온 것이고, 신의 죽음이 선언된 상황에서 시민사회의 도덕도 변해야 한다.

『선악의 저편』에는 전통적인 형이상학에 대한 거부가 표명되어 있다. 형이상학이란 실제의 현실이 아니라 현실 바깥에서 현실에 대한 판단의 기준을 찾는 것이다. 예를 들면 중세의 신이나 근대의 이성 따위가 일종의 형이상학이다. 중세에는 인간의 실제의 삶이 아니라, 신의 이념, 신의 뜻, 기독교의 교리에 맞는 것을 선으로 여겼고, 그렇지 않은 것을 악으로 여겼다. 근대에는 신의 자리에 이성이 들어섰고 이성적인 것은 선이고, 그렇지 않은 것은 악으로 간주되었다. 그러나 형이상학은 인간의 머릿속에서나 관념으로 존재할 뿐, 실재하는 것이 아니다. 따라서 형이상학은 인간을 부자유스럽게 할 뿐이다. 이러한 형이상학을 넘어설 때, 인간은 자유로운데, 니체가 말하는 '초인[Übermensch]'이 바로 이런 존재다.

니체의 영향

선과 악은 그 본질이 동일한 것이어서, 선이 악이 되고 악이 선이 될 수 있다. 선과 악의 극단적인 양가성, 모순성, 이중성이야말로 세기말, 아방가르드 예술의 기본 문법을 이룬다. '선=악'이라는 공식은 'A= −A'라는 것으로 이성적이고 논리적인 판단으로는 이해할 수 없다. 따라서 이것은 인간이 결코 이성적인 존재가 아님을 보여준다. 니체가 『비도덕적 의미에서의 진실과 거짓에 관하여』에서 진리를 일종의 비유로 이해하며, "존재와 세계는 오로지 미적 현상으로서만 정당화된다."라고 선언한 이유도 여기에 있다.

『비극의 탄생』에서 니체가 발견했던 인간의 디오니소스적인 요소도 이와 다르지 않다. 질서와 미래와 같은 아폴론적 요소에 억눌려온 혼돈과 현재, 즉 디오니소스적 세계를 회복함으로써 비로소 완전해질 수 있다는 니체의 믿음은 '인간의 조건'에 관한 철학적 성찰로 충분하다. 이 철학자가 불완전한 인간으로 남을 바에는 차라리 인간의 한계를 넘어설 것을 요구하며 '초인'이라는 개념을 만들어낸 이유도 여기에 있다.

니체의 생각들, 즉 선과 악, 진리와 거짓이 근본적으로 동일하다면, 이것은 'A=−A'의 공식이 성립함을 의미하는데, 이러한 모순된 세상에 살아가는 인간은 본질적으로 비극적일 수밖에 없다. 이런 세계관은 세기말, 그러니까 1900년을 전후한 유럽의 아방가르드 예술에 고스란히 반영되어, 미래파, 입체파, 다다이즘, 초현실주의와 같은 사조를 만든다. 대표적으로 다다이즘을 보자.

아방가르드 예술, 특히 다다이즘 예술은 'A=−A'라는 공식, 즉 모순을 표현한다. 다다이즘의 예를 우리나라에 소개한 최초의 시인이 이상이고, 「오감도」(1934)는 그 중요한 산물이다. 「오감도」나 「선에 관한 각서」 연작은 당시 우리의 전통과는 상당한 편차를 보이는 것들인데, 한결같은 특징은 대립적인 요소들을 동일시함으로써 현실의 모순성을 표현한다. 예를 들면, "무서운 아해"와 "무서워하는 아해", "도로를 질주하는 아해"와 "도로를 질주하지 않은 아해", "뚫린 골목"과 "막힌 골목"이 같다는 표현은 이를 의미한다. 이러한 문법은 모순의 병렬이고, A=-A로 표현할 수 있다.

烏瞰圖 詩第一號

十三人의兒孩가道路로疾走하오.
(길은막달은골목이適當하오.)

第一의兒孩가무섭다고그리오.
第二의兒孩도무섭다고그리오.
第三의兒孩도무섭다고그리오.
第四의兒孩도무섭다고그리오.
第五의兒孩도무섭다고그리오.
第六의兒孩도무섭다고그리오.
第七의兒孩도무섭다고그리오.
第八의兒孩도무섭다고그리오.
第九의兒孩도무섭다고그리오.
第十의兒孩도무섭다고그리오.

第十一의兒孩가무섭다고그리오.
第十二의兒孩도무섭다고그리오.
第十三의兒孩도무섭다고그리오.

十三人의兒孩는무서운兒孩와무서워하는兒孩와그러케뿐이모혓소.(다른事情은업는것이차라리나앗소)

그中에一人의兒孩가무서운兒孩라도좃소.
그中에二人의兒孩가무서운兒孩라도좃소.
그中에二人의兒孩가무서워하는兒孩라도좃소.
그中에一人의兒孩가무서워하는兒孩라도좃소.

(길은뚫린골목이라도適當하오.)
十三人의兒孩가道路로疾走하지아니하야도좃소.

현대 철학과 부조리 문학의 경우

불완전함에 관한 사유는 20세기에 접어들면서 독일의 하이데거와 야스퍼스, 프랑스의 사르트르를 거치면서 불안을 본질로 하는 실존주의 철학으로 발전하고, 부조리 문학에 고스란히 반영된다. 실존주의의 출발점에 야스퍼스가 있다. 『세계관의 심리학』(1919)에서 야스퍼스는 관념철학에서는 다룰 수 없었던 인간의 죽음, 고통, 죄책감, 투쟁과 같은 요소들, 즉 이 세상을 살아가는 인간이 지금, 여기에서 겪을 수밖에 없는 한계상황들을 주로 언급한다. 야스퍼스에 따르면 인간은 이상을 실현하고 더 나은 세계를 만들기 위해 노력하는 존재가 아니라, 위와 같은 한계상황들에 부딪히며 고통을 받고 살아가는 존재다. 그리고 그 책임은 나 자신이 질 수밖에 없어서, 인간은 늘 고독하고 불완전한 존재다. 유사한 내용이 사르트르에게서도 발견된다. 그의 저서 『존재와 무』(1943), 『실존주의는 휴머니즘이다』(1945)에서 한계상황을 살아가는 인간의 실존적인 본모습을 매우 구체적으로 설명한다.

『존재와 무』라는 책의 제목 그대로 사르트르는 인간의 고유한 존재방식이 "무와의 관계" 속에 있다고 주장한다. 동물과 달리 인간은 의식을 가지고 있기 때문에 자신의 관점에서 세계를 보고 판단하며 인식한다. 그러나 관념철학에서 말하는 것과 달리, 의식을 가진 인간이 관계하는 것은 이상의 실현이나 더 나은 세계의 창출과 같은 거대한 것이 아니라 "무와의 관계"에 불과하다. 사르트르는 이렇게 말한다.

> 존재를 통해서 무가 이 세상에 오게 된다. 따라서 이런 존재는 그 존재 안에서 존재의 무가 문제가 되는 그런 존재일 뿐이다. 존재를 통해서 무가 이 세상에 도달하게 되는 이런 존재가 바로 존재 고유의 무일 수밖에 없다.

사르트르는 인간의 존재 자체가 무이고, 인간의 존재는 늘 무, 즉 아무것도 아닌 것과 관계를 맺는다고 말한다. 인간의 실존이란 바로 이와 같이 무에 불과한데, 실존은 이미 그 안에 스스로를 부정하는 요소를 담고 있다. 인간은 결국 죽을 수밖에 없는 존재이기 때문이다. 살아 있지만 결국은 죽을 수밖에 없다는 말은 매우 모순적이어서 부조리하다. 인간은 늘 미래를 위해 노력하지만, 이 미래 자체가 무에 불과하다면, 인간의 추구 자체가 부조리하고 모순적일 수밖에 없다.

조금 쉽게 접근해보자. 사르트르는 인간은 운명적으로 자유를 추구하는데, 이 자유란 "무엇으로부터 벗어나려는 자유"와 "무엇을 향해 가려는 자유"로 구분된다. 그런데 벗어나려는 대상은 이미 과거의 것이고, 따라서 사라져버린 것이며, 향해 가려는 대상은 아직 오지 않았기 때문에, 사실상 없다. 이런 의미에서 인간 존재가 추구하는 것은 결국 무에 불과하고, 이런 의미에서 인간의 추구 자체가 의미가 없다. 즉 인간의 삶 자체, 무엇으로부터 벗어나고자 한다거나 혹은 무엇이 되고자 한다는 것은 의미 없고, 따라서 부조리하다. 이처럼 인간은 "무로부터 무를 향해" 나아가고자 하며, 이 과정에서 자기 스스로의 책임 아래에서 이러한 과정을 거쳐야 한다. 결국 인간은 아무런 쓸 데도 없는 것을 얻기 위해 노력하며 그 과정에서 지쳐간다. 인간의 이런 실존적인 고독, 무의미성은 인간의 존재 자체가 비극적임을 보여준다. 이런 의미에서 사르트르는 "실존은 본질에 앞선다."고 말한다. 사르트르는 신이 존재하지 않는다고 믿기 때문에, 다시 말하면 인간에게 본질을 규정해줄 주체로서의 신이 존재하지 않기 때문에, 인간은 자신의 실존을 스스로 만들어 나가야 한다. 사르트르는 이렇게 말한다.

'실존은 본질에 앞선다'라는 말이 무엇을 뜻하는가? 그것은 인간은 먼저 지금 여기에서 존재(실존)하고, 스스로를 마주하며, 세계에 모습을 드러내고 이에 따라 규정을 받는다는 것을 의미한다.

인간은 지금 여기를 살아가면서 스스로 그 책임을 져야 한다. 그 책임을 신이 대신 져주지 않는다. 인간의 죄를 신이 대속하고 인간을 구원해 주지 않는다. 인간은 원하지도 않은 채로 이 세상에 태어나서 자유롭게 결단을 내리며 고독하게 살아갈 뿐이다. 스스로 결단을 내려야 하고 그에 대한 책임을 져야 한다는 것, 이에 대해서 더 이상 신은 관여하고 은총을 내리지 않는다는 점을 사르트르는 말하고 있다. 이런 인간은 참으로 불완전하고 존재론적으로 비극적일 수밖에 없다.

유사한 관점이 하이데거에게서 나타난다. 하이데거가 보기에 인간은 끊임없이 죽음을 향해 달리는 존재고, 따라서 인간의 존재는 시간성의 강력한 지배를 받는다. 인간은 결국 죽을 수밖에 없는 존재다. 그런데 인간은 과거의 영향을 받고 살아간다. 즉 과거의 영향을 받으면서 미래를 향해 뭔가를 얻으려고 노력하며, 지금 여기에서 온갖 근심에 시달리며 살아가는 존재다. 하이데거는 인간의 이러한 이중성을 피투被投, Geworfenheit와 기투企投, Entwurf로 설명한다. 우리는 원하지도 않았는데, 태어나서 과거의 경험을 간직하며 현재를 살아가는 것이 피투라면, 현재를 살아가면서 미래를 향해 노력하는 것이 기투(설계)다. 그러나 이 미래라는 것이 궁극적으로는 죽음일 뿐이다. 시간화된 존재로서의 인간에게 중요한 것은 지금 여기에서 살아가는 '현존재Dasein'일 뿐이다. 인간의 삶은 이렇게 부조리하고 무의미하다.

부조리 문학이 등장할 수 있는 배경도 여기에 있다. '부조리absurd'란 라틴어로 부분과 부분이 서로 어울리지 못하고 불협화음을 이루고 있음을 뜻한다. 부분과 부분이 서로 논리적이고 인과적으로 이어지지 못할 때, 거기에는 조리(條理)가 사라진다. 말이 조리가 있다는 말은 말에 논리가 있음을 의미하는데, 논리가 없는 말은 조리가 없는 것이고, 이것을 부조리라고 한다. 아리스토텔레스의 『시학』의 규정에 따르면, 하나의 사건은 반드시 선행하는 사건이 원인이 되고 그 결과로 나타나야 하는데, 이것을 인과적 구성으로 부른다. 서양의 연극사에서 인과적 스토리 구성은 이러한 세계관을 반영한다. 세계를 인과적이고 논리적으로 파악하던 시대에는 연극의 장면 연결 역시 인과적이고 논리적이었다. 그러나 20세기에 들어서면 더 이상 세계를 논리적이고 인과적으로 바라보지 않는다. 이처럼 비논리적이고 비인과적인 줄거리 구성을 본질로 하는 연극을 부조리극이라 하는데, 이런 연극은 20세기의 문화를 잘 보여준다. 대표적인 부조리극 작가는 사무엘 베케트와 외젠느 이오네스코를 들 수 있고, 대표적인 부조리 소설의 작가로 초현실주의 계열의 카프카가 있다.

1950~60년대의 서양 연극의 흐름 가운데 부조리극은 주로 삶의 무의미성, 이상의 추구와 이를 방해하는 현실 사이의 끝없는 대립과 갈등을 다룬다. 배경에는 철학적으로 실존주의(카뮈, 사르트르)가 있고, 그런 사유의 영향을 받아 이상의 추구 자체를 무의미하게 포착하려는 반문학(베케트, 이오네스코)이 등장한다. 이런 문학작품들은 사회 자체를 무의미한 것으로 간주하고, 또 그런 사회에서 행하는 인간의 이상의 추구 역시 무의미한 것으로 바라본다. 의미 있는 사회에서의 의미 있는 추구가 고대 문학의 본질을, 무의미한 사회에서의 의미 있는 추구가 근대 문학의 본질을 이룬다면, 20세기에는 사회도 인간의 추구도 모두 무의미한 것으로 간주하는 경향이 지배적인데, 이런 흐름의 중심에 부조리 문학이 있는 것이다.

의미가 사라져버린 시대에 인간의 행위는 무의미할 수밖에 없기 때문에 부조리 문학의 중심적인 주제는 구토, 권태, 우울, 무기력증 등이다. 이러한 주제는 근대 문학의 중심 주제였던 종교적 이념이나 자신의 이상을 실현하려는 노력, 즉 의미 있는 행위를 추구하는 경향과 뚜렷한 대조를 보여준다. 부조리 문학의 대표자 가운데 한 사람인 이오네스코는 이렇게 말한다.

> 목적이 없는 것은 부조리하다. 인간은 자신의 종교적, 형이상학적 혹은 선험적인 뿌리에서 떨어져 나가게 되면, 파멸한다. 그가 하는 일은 모두 부조리하고 쓸 데 없다.

따라서 부조리극에서는 인간 존재의 무의미성, 존재의 소외와 고독 그리고 불안, 인간 상호간의 소통불가능성 등, 실존적인 문제가 부각된다. 부조리극이 전통극과 단절된 연극 형식임이 여기서 드러난다. 부조리극을 '반연극'으로 부르는 이유도 여기에 있다.

다시 사르트르에게로 돌아가 보자. 역설적이지만, 바로 이 부조리한 세상에서 살아가는 존재자로서의 인간은 존재의 근본 바탕인 무에서 자유를 이룰 수도 있다. 하이데거의 철학은 프랑스로 건너가 "실존은 본질에 앞선다."라는 사르트르의 유명한 테제로 발전한다. 사르트르의 사유에서 인간은 이 세상에 그저 내던져져 있기에 인간의 존재는 무에 다름 아니다. 그러나 인간은 이 무의 상태, 즉 실존으로부터 비로소 진정한 자신의 존재를 만들어 나간다. 니체나 하이데거와 마찬가지로 사르트르 역시 아무런 규정없이 내던져진 무의 상태에서 진정으로 자신의 것을 만들어갈 수 있다고 보았다. 인간은 철저한 자유인으로서 모든 것을 스스로 결단하고 그 결과에 대해 홀로 책임을 져야 하는, 어떤 윤리적이거나 종교적인 규정에 앞서 스스로 결단하는 존재자다. 사르트르는 이렇게 말한다.

> 내가 주장하는 무신론적 실존주의는 다음과 같이 요약될 수 있겠다. 만일 신이 존재하지 않는다면, 최소한 실존이 본질에 앞서는 하나의 존재자, 즉 어떤 개념으로 규정되기 이전에 실존하는 존재자가 있다는 것이다. 이런 존재자가 바로 인간이다. 이런 존재자가 바로 하이데거가 말하는 인간의 실상이다. 여기서 실존이 본질에 앞선다는 것은 무슨 의미인가? 인간은 그의 본질이 규정되기 이전에 먼저 실존하고 스스로 이해하고 세계 속에서 생활하는 존재자라는 것이다.

따라서 "나의 자유만이 가치의 근거가 될 수 있다." 그 예가 카뮈의 소설에서 발견된다. 카뮈는 현대인을 시시포스에 비유한다. 1942년에 카뮈는 『시시포스의 신화. 부조리성을 위한 에세이』를 쓴다. 시시포스는 제우스의 분노를 사, 죽음의 신 타나토스와 싸워 결국 지고, 죽음을 뜻하는 지하의 세계로 보내진다. 끊임없이 바위를 산 위로 밀어 올려야 하지만, 바위는 다시 산 아래로 굴러떨어지고 마는 무의미한 행동의 반복을 보여주는 시시포스를 카뮈는 현대인의 삶의 방식으로 파악한다. 이룰 수 없는 목표의 달성, 그럼에도 불구하고 반복적으로 고통을 받을 수밖에 없는 인간의 상황, 추구와 결과, 현실과 이상의 불일치가 시시포스의 특징인데, 이것은 부조리한 인간 삶의 모습이다. 그럼에도 불구하고 우리는 이런 삶을 살 수밖에 없다. 이 에세이의 마지막 두 문장은 이렇게 끝난다.

> 정상을 향해 가는 투쟁은 인간의 가슴을 가득 채운다. 우리는 시시포스를 행복한 인간이라고 상상하지 않을 수밖에 없다.

부조리하고 무의미한 현대인의 삶의 모습은 카뮈의 다른 작품, 『이방인』과 『페스트』에서도 반복된다. 인간은 뭔가를 추구하지만, 이 추구는 이루어질 수 없다. 카뮈는 그 이유를 이렇게 설명한다.

> 부조리성은 뭔가를 묻는 인간과 비이성적으로 침묵하기만 하는 세상 사이에서 발생한다.

인간은 뭔가를 묻고 추구하지만, 세계는 침묵한다. 인간은 이성을 추구하려 하지만, 세계는 이성적이지 않다. 카프카의 작품 「법 앞에서」에서 시골에서 온 남자는 법 안으로, 유토피아의 세계로 들어가려 하지만, 법을 지키는 문지기는 이유도 없이 들어가지 못하게 한다. 이런 세계에서 인간은 스스로 고통을 받아들여야 하는지도 모른다. 의미도, 신도 존재하지 않는 세계에서.

아무런 의미도 찾을 수 없어서 부조리할 수밖에 없는 세상에서 『이방인』의 주인공 뫼르소가 벌이는 행적을 보라. 양로원에서 죽어간 어머니의 죽음이라는 도덕적 문제와 장례식 이튿날 여자친구 마리 카르도나와 벌이는 뜨거운 정사라는 감각적 쾌락의 문제가 거의 동시적으로 공존하는 부조리한 장면들이 이 작품에서 펼쳐진다. 헤겔과 달리 '이성의 간지'를 신뢰할 수 없는 시대에, 공동체와 이념이 더 이상 존재의 이유를 제공하지 못하는 우리 시대에 자유는 '실존' 안에 있을지도 모른다. 물론 그 책임은 신이 지는 것이 아니라 우리가 져야 한다. 「법 앞에서」라는 우화에서 시골 남자가 스스로 법 안으로 들어가면 되듯이, 자유의 의지를 회복할 때 우리는 비로소 부조리함을 극복할 수 있을 것이다.

참고문헌

마르틴 하이데거, 『형이상학의 근본개념들』, 이기상, 강태성 옮김, 까치, 2001.

박찬국, 「키에르케고르와 하이데거의 불안 개념에 대한 비교 연구」, 한국철학사상연구회, 《시대와 철학》 10권1호, 1999.

소포클레스, 『오이디푸스왕, 안티고네』, 천병희 옮김, 문예출판사, 2001.

쇠얀 키에르케고르, 『죽음에 이르는 병』, 임규정 옮김, 한길사, 2007.

프리드리히 니체, 『선악의 저편. 도덕의 계보』, 김정현 옮김, 책세상, 2002.

Albert Camus, *Der Mythos des Sisyphos*(『시시포스의 신화』). *Ein Versuch über das Absurde* (*Le mythe de Sisyphe*, 1942). Rauch, Bad Salzig/Düsseldorf, 1950.

Christian Begemann, *Furcht und Angst im Prozeß der Aufklärung*(『계몽의 과정에서의 공포와 불안』). *Zu Literatur und Bewußtseinsgeschichte des 18. Jahrhunderts*, Frankfurt a. M., 1987.

Jean-Paul Sartre, *Das Sein und das Nichts*(『존재와 무』), rororo, Reinbek, 1993.

7

문명과 몸

"이제 섹스에 관해서 이야기합시다"

문명은 인간이 뭔가를 인위적으로 만들어 놓은 세계, 즉 꾸며 놓은 세계를 말한다. 문화 혹은 문명을 뜻하는 영어 'culture'의 뜻은 '가공, 농경'인데, 여기에서 문명은 인간이 직접 만들어 낸 어떤 것을 뜻한다. 이런 의미에서 문명의 반대는 '자연'이다.

문명의 기원은 관점에 따라 다를 수 있다. 인간이 자연적인 삶을 버리고 문명의 삶을 시작한 것은 불을 사용한 시기로 거슬러 올라간다. 따라서 인간에게 불을 가져다 준 신화 속 인물 프로메테우스는 그 태초의 영웅이다. 그러나 역사학에서 문명, 문화를 이야기할 때에는 대체로 근대사회, 특히 계몽주의가 탄생했던 1750년 무렵을 가리킨다. 실제로 'culture'라는 단어가 사용된 시기도 17세기 말인 것으로 알려져 있다. 문명이라는 단어가 근대와 근대 이전을 나누는 기준이 될 수 있는데, 이 두 시기는 너무나 확연한 차이가 있다. 근대를 뜻하는 'modern times'라는 단어는 '새로운 시대'를 뜻하고, 이 단어가 유럽인들에게 폭넓게 사용되는 시점은 대체로 18세기였다.

독일의 역사학자 코젤렉에 따르면, 근대의 기점은 18세기에서 찾을 수 있다. 유럽인들이 근대를 뜻하는 단어에 'modern'을 붙인 것은, 18세기를 전후하여 완전히 새로운 시대가 열렸다고 보기 때문이다. 유럽인들은 18세기에 접어들면서 이전과는 완전히 다른 새로운 시대가 열렸다고 본 것인데, 그렇다면 새로움의 근거는 무엇일까?

새로움은 1800년을 전후하여 유럽에 불어닥친 혁명이었다. 근대는 사회 각 영역이 급진적인 변혁을 이루는 시기였다. 정치에서는 프랑스 혁명(1789)이, 경제에서는 산업혁명(18세기 후반)이, 철학의 경우에는 데카르트에서 칸트로 이어지는 인식론의 혁명이 있었다. 특히 칸트의 『순수이성비판』(1787)은 근대적 인식론의 출발을 알린다. 세상은 인간의 시각에 의해 판단되고 인식된다는 주장은 근대 이전의 인식론과 완전히 다른 틀이었다. 이것을 철학의 코페르니쿠스적 전환이라고 부르는데, 칸트가 인식과 관련하여 "우리의 경험은 우리의 인식능력의 형식에 의해 결정된다."라고 말한 이유도 여기에 있다.

독일의 사회학자이자 역사 이론가인 니클라스 루만Niklas Luhmann의 체계이론에 따르면, 근대에는 사회의 하위 시스템들이 자율적으로 작동한다. 이것을 '자율성Autonomie'이라고 부르는데, 중세에서는 모든 것을 신을 매개로 설명하려고 했다. 그러나 신이라는 매개고리가 끊어진 사회가 근대였다. 경제는 돈을 매개로 한 소유와 비소유라는 코드가, 정치는 권력을 중심으로 지배와 피지배 관계가, 도덕은 가치 체계를 중심으로 한 선과 악이 근대의 동력을 일으키는 코드가 된다.

그렇다면 이 새로운 사회, 즉 근대의 본질은 무엇일까? 이 문제를 살펴보면, 문명의 본질도 알 수 있다. 막스 베버의 『프로테스탄트의 윤리와 자본주의 정신』(1905)은 근대의 본질을 '합리성'에서 찾는다. 이것은 근대론에 관한 학계의 통설이다. 하지만 합리성에는 늘 계산가능성이라는 개념이 추가된다. 갈릴레이가 "자연은 수학으로 된 책"이라는 명언을 남기는데, 그 의미는 자연은 합리성과 계산에 의해 그 본질을 파악할 수 있다는 데에 있다. 숫자를 통해 자연을 측량할 수 있다는 수리적 자연관은 바로 근대의 산물이다. 인간이 자연 측량에 나서고 자연을 이용하려는 시도는 바로 여기에서 그 근거를 찾을 수 있다. 자연은 합리적으로, 즉 숫자를 통해서 그 가장 내밀한 비밀까지 파헤칠 수 있고, 이를 통해 얻어진 물질적인 부는 바로 인간의 행복으로 직결된다는 믿음이 초기 근대의 세계관이었다. 이러한 측면들, 즉 합리성과 계산가능성은 인간이 자연을 보는 눈에만 해당되는 것이 아니라, 인간과 인간의 관계에도 적용될 수 있다. 근대의 주축을 이루었던 개신교도들, 즉 프로테스탄트의 윤리는 여기에서 출발하고, 이런 윤리가 자본주의의 정신을 이루었다는 베버의 주장을 받아들인다면, 자본주의가 얼마나 비인간적인 체계 위에 세워졌는지를 알 수 있다. 바로 여기에 합리성이 자연계량의 수단으로 도구화될 위험성이 내재한다.

루소의 문명 비판 역시 같은 지점에서 출발한다. 루소는 프랑스의 철학자이자 교육학자이기도 했다. 그는 프랑스 계몽주의의 철학자였던 디드로의 영향을 많이 받았다. 1749년 어느 날 루소는 뱅센느의 감옥에 수감되어 있던 디드로를 찾아가는 중이었다. 당시 디종의 아카데미는 이제 막 시작하는 근대의 문명사회가 인간의 삶에 어떤 영향을 미칠 것인지에 대한 논문 현상공모를 진행했는데, 루소는 우연히 손에 들고 있던 잡지에서 이 기사를 읽는다. 주제는 "학문과 예술의 진보는 도덕의 순화에 기여했는가"라는 문제였고, 이 철학자는 「학문과 예술에 관한 논문」(우리나라에는 「학예론」으로 번역)을 써서, 이 문제에 대해 단호하게 부정적인 관점을 피력했다. 루소는 훗날 『사회계약론』에서 더 분명하게 밝히는데, 인간은 자연상태에서는 독립적이었고 자유로웠으나, 관습에 얽매이는 문명사회에서 노예와 같은 상태로 타락했다는 내용의 글을 썼다. "인간은 자유롭게 살 수 있도록 태어났다. 그러나 어디에서나 사슬에 묶여 있다."라는 것이다. 이 철학자에 따르면 학문과 예술은 이러한 인간의 부자유한 상태를 은폐한다. 문명은 인류의 타락을 재촉하고, 문명의 역사는 인간 타락의 역사이다. 사치와 호화로운 삶을 동경하는 문명인들이 결국 도덕적인 타락으로 이어질 것이라는 것이다. 루소의 이러한 결론은 당시 유럽의 지배적인 관점, 즉 근대와 문명이 인간을 풍요롭고 행복하게 할 것이라는 관점과 배치되는 것이었다. 루소는 이 현상공모에 응모하여 1750년에 1등 상을 수상하였고, 이를 계기로 유럽에 널리 알려지게 되었다. 이어 1755년에도 루소는 「인간 불평등의 기원」을 썼다. 이것도 역시 디종 아카데미의 논문 현상공모에 응모한 논문이었다. 이번 주제는 "인간의 불평등을 야기한 근원은 무엇인가?"였다. 이 글에서 루소는 인간이 사회를 이루게 되면서 불평등이 생겨났고, 그 과정에서 인간은 자신을 타인과 비교하게 되었으며, 여기에서 시기심과 불신이 커가게 되었다고 주장한다. 그리고 사유재산제도야 말로 시민사회를 만들어간 토대가 되었다고 밝히는데, 이 말은 자본주의 사회가 발전하면서, 시민사회에서 불평등이 발생하였음을 의미한다. 노동의 분업을 특징으로 하는 자본주의 사회에서는 다수의 노동자가 만들어낸 경제적 가치를 소수의 자본가가 빼앗아가는 구조를 취하고 있고, 이것이 인간의 불평등을 야기했다는 것이다.

유럽에 사회주의의 토대를 제공한 루소의 이러한 관점은 문명에 대한 매우 탁월한 비판으로 읽을 수 있다. 루소가 문명의 이러한 폐해를 극복하기 위한 방법으로 "자연으로 돌아가라"고 말한 이유도 여기에 있다. 이런 맥락에서 루소는 "문명의 야누스적 성격"을 주장한다. 합리성에 토대를 둔 진보는 "인간 자유의 실현"을 가져다주었지만 한편으로는 "억압"을 초래했고 "감정과 이성의 분리"를 낳았다는 것이다. 그래서 그는 "자연으로 되돌아가라"고 외친다. 감정과 이성, 이것은 육체와 정신, 열정과 이성의 문제로 환원할 수 있는데, 인간에게 꼭 필요한 이 두 요소가 균형을 이루지 못하고, 문명과 더불어 후자가 전자를 억제, 배제하는 사회구조가 되었다는 비판이다. 인간의 몸이 문명에 의해 얼마나 억압되는지를 루소에게서 읽을 수 있다.

루카치의 경우

헝가리 태생의 문예학자 루카치는 베버의 합리성 개념을 이어받아, 근대의 특징으로 인간의 소외와 의식의 사물화를 지적한다. 근대에는 물질만을 최고의 가치로 여기는 풍토로 말미암아 인간의 의식이 물질에 물들고, 모든 것을 물질의 관점에서만 판단하게 된다는 것이 그의 주장이었다.

근대사회에 관한 유사한 비판은 아도르노와 호르크하이머에 의해 개념화된다. 이들의 기본 입장은 문명화 과정을 "현혹의 연관관계"로 파악하면서 출발한다. 호머의 서사시에 나오는 오딧세이는 사이렌의 위압에서 벗어나기 위해 꾀를 내지만 결국 정체성을 상실하고 만다는 일화를, 이들은 문명이 지니는 이중성, 즉 신화와 계몽의 변증법으로 해석한다. 자연 상태의 폭압, 즉 야만성에서 벗어나기 위해 인간은 계몽을 택하지만, 이것은 다시 야만으로의 퇴거에 다름 아니라는 것이다. 이러한 내용이 『계몽의 변증법』(1947)에 실려 있다.

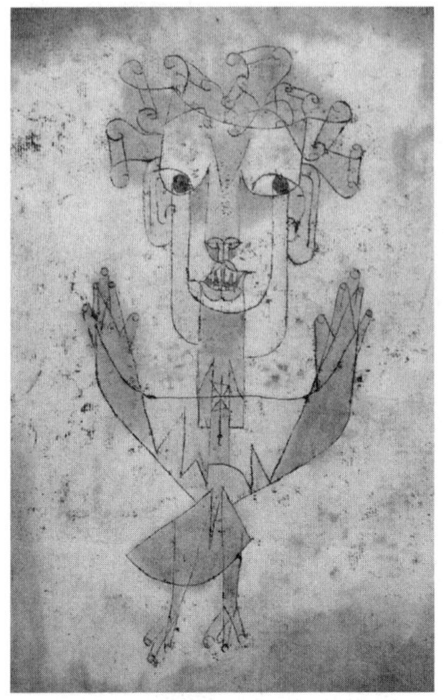

문명의 다른 이름인 진보라는 것이, 인간에게 얼마나 폭풍과 같이 작용하는지, 인간의 앞에는 하늘 높이 잔해 더미를 쌓게 하고, 그렇다고 날개를 접을 수도 없게 만드는 폭풍과 같은지를, 벤야민은 파울 클레의 그림 「새로운 천사」(1920)를 통해서 보여준다.

벤야민의 '역사철학테제' 9항도 진보의 부정성을 이야기한다. 진보가 얼마나 인간의 삶에 파국적으로 작용하는지를 보여준다. 독일 표현주의 화가 파울 클레의 「새로운 천사」에 대한 해설을 겸하는 이 테제는 진보라는 것이 "폭풍과 잔해"의 파국만을 일으킨다는 것이다. 벤야민은 이렇게 말한다.

> 천국으로부터는 폭풍이 불어오고 있고, 그 폭풍은 (…) 세차게 불어오고 있기 때문에, 천사는 그의 날개를 더 이상 접을 수도 없다. 이 폭풍은, 그가 등을 돌리고 있는 미래를 향하여 간단없이 그를 떠밀고 있으며, 반면 그의 앞에서 잔해의 더미는 하늘까지 치솟고 있다. 우리가 진보라고 일컫는 것은 바로 이 폭풍을 두고 하는 말이다."

문명화가 진행되는 동시에 경제에서는 자본주의가 발전한다. 그러니까 문명화와 자본주의는 동전의 양면이라고 봐도 좋다. 문명화와 자본주의는 근대라는 사회가 보여주는 두 가지 독특한 양식이다. 인간이 이성을 통해 세계를 이해하고 파악하려는 시도가 자연과학의 발전을 가져왔다. 이것은 코페르니쿠스와 갈릴레오 갈릴레이의 지동설, 뉴턴의 만유인력의 법칙 발견 등을 염두에 두면 쉽게 이해할 수 있다. 중세까지만 해도 신의 영역으로 알려져 있었던 것들, 즉 자연의 신비한 비밀을 인간의 이성과 오성을 통해 파악하려고 했던 노력이 서양에서는 17~18세기 계몽주의와 더불어 시작된다. 그 결과 인간은 자연의 법칙을 상당 부분 파악했고, 이를 통해 자연을 이용, 착취함으로써 기술문명이 발전하고 자본이 쌓이게 되면서 근대라는 사회가 열렸던 것이다. 문명, 근대, 그리고 자본주의는 인간에게 엄청난 물질적인 풍요로움을 제공했지만, 이것이 결코 인간을 행복하게 만들어주지는 못했다. 철학에서는 이를 '소외'라는 개념으로 설명한다.

마르크스주의 경제학에서 노동자는 자신이 만든 물건을 자신이 살 수 없다고 설명한다. 그 이유는 노동자가 만든 물건의 가치가 100이라면 그 가운데 일부인 80정도만 노동에 대한 댓가로 받고, 20정도를 자본가들이 착취한다는 것이다. 이것을 잉여가치의 착취라고 설명한다. 그러니 물물교환이나 혹은 필요한 물건을 스스로 만들었던, 자본주의 이전의 인간의 노동은 소외될 수밖에 없다. 노동자들은 자신이 물건을 만들지만, 그 가치를 모두 받지 못하기 때문이다. 더구나 이런 사회에서 인간의 가치는 모두 물질, 돈으로 환산되어 전통사회에서 통할 수 있던 인간의 정이라든가 친밀한 인간관계는 사라지고 만다. 자본주의 사회에서 인간의 소외가 발생하는 메커니즘이 여기에 있다.

유사한 예를 발터 벤야민이 밝힌다. 19세기에 접어들면서 산업혁명이 완성되고 자본주의가 절정에 이르자 프랑스의 파리는 세계적인 수도가 되었다. 곳곳에 백화점이 세워지고 아케이드가 만들어졌다. 파사주라고도 부르는 아케이드는 자본주의 사회의 인간이 갖고 있는 꿈의 형상물과 같은 화려함, 물질적 욕망에 대한 환상 등을 상징하는 건물이다. 절정에 오른 자본주의 사회의 "사치가 만들어낸 산업의 새로운 발명품"인 파사주, 즉 아케이드는 주변 통로에 입점해 있는 화려한 가게와 상품으로 가득 차 있으며, 그곳의 쇼윈도에는 상품들이 넘쳐난다. 노동자들은 휴일이면 이 쇼윈도를 돌아다니면서 상품을 구매하려는 꿈을 갖지만, 실제로 자신들이 받는 노동의 댓가는 형편없는 것이기 때문에 구입할 수 없다. 다채로운 외관을 뽐내는 오늘날의 백화점이나 대형 쇼핑몰과 마찬가지로 파사주 역시 소비문화와 상품문화가 지배하는 19세기의 자본주의적 도시의 외관을 구성하는 대표적인 건축물인데, 이런 건물과 그 안에 진열된 상품들은 소비대중에게 꿈과 환상만 심어줄 뿐, 실제로 이를 구입할 수 없는 것이 현실이다. 따라서 파사주는 자본주의의 본질을 은폐하는 데에 기여하는 소비문화 공간으로서의 특징이 더 크다. 벤야민은 이런 자본주의 사회, 즉 문명화가 결국 인간에게 절망과 소외만을 안겨준다고 진단한다. 물질적으로 풍요해지는 문명사회에서 인간이 모습이 더 초라해지는 이유가 여기에 있다.

채플린의 영화

이런 관점에서 영화에 관한 이야기를 해보자. 영국의 희극배우이자 영화연출자 겸 시나리오 작가이기도 한 찰리 채플린 이야기다. 20세기 최고의 희극배우로 불러도 손색이 없는 채플린은 영화(주로 무성영화)에서 신사의 품위와 태도를 지닌 방랑 노동자의 모습으로 등장한다. 매우 인상적인 수염과 지나치게 길고 큰 바지와 신발, 너무나 꽉 조이는 자켓, 대나무로 만든 지팡이, 그리고 독특한 모자가 특징적이다. 외모에서 풍기는 이러한 미스매치의 핵심은 외관상 신사이지만 실제 행색은 초라한 노동자라는 데 있다. 이것은 현대인이 지니는 이중성, 특히 시민계층의 사회적 지위나 현실과 관련하여 매우 함축적인 정보를 담고 있다. 풍요와 빈곤함의 부조화를 채플린 자신의 의상으로 표현함으로써 문명사회, 자본주의 사회가 지니는 이중성을 드러내며, 이런 사회를 살아가는 인간의 희극적이면서도 비극적인 모습을 표현하려고 했다.

그의 작품 중에 〈모던 타임즈〉(1936)가 있다. 이 영화는 미국에서 1933~36년 사이에 제작하여 1936년 2월에 개봉한 채플린의 대표적인 무성영화 가운데 하나다. 채플린은 이 작품에서 떠돌이 노동자의 역할을 하는데, 1929년 전 세계를 휩쓸었던 세계 대공황과 이른바 테일러시스템으로 알려진 공장 노동자의 비참한 세계가 배경이다. 흔히 말하기를 근대의 자본주의를 '시간은 돈이다'라는 공식으로 표현하는데, 영화는 상품 조립 공장의 컨베이어벨트 앞에서 마치 로봇기계처럼 상품을 조립하는 노동자들의 고단한 삶의 모습들을 잘 표현한다.

마치 양떼처럼 노동자들이 지하철에서 촘촘히 떼를 이루며 나와서 공장으로 들어간다. 그 가운데 한 사람이 떠돌이 노동자 찰리 채플린이다. 공장에서 몰인정한 기계가 돌아가고 역시 인정 없는 공장 감독이 노동자들의 노동의 현장을 생생하게 지켜보며 감시한다. 반면에 이 공장의 사장은 할 일도 없이 안락한 사무실에 앉아서 퍼즐을 맞추며 시간을 보낸다. 찰리와 그의 동료 노동자들은 컨베이어벨트에서 마치 기계처럼 반복적으로 단순한 노동을 한다. 다른 노동자들과 함께 컨베이어벨트에 시시각각 전해지는 상품의 나사를 조이는 단순하고 반복적인 노동이다. 그는 땀을 닦을 시간도 없이 지속적으로 단순하고 기계적인 노동을 한다. 시끄럽고 단조롭게 지속적으로 울리는 컨베이어벨트의 소리는 소외된 노동의 강도를 더욱 크게 보여준다. 찰리의 몸이 컨베이어벨트에 말려 들어가 톱니바퀴에 끼어 돌아가는 모습은 기계에 의해 착취되는 인간을 형상화한다. 특히 노동자들의 식사시간을 줄이기 위해서 자동 급식 장치를 도입하려는 사장의 태도는 인간의 몸을 기계와 똑같이 취급한다는 사실을 보여준다. 마치 기계에 기계적으로 기름을 칠하듯이, 인간에게 기계적으로 급식을 제공해서 식사 시간을 아끼려는 사

영화 〈모던 타임즈〉의 한 장면. 찰리가 노동자들의 식사시간을 줄이기 위해 도입한 자동 급식 장치로 식사하고 있다.

장의 노동착취 전략이다.

영화의 타이틀백에는 시계 문자판이 반복해서 등장함으로써 시계에 지배되는 기계문명의 현실을 보여준다. 산업화로 인한 소외된 노동, 특히 인간을 기계처럼 취급하는 비인간적인 자본주의 사회를 이 영화가 비판하는데, 주목할 만한 부분은 문명으로 인하여 인간의 몸이 마치 기계처럼 변해가는 현상이다. 컨베이어벨트 앞에 늘어선 인간의 지치고 피곤한 모습은 인간의 몸이 문명에 의해 얼마나 왜곡되는지를 잘 드러낸다. 주인공 찰리가 가진 최소한의 희망은 어느 소녀와의 사랑인데, 이 사랑마저 기계화된 문명사회에서는 불가능한 것으로 묘사된다.

"상상력을 권좌로"

대개 근대(모던 타임즈)와 탈근대(포스트모던 타임스, 포스트모더니즘)의 경계를 빠르면 1945년, 늦어도 1960년대로 잡는 것이 일반적이다. 그런데 근대가 끝나가는 시점에, 근대 즉 문명에 의해 혹사당하고 억압당한 인간의 몸의 권리를 회복하려는 사건이 있었다. 1960년대 후반, 유럽의 프랑스와 독일을 중심으로, 나아가 미국과 일본에까지 젊은 학생들과 좌파 지식인들이 권위적인 사회체제에 맞서 대대적인 반항과 시위를 벌였다. 이 사건은 1968년에 절정을 이루었기 때문에 68운동이라고 부르기도 한다. 68운동은 기본적으로 문명화로 특징지워지는 근대적인 삶의 방식과의 결별을 최종 목적으로 삼고 있었다. 이 운동이 지향했던 바는 "반권위주의", "반제국주의", "반자본주의"였는데, 68운동을 추진했던 인물들은 근대적 삶이, 즉 문명이 인간의 품위, 인간의 몸을 지나치게 손상시킨다고 생각했다. 여기서 말하는 근대적 삶이란 가정과 사회의 권위, 국가적 차원에서는 침략과 착취를 목적으로 한 제국주의, 그리고 인간의 가치관을 온통 물질적인 가치로 환원시키려던 자본주의였다.

68운동을 문화적 현상으로 이해할 경우, 여기에는 늘 반문화 내지는 대안문화라는 개념이 동원된다. 기존의 혹은 기성의 삶의 질서를 전복하고, 자본주의적 삶, 물질적 가치만을 최고로 여기는 문명의 요구에 "동참하지 않는 삶의 모델"이 68운동을 관류하고 있는데, 마르쿠제가 말하는 '위대한 거부' 역시 이러한 맥락에서 이해된다. 일상화된 기성의 제도문화에 대한 반대의 세계가 바로 반문화 혹은 대안문화였다면, 그 문화적 영역을 포괄하는 원칙은 무엇인가? 낭테르 대학에서 시작한 프랑스의 68운동의 과정을 목격한 후, 68년 5월 프랑스의 학생 운동의 지도자였던 다니엘 콘-벤디트와 나눈 대담에서 프랑스의 철학자 사르트르는 이렇게 말한다. "당신들의 행동에서 흥미로운 점은 상상력을 권좌

프랑스 68혁명 당시 가두 시위 장면.

로 보낸다는 것입니다." 사르트르는 68년의 시위에서 '상상력'이라는 코드를 읽어낸 셈이다. 문명, 즉 자본주의가 억압했던 상상력을 복원하는 것이 68운동의 목표임을 사르트르가 지적한 셈이다. 사르트르의 이 표현은 곧장 파리 시내에 퍼졌고, 그곳의 건물벽에 그려놓은 벽화에는 '상상력을 권좌로L'imagination au pouvoir'라는 구호가 등장한다. 물질, 자본, 문명이라는 억압을 벗어나기 위해 상상력을 복권시키자는 것이 사르트르의 입장이었던 것이다. 사르트르가 68운동에서 '상상력'이라는 코드를 읽어낸 것은 상상력을 통해 '진부한 일상'을 전복한다는 68운동의 본질을 탁월하게 보여준다.

이런 맥락에서 젊은 학생들과 좌파적 지식인들은 물질적 가치, 사회적 성공만을 추구하는 근대적 삶의 방식과 결별하며, 상상력을 복원하여 삶을 유희로 만들자는 취지에서 새로운 대안적 삶을 추진했다. 그 가운데 하나가 '성의 해방'인데, 여기에는 문명, 즉 근대적 삶의 방식이 인간의 몸을 가혹하게 구속하고 혹사시켰다는 반성이 담겨 있다.

"이제 섹스에 관해서 이야기합시다."

1968년 프랑스 낭테르 대학을 방문한 체육부장관을 향해 학생운동 지도자 다니엘 콘베디트는 "이제 섹스에 관해서 이야기합시다."라고 항의했다. 권위적인 기성의 질서에 맞서 해방을 추구했던 젊은이들에게 필요한 것은 자유롭고 개방적인 삶이라는 생각을 이렇게 표현했던 것이다. 근대적 사유방식과의 결별지점으로 간주되는 1968년, 68운동의 과정에서 벌어진 이 해프닝은 문명과 육체의 관계를 함축적으로 보여준다. 물론 겉으로는 반전, 반핵, 반권위주의를 표방했지만, 이 운동이 진정으로 추구했던 것은 18세기 중반 이후 진행되었던 근대적 삶의 방식과의 결별이었고, 이것은 꿈과 상상력을 통해 진부한 현실의 질서를 무너뜨리는 방향으로 나아갔다.

유럽 전역에서 젊은이들은 성취원칙에 맞서 유희원칙을 관철시키려 들었고, 자본주의의 상징적 기호인 상품의 교환가치에 맞서 진정한 사용가치를 추구하고자 했다. 여기서 성취원칙이란 사회적 성공, 물질적 부를 뜻한다. 반면 유희원칙이란 삶을 즐기고 쾌락을 즐기는 삶이다. 몸의 경우도 마찬가지다. 기독교의 도덕체계에 바탕을 둔 시민사회의 성이 일부일처제의 폐쇄적인 가족제도의 출발점이고, 이것이 권위적인 사회의 토대가 된다는 논리에서, 젊은이들은 성의 해방을 추구하였다. 이들은 유럽 곳곳에서 코뮌을 만들어 성을 공유하고, 가족제도를 해체하려는 실험을 실천에 옮겼다. 코뮌과 수많은 주거공동체가 속속 설립된 데에는 분명히 성의 자유가 큰 계기를 마련한 것이 사실이다. 물론 참여자들의 극단적인 소망과 상상을 현실이 뒷받침해주지는 못했고, 언론에 보도된 내용들이 상당부분 날조되거나 적어도 과장된 것이 분명하지만, '성의 해방'은 68운동을 움직여갔던 큰 동력 가운데 하나였다. "한 여자랑 두 번 자는 사람은 이미 기성세대다."라는 당시의 슬로건이 말해주듯이, 코뮌에 참여한 남자들은 여러 여자들을 침대로 유혹하려 했고, 이러한 관념은 당시 하위문화의 중요한 추세를 만들어 나갔다. 하위문화의 비판적 성격을 강조할 경우, 프리섹스는 낡은 사회의 이념에 대한 급진적인 저항의 일환이며, 실제로 코뮌의 설립문을 보면, 게릴라식 문화적 도발이 낡은 사회를 무너뜨리기 위한 중요한 기제로 작용할 수 있으리라는 기대를 담고 있다. 여기에서 근대와의 결별을 읽을 수 있다. 찰리 채플린의 영화에서 본 것처럼, 근대는 물질, 성취, 성공을 위해서 인간의 육체를 희생해야 하는, 어떻게 보면 인간의 육체는 돈을 벌기 위한 기계처럼 간주되는 시대였는데, 68운동 당시에는 육체를 스스로 즐기고 향유하는 유희의 차원에서 바라보게 되었다.

68운동의 이념은 서양에서 히피운동이 본격화됨으로써 가시적인 문화적 현상으로 자리잡았다. 미국이나 유럽의 젊은이들이 주거공동체를 세우고, 성의 공유와 공동탁아, 공동생산과 공동소비를 실천하며 근대의 자본주의적 삶에 대한 대안문화를 속속 선보였던 60년대를 왜 포스트모더니즘의 출발점으로 부르는지 그 이유가 이런 맥락에서 선명해진다.

몸의 복권으로 부를 수 있는 이 시기에 문명에 길들여지지 않은 육체를 젊은이들은 의도적으로 드러냈다. 흔히 히피의 거리로 알려진 런던의 카나비 스트리트에는 젊은 여자들이 대대적으로 미니스커트를 입고 나타났고, 속옷을 입지 않은 채 가슴을 노출시킬 정도로 파인 블라우스가 널리 퍼지기 시작했다. 의상에 검은색이 두드러진 것도 이 무렵이다. 젊은이들이 검은색의 자켓과 스웨터와 바지는 물론이고 짙은 검은색의 아이라인으로 몸을 장식하여 근대의 죽음을 표현하려 했던 것도 히피문화를 도외시하고는 설명하기 어렵다. 미니스커트나 가슴을 노출시키는 패션 등을 통해서 의도적으로 몸을 드러냄으로써, 몸은 쾌락과 유희의 대상이지, 더 이상 물질적 가치를 얻기 위한 착취의 대상이 아님을 히피

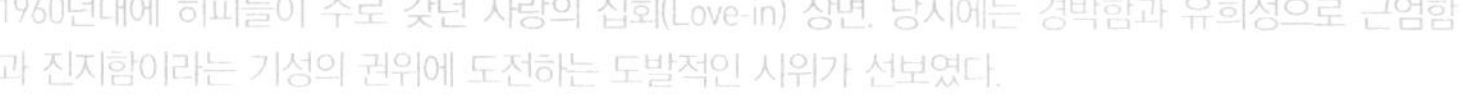
1960년대에 히피들이 주로 갖던 사랑의 집회(Love-in) 장면. 당시에는 경박함과 유희성으로 근엄함과 진지함이라는 기성의 권위에 도전하는 도발적인 시위가 선보였다.

라이히에 따르면, 몸의 억압, 육체적 성의 억압이 결국 권위주의의 온상이라는 것이다. 따라서 68운동이 문제시 했던 핵심, 즉 근대와 문명이 사회에 권위주의를 낳았는데, 이것의 원인이 성의 억압에 있었다는 것이 밝혀진 셈이다. 따라서 권위주의와 근대 문명의 세계에서 벗어나는 방법으로서, 육체의 해방, 프리섹스가 등장했다. 라이히의 테제, 즉 억압적 인물 혹은 억압된 인물과 파시즘 추종자 사이의 연관성은 훗날 마르쿠제의 '권위적 인물론'과 상당히 유사하다. 마르쿠제를 비롯한 프랑크푸르트학파의 이론들은 미국 사회를 모델로 하여 권위와 파시즘 사이의 근친관계를 매우 설득력 있게 보여주었다.

이런 이론적 근거에서 당시 젊은이들은 인간의 성, 육체를 기성의 권위에 맞서기 위하여 시위에 자주 활용했다. 68운동 당시 선보였던 초현실주의적인 시위 기법들, 기존의 상상력으로는 도저히 생각하기 힘들

정도의 도발적 기법들, 예컨대 근엄한 표정과 진지한 내용을 강연하는 정치인, 교수, 목사들의 강연장에 젖가슴을 드러내 놓고 침투하여 강연을 중단시키는 방식에 주목해 보자. 경박함, 유희성이라는 기호체계를 통해 근엄함, 진지함이라는 지배적인 이데올로기를 폭로하고, 이것이 지배층의 이데올로기임을 분명히 하는 이러한 도발적 전략이 68운동의 시위 과정에서 폭발적인 인기를 얻어가고 있었다. 이런 과정은 성의 해방이 지니고 있는 변혁적 잠재력을 매우 효과적으로 잘 보여주었다.

근대와의 결별, 포스트모던의 시작

신화시대를 끝으로 억압되고 감추어졌던 인간의 몸이 60년대 이후의 '인간학'에서 가장 빈번하게 등장한 이유는, 몸과 정신이 각각 자연과 문명, 개인과 사회, 열정과 이성, 감정과 사고라는 대립쌍과 관련이 있음이 밝혀졌기 때문이다. 몸의 복권은 문학을 비롯한 예술에서는 물론이고, 심리학과 사회학에서도 중요한 논의의 초점으로 자리잡았다.

프랑스의 사회학자 에밀 뒤르켐에 따르면 개체적인 존재인 인간의 몸은 생물학적 유기체로 존재하는 반면, 사회적 존재로서의 인간의 정신은 끊임없이 도덕적인 규정과 사회적 관습의 영향을 받는다. 생물학적 유기체인 몸과 도덕적 규정을 따를 수밖에 없는 정신이라는 이원론에서 출발한 그의 관점은 사회적 존재로서의 인간이 왜 정신을 통해서 사회의 통제를 받을 수밖에 없는지를 설명해 준다. 인간은 유적 존재라 사회적인 삶을 벗어날 수 없기에, 자연상태의 몸과 그 조건을 넘어서지 않을 수 없고, 따라서 사회의 규범을 지킴으로써 지적이고 도덕적인 존재로 인정받아야 하는 숙명을 타고난다. 여기서 지적이라 함은 인간의 인식이 사회가 제공하는 틀에 맞추어질 수밖에 없다는 의미이고, 도덕적이라 함은 인간이 자신의 욕망을 버리고 사회가 강요하는 도덕적 체계에 종속될 수 밖에 없음을 뜻한다. 이렇게 해서 자연과 문명의 대립은 인간에게 몸과 정신의 대립으로 다가온다. 유사한 관점이 독일의 문화이론에서도 발견된다.

독일의 사회학자 엘리아스는 문명화 과정이 다양한 통제를 가하여 인간의 몸을 길들였다고 주장한다. 문명화 과정을 거치면서 식사습관이나 인간적인 교류의 형식 그리고 감정 표현과 같은 영역에서도 인간의 몸은 통제되고 훈육되었으며, 그 과정에서 인간의 몸은 수치심과 고통을 더욱 크게 느끼게 된다. 마치 선악과를 따먹음으로써 낙원을 잃고 수치심과 고통 속에서 살아가야 하는 아담과 이브처럼, 엘리아스가 바라본 인간의 몸도 문명화 과정에서 자연상태에서 멀어지는 것이다. 유사한 관점이 아도르노와 호르크하이머가 함께 쓴 『계몽의 변증법』(1947)에 다시 나타난다. 이들이 내세운 비판이론에 따르면 문명화의 중심축이었던 계몽이 전면에 부각되면서 인간의 육체는 희생되기 시작한다. 인간은 자연상태가 의미하는 야만이 두려워 문명의 길을 택하지만, 그로 인하여 오히려 야만으로 퇴행하고 마는데, 이런 논리에 따르면 인간의 육체의 해방은 사회적 합리성의 강압에 종속되는 것을 거부함으로써 가능하다.

문학에 나타난 육체의 해방

체코의 작가 밀란 쿤데라는 육체의 해방이 자유의 실현에 기여하는지의 문제를 소설 『참을 수 없는 존재의 가벼움』(1984)에서 다룬다. 프라하의 봄으로 일컬어지는 유럽의 60, 70년대가 배경이다. 미국과 소련을 중심으로 하는 냉전체제와 사회적 권위주의가 맹위를 떨치고, 이에 맞서려는 68운동 세대들의 사회참여도 절정에 이르던 시절이다. 주인공은 프라하의 외과 의사인 토마시다. 토마시는 무겁고 진지한 사랑에는 관심이 없다. 그런 토마시에게 테레자가 무작정 고향을 떠나 찾아온다. 비에 젖은 채, 토마시의 문 앞에서 자신의 전 생애를 짊어지고 그 무게를 지우려하는 테레자를 발견하고 토마시는 망설이지만, 테레자가 톨스토이의 소설 『안나 카레니나』를 들고 있음을 발견한 순간, 그녀를 받아들인다. 토마시는 자주 파트너를 바꾸며 성적인 쾌락을 즐긴다. 섹스는 하되, 집에 들여 함께 사는 것은 피하려는 토마시가, 비에 젖어 고열에 시달리는 테레자를 받아들이고 자기 집에 재운다. 토마시에게 테레자는 우연이지만, 테레자에게 토마시는 필연이었다. 어느 날 식당 종업원인 테레자가 일하는 식당에 토마시가 찾아왔는데 토마시는 테레자가 좋아하던 소설을 들고 있었다. 테레자는 토마시에게 한눈에 반했지만, 토마시에게 테레자는 즐기기 위한 한 여자에 불과했을 뿐이다. 토마시는 테레자와 섹스를 하고 사랑을 나누면서도 이것이 주는 무거움은 견디기 어려워한다. 토마시는 끊임없이 바람을 피우지만, 그런 토마시를 테레자는 참고 연인으로 받아들이며 15년을 살아간다.

토마시의 성적 가벼움은 어디에서 연유한 것일까. 그것은 시대문제와 결부되어 있다. 토마시는 유능한 외과의사에서 일용직 노동자로 신분의 추락을 경험한다. 즉 토마시는 잘나가는 프라하의 유능한 의사에서 도시 외곽에 위치한 병원의 의사로, 유리창 닦는 노동자로, 종국에는 시골 트럭 운전수로 추락한다. 이유는 그가 기고한 신문 사설의 내용 때문이었다. 토마시는 체코 공산주의자들을 비판하는 신문 사설을 기고했고, 당국자는 토마시에게 사설에서 내세운 입장을 철회하라는 요구를 은밀하게 강요했지만, 끝내 자신의 글에는 문제될 것이 없다며 토마시는 제안을 거절한다. 이로 인해 토마시는 당국의 박해를 받게 되고, 체코를 떠나 여러 나라를 떠돌 수밖에 없다. 살아가기 위해 토마시는 노동자로 생계를 유지해야 하고, 이 과정에서 그는 성적인 자유로움을 선택한다. 무거운 역사에서 도피하기 위해 외과의사 토마시는 가벼움을 선택했는데, 이것이 육체의 해방이었다. 자유로운 성은 바로 그 수단이었다. 이러한 구도는 68운동 당시, 성의 해방을 통해 사회와 가정의 권위주의와 맞서겠다는 젊은이들의 태도와 구조적으로 동일하다.

역사와 사회가 가져다주는 중압감, 무거움을 육체의 해방, 즉 가벼움을 통해 극복하려는 시도는 토마시에게만 나타나는 것은 아니다. 테레자 역시, 바람 피우는 남편을 미워하지만, 자신도 역시 망명지 스위스에서 사진작가로 인정을 받지 못하자, 다른 남자들(토마시를 추적하던 경찰)과 성적인 관계에 이른다.

토마시의 애인이었던 사비나 역시 마찬가지다. 사비나는 망명한 화가인데, 체코의 감시를 받으며 살아간다. 이런 상황에서 사비나는 자신을 집요하게 추적하는 조국과 역사의 그림자에서 벗어나 자유롭게 살기 위해 프란츠라는 중년 남성과 불륜 관계에 이른다. 프란츠 역시 베트남의 캄보디아 침공에 항의하는 시위를 주도한 대학 교수인데, 시대의 이러한 무거움을 극복하기 위해 사비나와 불륜 관계를 맺는다.

이제 문명화의 과정이 인간의 몸을 얼마나 억압했는지의 문제가 분명해졌다. 억압당한 몸을 복권하려는 시도가 문명에 대한 반대 운동에서 나타났고, 그 시대가 포스트모더니즘이다. 여전히 우리는 이런 시대에 살고 있다.

참고문헌

* 이 글은 필자를 비롯한 연구자들이 기존에 발표한 68운동에 관한 저서[김길웅 외(2006)]를 일부 인용하여 인간학적 차원으로 보완하여 확대 재구성한 것임.

김길웅 외, 『68, 세계를 바꾼 문화혁명』, 길, 2006.

밀란 쿤데라, 『참을 수 없는 존재의 가벼움』, 이재룡 옮김, 민음사, 2009.

아도르노 외, 『계몽의 변증법』, 김유동 옮김, 문학과지성사, 2001.

Norbert Elias, *Über den Prozeß der Zivilisation*(『문명화의 과정에 관하여』), Basel, Verlag zum Falken, 1939.

Wilhelm Reich, *Die Massenpsychologie des Faschismus*(『파시즘의 대중심리』), Kiepenheuer & Witsch, Köln, 1971.

Wilhelm Reich, *Die sexuelle Revolution*(『성의 혁명』), *Europäische Verlagsanstalt*, Frankfurt am Main, 1966.

8

웃음과 울음

/

인간이 처한 위기 상황, 한계 상황의 산물

웃음과 울음은 단순히 인간의 신체와 성대의 일부가 결합하여 내는 소리에 불과한 것이 아니라, 언어가 아닌 수단, 즉 비언어적 수단을 통해 인간이 표현하는 감정이고, 이런 점에서 의사소통방식의 일환이다. 인간은 특정한 상황에 처했을 때, 웃거나 울면서 자신의 감정을 표현하고, 이를 통해 타인과 소통한다. 대체로 웃음과 울음은 기쁨이나 슬픔과 같은 일상적이지 않은 상황에서 나타난다. 이러한 상황을 한계상황, 위기의 상황이라고 할 수 있는데, 인간은 웃음과 울음이라는 감정 표현을 통해서 이를 극복하려고 한다.

웃음에도 여러 종류가 있다. 소리를 내지 않고 빙긋이 웃는 미소가 있고, 알지 못하는 사이에 툭 터져나오거나 참아야 하는 자리에서 터져나오는 실소가 있으며, 입을 크게 벌리고 떠들썩하게 웃는 홍소가 있다. 또 씰씰한 대도로 업신여겨 웃는 냉소가 있고, 조롱하는 태도로 웃는 조소가 있다.

울음에도 여러 종류가 있다. 슬프고 서러워서 큰 소리를 내며 우는 울음이 있고, 흐느끼는 울음이 있고, 또 슬픔을 삭이면서 속으로 우는 울음도 있다. 그러나 너무 기뻐서 울 수도 있고, 또 지나치게 크게 웃다가 눈물이 뒤섞이기도 한다. 울음을 한자로 '읍泣'이라고 표현하는데, 울음을 갈래로 나누면 몹시 감격하여 우는 울음을 감읍이라 하고, 곡을 하듯 큰소리로 통곡하며 우는 울음을 곡읍이라 하며, 슬퍼서 우는 울음을 비읍이라 한다. 또 인간은 애닯게 슬피 울기도 하는데 이것을 애읍이라 하며, 남을 원망하며 한탄하며 우는 울음을 원읍이라 한다.

웃음과 울음에는 인간의 신체 기관이 개입하기 때문에, 육체적인 현상이기도 하지만, 이러한 신체 기관이 개입하기 위해서는 감정적인 자극과 반응이 선행하기 때문에, 정신적인 현상이기도 하다. 웃을 때, 혹은 울 때, 목에서 웃음 혹은 울음 소리가 나오고, 그리고 어깨를 비롯한 신체의 일부가 들썩거리거나 떨린다. 인간의 웃음과 울음은 몸이 떨리거나 얼굴 근육이 씰룩거리면서 목소리가 떨리고 목젖이 파열하는 듯한 소리를 내면서 나타난다. 이런 의미에서 철학자들은 웃음과 울음을 인간이 지닌 평상시의 소리와 신체 동작과는 다른 형태로 보았는데, 쇼펜하우어는 "특이한 인간 신체의 떨림"으로, 플레스너는 "어떤 계기가 주어지고, 이에 대해 인간이 반응하는 폭발적인 의사표현"으로 정의하기도 한다. 웃음도 그렇고 울음도 그렇고, 폭발적이고 돌발적인 현상이다. 슬픔, 기쁨, 황당함 등의 감정들이 개입되어 웃음과 울음으로 표현되는 것이다. 여기에는 급격한 신체 동작이 곁들여지고 목소리의 변화가 동반된다. 평상시 인간의 안정된 태도와는 달리, 파토스 즉 격렬한 감정이 동반된다는 특징이 있다.

웃음과 울음이 인간적인 현상이라고 했는데, 어떤 학자들은 쥐나 개 혹은 침팬지도 웃고 운다고 주장한다. 이런 동물들도 어린아이들과 같은 원초적인 수준에서 웃기도 하고, 울기도 한다는 것이다. 그러나 이러한 주장은 설득력이 떨어진다. 인간의 웃음과 울음에서 문제가 되는 것은 그 배후에 담겨 있는 인간의 감정이기 때문이다. 또 웃음과 울음은 감정을 표현하여 전달하기 때문에 의사소통의 수단이다. 자신의 감정을 웃음이나 울음을 통해 표현하여 상대방에게 보여주려는 것이다. 심지어는 아직 감정 표현이 크게 발달하지 않은 어린아이의 웃음이나 울음에도 기쁨이나 슬픔 혹은 분노 등이 담겨 있다. 그러나 쥐나 개 혹은 침팬지가 기쁨을 느끼고 웃는지의 여부는 아직까지 밝혀진 바 없다. 따라서 웃음과 울음은 인간의 감정(예컨대 불안, 공포, 분노, 기쁨, 시기심 등)의 표현이라는 점에서 인간 특유의 현상이다. 인간은 어떤 계기가 주어질 때, 이에 대한 반응으로 신체의 일부가 들썩거리거나 떨리면서, 웃거나 우는 것이다. 인간의 웃음과 울음이 동물의 그것과 유사할 수는 있으나, 동물의 그것은 거의 조건반사적으로 이루어지는 현상인 반면에 인간의 그것은 인간 특유의 감정시스템, 감정계가 작용한다는 차이가 있다. 따라서 동물의 울음과 웃음은 인간의 그것과는 다르다고 봐야 한다. 웃음과 울음은 아마도 인간의 조상이었던 침팬지의 상태에서 인간이 분리되어 나올 때, 인간에게 유전적인 형질로 주어진 것인지도 모른다. 현재의 학문적 수준에서 침팬지가 웃는다거나 침팬지가 운다는 학설은 지지받지 못하기 때문이다.

인간에게 웃음과 울음은 보편적인 현상이다. 병적인 상태를 제외하면, 그 어떤 사회환경에서나 인간은 누구나 웃고 운다. 인간이 웃지 않는 사회, 인간이 울지 않는 사회란 존재하지 않는다. 따라서 웃음과 울음은 인간의 보편적인 속성 가운데 하나다. 아무리 교육을 통해 통제한다 해도, 특정한 상황이 되면 인간은 울거나 웃게 되어 있다. 이런 측면에서 웃음과 울음은 주어진 상황에 대한 반응으로 볼 수 있다. 어떤 상황이 주어지고, 이에 대한 반응으로 웃음이나 울음이 나타나는 것이다. 그렇다면, 언제 인간은 웃고 우는가?

웃음과 울음에 관한 이론

웃음과 울음을 이론으로 다룬 영역 가운데 두드러진 것이 시학과 수사학이고, 이어서 심리학을 들 수 있다. 이런 영역에서는 웃음과 울음을 야기하는 원인들(우스꽝스러운 것, 희극성, 슬픔, 감동 등)에 관한 탐구가 일찍부터 진행되어 왔다. 시학과 수사학 그리고 심리학에서는 웃음과 울음이 왜 나타나는지, 그리고 웃음과 울음은 어떤 결과를 가져오는지 일찍부터 관심을 가졌다. 예를 들면 아리스토텔레스의 『시학』은 비극의 작용방식을 다룬다. 비극은 관객이 무대의 주인공에 감정이입을 하고, 주인공에 연민(eleos)을 느끼며 주인공이 겪는 불행과 파멸에 대해 두려움(phobos)을 느낌으로써, 눈물을 흘려 카타르시스에 이른다는 것이다. 수사학도 마찬가지다. 고대에 수사학이 발달한 이유는 대중 연설을 통해 청중의 마음을 사로잡고, 강연자의 주장을 효과적으로 전달하기 위해서였다. 수사학적 기법을 통해서 어떻게 청중의 마음을 사로잡을 것인가, 청중을 웃기기도 하고 울게도 만들어서, 청중의 마음을 어떻게 움직일 것인가가 목적이었다. 심리학은 인간의 웃음과 울음을 심리적 감정적 차원에서 다룬다. 자연과학에서도 19세기, 다윈 이후의 진화론에서 웃음과 울음의 문제들이 다루어지기도 했다. 다윈은 인간과 원숭이가 동일한 조상에서 파생되어 나왔다는 학설을 지지하기 때문에, 웃음과 울음같은 감정 표현이 동물에서도 발견된다고 주장하며, 자신의 학설을 뒷받침하려 했다. 다윈에 따르면 웃음과 울음은 침팬지나 원숭이에게서도 발견된다. 다윈은 그 예를 침팬지가 이빨을 드러내는 행동을 외부에서 주어지는 위협에 대한 반응으로 해석한다. 뿐만 아니라 침팬지나 원숭이에게서 얼굴을 찡그리거 고함 소리를 지르는 행위 등을 발견함으로써, 이들 동물도 인간과 유사한 행동을 보여준다고 주장한다.

19세기 말, 생철학이 등장하면서 인간의 감정으로서 웃음과 울음이 철학에서 본격적으로 관심을 받게 되었다. 계몽주의 이후 일반화된 인간에 관한 관점, 즉 인간은 이성적이고, 고도로 논리적이며 합리적인 존재라는 인식들이 무너지고, 인간도 끊임없이 기쁨과 슬픔과 같은 감정에 휩싸인다는 인식들이 등장하면서, 이성 이외의 요소들, 즉 이성의 타자들이 관심을 받았다. 인간의 감정으로서 웃음과 울음도 이 시기에 철학에서 크게 주목받기 시작했다. 그 가운데 웃음론, 즉 인간의 감정으로서 웃음과 울음이 무엇을 뜻하는지에 관심을 가진 철학자들이 쇼펜하우어, 니체, 베르그송 그리고 플레스너, 요아힘 리터였다. 이들은 한결같이 웃음과 울음이 인간이 처한 위기 상황, 한계상황의 산물이고, 웃음과 울음은 인간의 본질을 탐구하는 데에 매우 중요한 요소임을 강조한다.

웃음

고등 포유류 동물과 인간의 감정표현에는 유사성이 있다는 다윈의 주장에도 불구하고, 인간 이외의 다른 동물이 웃는다는 보고가 없는 것으로 보아, 웃음은 '인간 조건'의 하나다. 타고난 표현 수단의 하나로서 웃음은 주로 밝고 명랑하며 희극적인 상황에서 발생하나 때로는 위험을 극복한 후 안도의 한숨과 더불어 나타나기도 하고 또 경우에 따라서는 당황하거나 혹은 절망적인 상황, 허탈한 상황에서 웃음이 나오기도 한다. 물론 웃음이 반드시 의사소통의 수단인 것만은 아니다. 겨드랑이나 발바닥을 간지럽힐 때 반사적으로 웃음을 관장하는 신경이 자극을 받아서 웃는 경우도 있다. 특별한 자극을 받으면 경련을 일으키며 웃음을 멈추지 못하는 병적인 현상이 나타나는 이유도 여기에 있다. 웃음이 인간의 심리나 정서와 무관하게 단순히 신경전달과도 관련된다는 사실에서 웃음을 뇌의 신경전달물질의 분비를 촉진하기 위한 치료에 사용할 수도 있다. 웃음치료라는 개념이 바로 이것이다. 속담에 '일소일소 일로일로'라는 말이 있음은 따라서 우연이 아니다. 사회심리학적 측면에서도 웃음이 지닌 이런 측면은 유의미한데, 예를 들면 밝고 명랑한 집단에는 깊은 합리적 사색보다는 웃음이 더 흔하다는 사실이 확인되기도 한다. 그러나 이런 기계적인 웃음을 제외하면, 대체로 웃음은 생각하는 존재로서의 인간의 감정의 표현, 의사표시의 일종으로 이해해야 한다.

웃음을 의사표시의 일종으로 이해할 때, 대체로 인간 사이의 관계에서 웃음은 공감과 상호간의 이해의 표시일 수 있고, 이를 통해서 갈등을 해소하고 관계를 부드럽게 하는 효과를 거둘 수도 있다. 과학적으로 입증된 것은 아니나, 웃음이 언어에 앞서 인간 특유의 소통의 형식으로 자리잡았다는 주장도 설득력이 있다. 웃음이 두뇌의 특정한 부위와 관련이 있고, 이 부위는 언어중추보다 일찍부터 발달했다는 과학적인 연구결과가 있기 때문이다.

그렇다면 어떤 때에 인간은 웃을까? 이런 측면에서 웃음은 철학에서도 자주 주제화되었다. 웃음을 바라보는 철학자들의 관점은 서로 다른데, 기본적으로 웃음은 평상시와 다른 상황에 대한 반응으로 봐야 한다. 평상시의 상황, 일상적이고 낯익은 상황에서 벗어날 때, 웃음이 나온다. 갑자기 우스꽝스러운 이야기를 듣거나, 혹은 반대로 갑자기 너무나 절망적이고 씁쓸한 상황에 처할 때, 인간은 웃을 수 있다. 이런 의미에서 웃음을 연구한 철학자 플레스너는 웃음을 "한계상황에 대한 응답"으로 표현하기도 한다. 낯익고 일상적인 감정 상태가 무너질 때, 다시 말하면 삶, 생활, 감정이 한계 상황, 즉 위기 상황에 빠져들 때, 인간은 웃음으로 반응할 수 있고, 이를 통해서 평상심을 되찾을 수 있다. 웃거나 울고 나면 마음이 후련해지고 편해지는 경험이 있을 텐데, 이것은 인간이 웃음이나 울음을 통해서 위기 상황을 극복함을 뜻한다. 따라서 웃음은 평소와는 다른 한계상황(그것이 우스꽝스러운 것이든, 아니면 절망적인 것이든)에 처했을 때, 이에 대해 반응하는 인간의 자연스런 신체 반응이고, 이를 통해서 이러한 위기상황에 잘 대처하고 극복할 수 있는 것이다.

어떤 상황에서 웃음이 나오는지에 관한 철학적 관점은 크게 둘이다. 하나는 우월과 열등의 관계이고 또 하나는 기대와 결과의 불일치 관계이다. 전자는 우월한 위치에서 타인의 단점이나 결함을 바라보면서 웃는 웃음으로, 이를 웃음의 우월성 이론이라 부른다. 예를 들면 우리는 적을 앞에 두고 웃음으로써 집단의 결속을 강화하는 측면이 있지만, 이 웃음은 적의 입장에서는 모욕감을 불러일으킬 수 있다. 이때 웃음은 비웃음이 되고, 비웃음은 자신과 상대방의 관계에서 자신의 우월과 상대방의 저열이라는 관계를 표현한다. 후자는 기대와 결과가 일치하지 않을 때, 예를 들면 결과가 기대 이상이거나 혹은 그 반대일 때 나오는 웃음을 가리키고, 이러한 웃음이 나타나는 현상을 불일치 이론으로 설명하기도 한다.

우월성 이론은 영국의 철학자 홉스에게서 찾아볼 수 있다. 홉스는 상대의 실수나 결함을 바라보는 주체가 자신의 우월함을 인식함으로써 웃음이 나온다고 말한다. 유사한 관점이 데카르트에게서도 발견된다.

「웃음론」에서 데카르트는 웃음을 급격한 호흡운동으로 보고 공기가 흉부로 급속히 유입되어 혈액 순환이 빨라지게 하는 생리적인 측면으로 파악하면서도 심리적으로 웃음이 놀라움이나 미움이 뒤섞인 유쾌함의 표시라고 봄으로써 상대방에 대한 웃는 자의 우월성을 지지한다.

불일치 이론은 쇼펜하우어의 『의지와 표상으로서의 세계』에서 찾아볼 수 있다. 어떤 개념과 그것의 실재가 일치하지 않을 때, 다시 말하면 어떤 것을 기대했으나 그 결과가 이와 일치하지 않을 때 웃음이 나온다는 것이 쇼펜하우어의 관점이다. 예를 들면, 남극을 탐험하고, 온갖 위기를 겪고 귀환한 영웅이 커다란 냉장고를 열어 물건을 꺼내려다 냉장고에 갇혀서 얼어죽는 장면을 생각해 보자. 생사를 넘나드는 남극의 혹한을 견디고, 험한 곳을 정복한 영웅에게서는 도저히 기대하기 힘든 우연한 죽음은 기대와 결과의 불일치를 보여준다. 이런 것은 개그나 코미디에서도 자주 활용된다. 어떤 대답을 기대했는데, 그와는 완전히 다른 대답을 할 때, 기대와 결과가 일치하지 않아서 웃음이 나오는 것이다.

예술에 나타난 웃음과 울음

웃음과 예술의 관계에 관한 최초의 기록이 아리스토텔레스의 『시학』에 나온다. 이 책은 웃음을 희극의 속성으로 간주한다. 『시학』에 따르면 비극에는 무대의 주인공을 존중하고 그의 행위를 본받으려는 보수적 태도가 강조되나, 희극에는 그 반대의 동기가 존재한다. 희극은 웃음을 통해 주인공을 비웃을 목적이 더 강하다. 아리스토파네스의 『구름』이 소크라테스의 교육방식을 비웃을 목적으로 쓰여졌다는 사실은 고대의 문화적 맥락에서 웃음과 그것이 예술에서 함축하는 바를 적절히 보여준다. 웃음은 결함이나 수치스러운 행위를 비웃는다. 이런 의미에서 아리스토텔레스는 웃는 자의 우월적 지위를 희극의 정의에 활용하기도 했다. 웃음을 문학에 활용하는 대표적인 장르가 희극인데, 그 예가 『구름』에 잘 나타난다.

희극의 본질은 웃음인데 희극은 뭔가를 비웃고 조롱하기 위해 쓰여지는 경우가 많다. 그렇다면 이 작품은 무엇을, 누구를 비웃기 위해 쓰여졌을까? 바로 그와 동시대를 살았던 소크라테스였다. 보수적이었던 아리스토파네스는 소크라테스의 "너 자신을 알라"라는 계몽적 철학 행위와 그를 중심으로 아테네에서 행해지는 새로운 교육방식을 궤변으로 파악하고, 이를 비판할 목적으로 이 희극을 썼다. 희극이 본질상 웃음을 통해 특정 인물이나 시대적 사건을 비웃는다는 점은 일반적인데, 이 작품은 당시 아테네에서 아카데미를 열어 젊은이들을 교육하던 소크라테스를 보수적이던 아리스토파네스가 궤변론자로 간주하여 비판하기 위해 썼던 것이다. 실제로 이 작품이 쓰여지고 나서 20여 년 후, 즉 기원전 399년에 소크라테스는 신을 모독하고 젊은이들을 위험에 빠뜨린 궤변론자라는 혐의를 받고 독배를 마셔야 했다. 소크라테스의 제자였던 플라톤도 『소크라테스의 변론』에서 이 희극작품이 스승의 참모습을 왜곡함으로써 스승이 독배를 마시게 되었다고 밝힌 바 있다. 그렇다면 소크라테스는 어떻게 희화화되었는가?

소크라테스는 작품에서 궤변을 가르치는 학원의 원장으로 묘사된다. 소크라테스는 서양에서 논리학과 합리적 사유를 토대로 제1계몽주의를 이끌었던 중심인물로 평가받고 있는데, 이 작품에서는 잘못된 궤변에 정통한 인물로 설정되어 있다. 희극적 상황은 궤변을 가르치는 소크라테스에게 자식의 교육을 맡긴다는 데에서 드러난다. 이와 같이 이 작품에서 웃음은 기대와 결과가 일치하지 않음으로써 주로 발생한다.

주인공 스트렙시아데스는 농부로 시골 사람인데, 자신보다 신분이 높은 여자와 결혼하여 여유있게 살았지만, 작품이 시작되는 당시에는 파산 직전에 처해 있다. 농부인 남편과 귀족인 아내의 결혼은 신분에 맞지 않는 결혼으로 웃음을 야기하는 희극적 상황설정이다. 스트렙시아데스가 파산의 위기에 처한 이유는 아들이 좋은 말과 마차 그리고 경마에 빠져 돈을 낭비하기 때문이다. 빚 독촉에 시달린 농부는 이런저런 궁리를 하며 어느 날 밤잠을 못자고 몸을 뒤척이다 갑자기 좋은 생각을 떠올린다. 빚 독촉을 하러 온 사람들을 떨쳐버릴 궤변을 배우기 위해 아들 페이디피데스를 웅변 학원에 보내겠다는 것이 바로 그것이다. 웅변학원은 생각하는 법과 말하는 법을 가르치는 학원으로, 소크라테스와 카이레폰이 이 학원에서 사기적인 화술을 가르치고 있다. 이 학원은 그러니까 재판정에서 궤변으로 정의를 이기는 사기적인 화법을 가르치는 학원인 것이다. 정론이 아니라 궤변을 가르친다는 점은 관객의 기대를 무너뜨리고 웃음을 야기한다.

소설 『장미의 이름』

"웃음은 신에 대한 두려움을 없애고, 신에 대한 신앙을 약화시킨다." 라는 작중 인물 호르헤의 말에서 알 수 있듯이, 웃음은 이 작품에서 매우 중요한 소재가 된다. 유명한 기호학자이자 작가이기도 한 이탈리아의 움베르토 에코의 소설 『장미의 이름』(1980년)은 겉으로 보면, 14세기 이탈리아의 어느 수도원에서 벌어진 살인사건의 범인을 추적하는 범죄소설일 뿐이다. 그러나 기호학적 관점에서 볼 때, 이 작품은 매우 복잡한 의미구조를 지닌다. 14세기는 중세가 끝나고 르네상스로 넘어가는 변혁의 시대였고, 신의 권위가 무너지기 시작하는 시대였다. 이와 같은 신의 권위의 해체와 웃음이 어떤 관계에 있는지 살펴보는 것도 이 작품을 이해하는 중요한 관점이다.

웃음 내지는 그것이 본질을 이루는 문학장르인 희극에 관해서 수도원내 도서관 사서이자 카톨릭 광신도인 호르헤와 신부인 윌리엄은 서로 다른 견해를 보인다. 윌리엄은 웃음에 대해 긍정적이다. 웃음은 독단에 빠질 수 있는 위험을 막는 초연함을 가져다 줄 수 있기 때문이다. 즉 독단으로 흐를 때, 이를 막고 통제하여, 넘어설 수 있는 계기를 마련하는 것이 웃음이라는 것이다. 귀족이나 왕족의 세계관을 재현하는 비극과 달리 웃음과 희극은 보통사람 혹은 비천하고 어리석은 사람의 이야기로서 웃음에는 선을 지향하는 힘을 담고 있기에 교육적인 가치가 있다는 것이 윌리엄의 관점이다. 소설에서 윌리엄은 이렇게 말한다.

희극은 기지가 번득이는 수수께끼와 예기치 못한 비유를 통해 그 실상을 다시 한 번 심중하게 하고, 아하 실상은 이러한 것인데 나는 모르고 있었구나 라고 감탄하게 만든다.

이처럼 희극과 웃음이 잘못된 현실을 비판하고 수정할 수 있는 나름대로 진리에 도달하는 방식이라는 것이 대체로 윌리엄의 견해다. 그러나 보수적인 가치를 중시하는 호르헤에 따르면 웃음은 신의 창세의 뜻과 권능을 더럽히고 신위 권위를 무시하기 때문에 타락의 표현이다. 웃음이란 기존의 세계를 변화시키는 무서운 힘으로, 기독교적 세계관을 전복하고 신의 뜻이 아닌 인간의 이성이 주도하는 세계를 탄생시킬 위험 인자다. 말씀의 권위로 존재하는 예수는 한 번도 웃지 않았다라는 호르헤의 관점은 그가 왜 아리스토텔레스의 『시학』 2부인 희극론의 유포를 필사적으로 막으려 했는지를 알게 해준다. 윌리엄의 편에 서든 아니면 호르헤의 편에 서든, 웃음은 기존의 가치를 비판하고 비웃으며, 이를 넘어설 수 있는 능력이 있음이 이 작품에서 드러난다. 여기에서 웃음의 우월성 이론이 뒷받침된다.

영화 〈아이즈 와이드 셧〉

스탠리 큐브릭 감독이 1999년에 제작한 〈아이즈 와이드 셧〉은 오스트리아 작가 슈니츨러의 단편 『꿈의 노벨레』(1925)를 원작으로 각색한 영화다. 원작은 세기말 비인의 한 중산층 부부의 의식과 무의식에 담겨 있는 욕망을 분석한 작품이다. 비엔나 모더니즘을 대표하는 슈니츨러는 프로이트에게서 무의식 이론을 배운 오스트리아의 작가로, 무의식에 의해 의식의 세계가 끊임없이 조종된다는 내용을 작품에 반영하여 이 단편을 썼다. 남편 프리돌린과 아내 알베르티네의 일상은 끊임없이 무의식 속에 잠재되어 있는 성적인 욕망에 의해 흔들린다. 의사인 남편은 고객인 궁정고문관의 빈소에서 그의 딸의 유혹을 받거나 가면무도회에서 벌어지는 난교파티나 창녀의 유혹에 빠져들려고 하는데, 그때마다 의식적으로 무의식적 욕망을 극복한다. 그러나 아내의 경우는 다르다. 그녀는 무의식 속에서 자신의 성적인 욕망과 유혹에 굴복하는 경향이 있다. 보수적인 남편과 개방적인 아내의 모습이 대비된다. 아내는 휴가지에서 해군 대령의 유혹에 넘어가고 싶은 욕망을 강력하게 느낀다.

영화에는 세 번에 걸친 아내의 웃음이 눈에 띈다. 한번은 꿈 속에서 해군 대위와 간통을 벌이는 장면을 연상하며 아내는 남편을 향해 웃는다. 남편은 성적 유혹에 쉽게 넘어가려는 아내의 상태를 비난하며, 자신은 그런 유혹이 생겨도 의식적으로 욕망을 억제한다고 말하자, 아내는 그런 남편을 향해서 폭소를 터트리며 이렇게 말한다.

〈아이즈 와이드 셧〉의 한 장면.

> 그가 나에게 키스를 하고 있었어. (…) 그런 다음 난, 난 다른 남자들과 섹스를 했어. 너무 많았어. 얼마나 많은 남자들이랑 그랬는지 모르겠어. 그리고 나는 당신이 이 모든 남자를 품에 안기 있는 나를 볼 수 있다는 걸 알았어. 난, 난 당신을 놀리고 싶었어. 당신 얼굴에 대고 웃어주고 싶었어. 그래서 내가 할 수 있는 한 크게 웃었지.

이 대목은 성적 욕망을 억누르는 남편을 아내가 비웃는 대목으로 아내는 우월한 위치에서 남편을 비난하고 비웃는다. 이것도 웃음의 우월성 이론을 뒷받침한다.

이제 다른 장면을 보자. 파티에 다녀온 후 부부가 침실에서 마리화나를 피우며 지난 밤 파티에서 벌어진 일에 관하여 대화를 나누는데, 아내가 갑자기 자지러지게 웃는다. 아내는 남편에게 왜 질투하지 않는지를 따지자, 남편은 자신은 아내를 믿기 때문에 아내에 대해 질투하지 않는다고 말한다. 이 말을 들은 아내가 갑자기 웃음을 터뜨린다.

마지막 가면무도회에 참석한 후, 집에 돌아온 남편에게 아내가 간밤의 꿈이야기를 들려주며 간드러지게 웃는 장면이 있다. 꿈에서 아내는 여왕의 유혹을 거절하여 죽음의 위험에 노출되면서도 아내에게 신의를 지키려는 남편이 마침내 고문을 당하며 비참하게 죽어가는 모습을 보고 폭소를 터뜨린다.

세 번에 걸친 아내의 웃음은 따라서 남편에 대한 비웃음이다. 자신은 결혼이라는 제도를 넘어설 준비가 되어 있는데, 남편은 이에 구속받고 있음을 아내는 비웃으며 우월감을 느끼는 것이다.

차라투스트라, '크게 웃는 자'

니체의 철학 체계가 시민사회의 전통적인 사유방식을 무너뜨리는 데에 있다는 점을 염두에 두면, 이 철학자에게서 웃음의 중요성을 짐작할 수 있다. 앞에서 이야기했듯이, 웃음은 대체로 우월한 위치에서 열등한 것을 비판하고 수정하는 능력이 있다. 이를 입증하듯 그의 대표작으로 꼽히는 『차라투스트라는 이렇게 말했다』의 주인공 차라투스트라의 속성은 '크게 웃는 자'이다. 니체의 분신으로도 볼 수 있는 차라투스트라는 기존의 질서, 즉 시민사회의 가치들을 웃음으로 비웃는다. 시민사회에서 영원한 것으로 간주되는 도덕, 진리의 허구성을 차라투스트라가 비판하고 폭로하는 대목은 이를 잘 보여준다. 진리란 특정한 순간 특정한 사람들이 만들어낸 순간적인 약속일 뿐 결코 영원불변하고 보편적인 것이 아니고, 나아가 지배계급의 세계관에 맞는 것이 도덕일 뿐 그 자체로 도덕적인 것은 존재하지 않는다는 것이 니체의 관점이었다. 이런 의미에서 언제든지 진리란 거짓이 될 수 있고, 도덕은 비도덕으로 바뀔 수 있다. 차라투스트라는 진리와 거짓, 도덕과 비도덕의 경계를 자유롭게 넘어서는 인물이고, 이런 의미에서 전통적인 인간의 범주를 넘어서는 초인인데, 차라투스트라를 초인으로 만들어주는 속성이 웃음이다.

성경에서의 웃음

성경에 웃음이 나오지 않는 이유는 우월성 이론으로 설명할 수 있다. 기독교는 말씀의 권위를 강조하는데, 그 논거가 구약 「창세기」에 나와 있다. 이에 따르면 기독교의 신은 말씀으로 세계를 창조했다. 신의 말씀은 창세의 근원이고, 세계는 곧 신의 말씀이어서, 이것은 절대적인 권위를 갖고, 따라서 늘 복종하여야 할 존엄이다. 불교와 달리 기독교의 성경에 웃음이 자주 등장하지 않는 이유도 여기에 있다. 웃음은 복종이 아니라 도전이기 때문이다. 웃음이 지니는 기성의 질서를 해체하는 힘을 염두에 둘 경우, 성경에서 웃음을 찾아보기 어렵다는 점은 결코 놀라운 일이 아니다. 염화시중의 미소나 보리달마의 웃음과 같이 웃음이 흔한 불교와 달리 유일신의 전능을 강조하는 기독교에는 웃음이 없다. 불교는 굳어진 우상과 관념을 거부하고, 만물의 공함을 깨닫는 것을 해탈의 길로 설정하지만, 기독교에서는 권위로서의 성경 말씀을 충실하게 실천하는 데에서 구원의 가능성을 찾으려 하기 때문이다. 불교는 세상의 모든 것들이 변하고, 고정불변한 실체를 가지고 있지 않다는 점을 강조하면서, 이런 것들에 얽매이지 말고 넘어설 것을 강조하는데, 그런 맥락에서 웃음은 불교에서 중요한 역할을 한다.

성경에도 그러나 한차례 웃음이 등장한다. '사라의 웃음'이 그것이다. 「창세기」 18장 9절 이하에 나오는 사라는 아브라함의 아내로 남편 나이 백 살, 자기 나이 아흔 살이 되어도 아들이 없다. 믿음이 뛰어난 사라가 아들이 없음을 한탄하는 것을 듣고 하나님이 아들을 낳게 해주겠다고 약속하나, 이미 사라의 경수는 끊어졌는지라 사라는 이 약속을 듣고도 웃고 만다. 사라의 웃음은 신의 약속을 믿지 못하는 비웃음으로, 신의 권위에 대한 도전을 뜻한다. 여기에서도 웃음의 우월성 이론이 적용될 수 있다.

비극에서의 울음

인간은 다양한 상황에서 운다. 엉엉 우는 경우도 있고, 흐느낄 때도 있으며, 겉으로는 드러나지 않지만, 마음속에서 우는 경우도 있다. 통증 때문에 몸이 아파서 울기도 하고, 심리적으로 고통스러워서 우는 경우도 있다. 그 외에도 우울하거나 슬퍼서 혹은 향수에 젖거나 분노해서 울기도 하고, 또 심지어는 기뻐서 혹은 감동해서 울기도 한다. 또 너무나 기쁠 경우에도 울음이 나올 수 있다. 이처럼 인간은 다양한 상황에서 울음이라는 신체적 반응으로 대응한다.

인간은 왜 울까? 여기에 대해서 철학자들은 나름대로 답변을 내놓는다. 다윈에 따르면 인간은 서로 간에 의사소통을 하는 방식으로 울기도 하고, 또 인간의 육체와 영혼을 보호하기 위해서 울기도 한다. 울음을 통해서 자신의 감정을 상대방에게 표현하거나 육체적인 통증이나 정신적인 고통을 줄일 수 있다. 특히 후자의 경우의 대표적인 장르가 비극이다. 비극의 카타르시스는 울음을 통해서 가능해진다.

비극은 관객이 무대의 주인공에 감정이입함으로써, 자신이 마치 주인공이 된 듯한 착각에 빠지고, 주인공이 처한 난관과 파멸에 연민과 두려움을 느낌으로써 카타르시스에 이르도록 설계되어 있다. 연민을 엘레오스eleos라고 하고, 두려움을 포보스phobos라고 하는데, 이 두 감정이 적절히 결합하여 카타르시스와 눈물을 만들어낸다.

아리스토텔레스에 따르면 비극의 최종 목적은 카타르시스에 있다. 카타르시스란 그리스어로 '배설'을 뜻하는데, 단순히 공연 도중 감정이입을 통해서 주인공의 고난을 함께 경험했던 관객이 공연이 끝난 후 안도의 한숨과 눈물을 흘리는 것을 의미하는지, 아니면 인간의 내면에 남아 있는 악한 마음의 배출까지를 염두에 둔 개념인지에 관해서는 여전히 논란이 있다. 비극의 관객은 주인공이 겪는 고난과 파멸을 체험하면서 공연이 끝난 후에 후련한 마음에 눈물을 흘릴 수 있고, 이것이 배설을 뜻하는 카타르시스의 본래 의미일 수도 있다. 그러나 카타르시스라는 개념은 비유적으로 악한 마음이 배출되는 것을 뜻할 수도 있다. 아리스토텔레스가 의도했던 비극의 기능이 무엇인지를 더 깊이 있게 살펴보기 위해서는 그의 예술론 일반이 지향하는 바를 고려해 보아야 한다. 예술을 통해 진선미의 세계를 만들어 나가려는 의도에서 예술의 도덕적 기능을 강조했던 아리스토텔레스의 철학과 당시 그리스의 문화적 토대를 염두에 둘 경우 후자와 더 깊은 관련을 맺고 있을 것으로 보인다.

아리스토텔레스는 비극의 구조를 연민과 공포의 상호작용을 통해 설명한다. 비극이란 관객이 주인공에 감정이입을 함으로써, 주인공의 고락을 마치 자신의 그것인 듯이 받아들이고, 연극이 끝난 후 안도의 한숨을 내쉬게 해주는데, 안도의 한숨은 그 자체로 남지 않고, 도덕적인 선을 장려하는 기능을 한다. 아리스토텔레스가 보다 효과적으로 카타르시스에 도달하기 위해 연민과 공포라는 이중적인 작용을 강조한 이유도 여기에 있다. 관객은 연민을 통해 주인공에 감정이입하며, 공포를 통해 주인공이 겪는 운명을 더욱 강렬하게 체험한다.

비극은 대체로 갈등이 발생하여 정점에 이른 후에 파국에 이르는 과정으로 되어 있는데, 이것은 상승과 반전의 구조를 보여준다. 대체로 인긴의 심리체험은 자극기관의 고양과 하강으로 이루어져 있는데, 비극의 상승과 반전은 이러한 심리체험의 진행과정과 일치한다. 극의 갈등이 상승하는 과정에서 인간의 자극기관은 고양되고, 이때의 정서는 주인공이 겪은 극심한 갈등으로 인한 두려움이 주류를 이룬다. 그러다 극의 전환이 시작되면서, 주인공은 서서히 파멸의 길로 접어들고, 이 과정에서 관객은 주인공에 연민을 느끼기 시작한다. 주인공의 몰락에 관객은 탄식을 하게 되는데, 이것이 주인공에 대한 연민의 결과인 것이다. 나아가 관객은 주인공이 겪는 고통과 파멸이 자신에게도 일어날 수 있다는 사실로 인해 공포를 느낀다. 연민과 공포 그리고 이를 통한 카타르시스라는 비극의 구조적 속성이 이렇게 해서 나타난다. 관객은 눈물을 통해 스스로를 주인공과 동일시하고, 동일시는 관객이 주인공을 본받게 해준다. 이를 통해 주인공의 덕성을 관객은 내면화한다. 눈물이 기존의 가치를 지키고 보존하며, 이런 점에서 웃음과 크게 대비되는 이유도 여기에 있다. 웃음이 연극의 주인공을 비판하고 비웃는데 반해, 울음은 주인공을 본받고 주인공의 가치를 보존하려고 한다. 비극에서 눈물이 도덕적 기능과 연관된 이유도 여기에 있다.

비극에서 관객은 파멸하는 주인공을 보며 연민과 공포에 휩싸이다, 극이 끝난 후 안도의 한숨을 내쉬며 카타르시스에 이른다. 이 과정에서 관객은 주인공의 엄청난 운명적 파멸 앞에서 수동적으로 될 뿐만 아니라, 비극의 구조상 대개 휴머니즘적 품위를 보여주는 주인공을 모방하려는 경향을 보여준다. 주인공의 파멸과 이로 인한 관객의 눈물이 비극적 작용의 본질이라는 점을 염두에 두면, 눈물은 관객을 수동적으로 이끈다. 수동적이라는 말은 비극의 관객이 결코 주인공을 초월할 수 없음을 뜻한다. 관객은 기껏해야 주인공의 작용범위 안에 머물며, 주인공을 닮아가려는 경향을 보인다. 즉 관객은 주인공의 영향을 그대로 받아들일 뿐이고, 이런 점에서 비극의 관객은 수동적이다. 고대 그리스에서 비극이 장려된 이유 가운데 하나도 여기에 있을 것이다. 그대 그리스의 집정자들은 비극과 눈물을 통해 작용하는 관객의 수동성, 즉 기존의 가치와 도덕을 지켜가려는 마음가짐에 주목했고, 이것이 고대에 아크로폴리스를 중심으로 비극이 대대적으로 장려된 이유 가운데 하나였다. 고대에는 아크로폴리스를 중심으로 신전과 경기장 외에 반드시 극장이 함께 있었다. 고대의 문화적 풍토에서 극장은 단순한 여가 활동을 뒷받침하는 데에 그치지 않고, 비극을 대대적으로 홍보하고 장려하는 중요한 매개체 역할을 했고, 이를 통해 공동체를 유지하고 도덕을 지켜 나가는 파수꾼과 같은 역할을 했다. 고대 그리스와 로마의 도시들은 극장에서 비극을 관람함으로써 휴머니즘에 터전을 둔 자신들의 도덕과 가치체계를 유지할 수 있었던 것이다.

그렇다면 울음과 웃음은 모두 위기의 상황, 다시 말하면 일상적이고 낯익은 상황이 아닌, 돌발적인 한계상황에서 인간이 이를 받아들이거나 적응하기 위하여 일으키는 반응이라고 볼 수 있다. 그러나 차이도 있다. 웃음은 웃는 자가 웃음의 대상보다 위에 있을 때 나온다. 웃음의 우월성 이론이나 불일치론 모두에서 웃는 자는 웃음의 대상의 본질을 꿰뚫고 있다. 우월한 위치에서 내려다보며 웃는 것인데, 이런 의미에서 웃음은 상당 부분 비웃음을 동반한다. 그러나 울음은 울음의 대상보다 우는 자가 아래에 있을 때 나타난다. 이해할 수 없는 충격을 넘어설 수 없을 때, 울음이 나온다. 우는 자는 울음의 대상이 되는 사태의 복합성을 꿰뚫어 보지 못하는 것이다. 그러나 어느 쪽이든, 인간에게는 비일상적이고 한계적인 상황일 수밖에 없고, 인간은 웃음으로써, 그리고 울음으로써 이러한 상황을 넘어서려고 하는 것이다.

참고문헌

아리스토파네스, 『아리스토파네스 희극 전집』, 천병희 옮김, 도서출판 숲, 2010.

움베르토 에코, 『장미의 이름』, 이윤기 옮김, 열린책들, 2009.

Friedrich Nietzsche, *Also sprach Zarathustra*(『차라투스트라는 이렇게 말했다.』) -*Ein Buch für Alle und Keinen*, in: Kritische Studienausgabe in 15 Bänden Sigle: KSA, hrsg. von Giorgio Colli und Mazzino Montinari, München und New York, 1980.

9

권태와 순간

"권태는 모든 것의 토대를 무너뜨린다. 심지어 죽을 용기마저도"

2012년 정지우 감독의 영화 〈은교〉는 박범신의 소설 『은교』를 영화로 만든 것인데, 등장인물로는 나이 많은 노시인 이적요와 그의 제자 서지우, 그리고 어린 여고생 은교가 있다. 70대 노시인 이적요는 지극히 일상적이고 단조로운 삶을 산다.

영화의 첫 장면에서 이적요가 사는 집은 매우 적막하고 생기라고는 찾기 힘들다. 다 식은 밥에다 김치 한 가지를 놓고 식사하며, 늙어서 쭈굴쭈굴해진 자신의 몸을 바라보는 장면은, 70세라는 나이로 인해 이제 죽음을 앞둔 늙은 시인의 모습을 그대로 잘 보여준다. 시인의 이름 "적요"라는 말처럼 적적하고 외로운 삶을 살아가는 노시인에게는 시간의 흐름이 거의 느껴지기 어려울 정도로, 늘 단조롭고 외로운 일상이 전개된다. 서재에서 작품을 쓰고, 밥을 먹는 생활이 일상이고, 그 외에는 다

〈은교〉의 한 장면

른 일들이 일어나지 않아서 아무런 변화도 느낄 수 없다. 이적요는 작품은 쓰지만 발표를 하지 않아 더욱 더 변화와 생동감을 느낄 수 없다. 그러나 그의 제자 서지우는 젊고 패기 넘치는 문학청년으로서 재주는 스승에 비해 훨씬 못하지만, 완숙기에 들어선 스승의 문학적 창작력을 부러워하며, 때로는 스승의 작품을 자기 이름으로 발표하기도 하는 등 활발하게 대외활동을 한다. 어떻게 보면, 이적요와 서지우는 이중자아로 볼 수도 있겠다. 정신적 세계와 육체적 세계의 대립이 이적요와 서지우로 나타난다고 볼 수도 있다. 70대 노시인으로서 이적요는 육체적으로 왕성한 활동을 할 수 없고, 따라서 시간은 늘 변함없이 단조롭게 흘러가지만 서지우는 그 반대다. 이런 상황에서 은교라는 17세의 꽃다운 여고생이 이적요의 집에 나타나고, 시인은 이 소녀와 사랑에 빠진다.

이적요가 겪는 단조로운 삶은 하루하루가 늘 똑같다는 데에서 비롯되는데, 이것은 권태의 표현이다. 늘 습관적으로 반복되는 생활의 패턴이 그대로 유지되고 변화란 찾아볼 수 없다. 원고를 쓰고, 여기저기서 온 우편물을 받아보고, 늘 똑같은 반찬에 밥을 먹고, 이렇게 보내는 일상은 무척 단조롭고, 시간의 변화에 따른 생활의 변화는 거의 나타나지 않는다. 권태가 일상화되는 것이다.

괴테의 『파우스트』의 경우

유사한 내용이 괴테의 『파우스트』(1773~1831)에 나타난다. 파우스트는 늙은 학자로서 세상의 근본에 존재할 것으로 믿는 하나의 원리를 깨닫기 위해 철학과 의학 그리고 신학을 비롯한 온갖 학문들을 다 연구하지만 끝내 이를 밝혀내지 못하고 마침내 우울증에 빠진다. 파우스트가 평생 추구했던 자신의 노력이 실패하자 멜랑콜리에 빠지는데, 이 상태에서 그는 시간의 흐름을 전혀 느낄 수 없는, 즉 어제가 오늘 같고, 오늘이 내일 같은 상황에 처한다. 이것은 바로 권태에 다름 아니다. 변화 없는 단조로움에서, 삶 자체가 부담이 되어 죽고 싶은 충동을 느끼는데, 이것은 우울과 권태의 전형적인 모습이다. 그 장면이 『파우스트』 1부, 밤 장면에 잘 나타난다. 작품에는 이렇게 묘사되어 있다.

> 오오, 너 온누리에 가득 찬 달빛이여, 내 고통을 내려다보는 것도 마지막이었으면 싶구나. 얼마나 많은 밤 잠 못 이루며, 이 책상 앞에서 널 지켜보았던가. 그때마다, 애수에 찬 벗이여, 넌 내 책들과 종이 너머로 나를 비춰주었지! 아아! 사랑스런 네 빛을 받으며 높은 산 위를 거닐 수 있다면 오죽 좋으랴. 산 속 동굴 앞에선 정령들과 노닐고, 어슴푸레한 네 빛을 안고 초원 위를 배회하며, 온갖 지식의 안개에서 벗어나 네 이슬을 맞으며 상쾌한 목욕을 할 수 있다면! 슬프다! 아직도 난 이 감옥에 처박혀 있단 말인가? 이 저주받

을 답답한 벽 속의 골방, 이곳엔 저 다정한 하늘의 빛까지도 채색된 창유리를 통해 침울하게 비쳐드는구나! 방이 비좁도록 들어찬 이 책더미, 좀이 슬고 먼지가 뒤덮인 채 높은 원형 천장까지 맞닿아 있다. (…) 이것이 너의 세계이다! 이것도 세계라고 할 수 있을까?

〈은교〉의 이적요나 『파우스트』의 파우스트가 사랑에 빠지기 전에 처한 상태는 아무런 생기도 찾을 수 없고, 아무런 변화도 없는 상태, 바로 권태의 상태다. 이들은 사랑을 통해서 권태에서 빠져 나온다. 여기서 사랑은 단순히 육체적인 사랑만을 의미하지는 않는다. 그 증거를 〈은교〉에게서 찾을 수 있다.

은교는 비오는 날 밤 엄마에게서 매를 맞고 친구집에 가려다 이적요의 집을 찾는다. 비에 흠뻑 젖은 은교는 이적요의 「동백꽃」을 읊조리고, 엄마의 발뒤꿈치에 대해 이야기한다. 은교는 침대에 엎드려 자기 교복을 말려주는 이적요를 바라보는데, 그 눈빛은 노시인에 대한 사랑을 담고 있다. 결국 은교는 이적요의 침대로 파고 들어와서 잔다. 이 순간, 즉 은교가 이적요의 침대로 파고 들어와서 자는 대목은 육체적 욕망과는 거리가 멀어 보인다. 은교는 노시인에 대한 존경심과 노시인의 따뜻한 마음에 감동한다. 은교와 노시인 그리고 제자가 산에 갔을 때, 은교는 엄마가 준 손거울을 떨어뜨리고, 노시인은 험한 절벽을 내려가서 손거울을 가져다주는 모습에서 노시인이 은교를 대하는 따뜻한 마음이 표현된다. 은교는 노시인에게 그때의 기분을 이렇게 말한다. “그때 그 순간, 온도, 습기, 따뜻함, 아무리 얘기해줘도 절대로 느낄 수 없는 게 있잖아요.”

은교도, 노시인 이적요도, 권태에서 벗어나기 위해 사랑을 한다. 아니 사랑을 통해서 권태에서 벗어난다. 여기서 사랑은, 그것이 육체적이든, 정신적이든, 순간적 엑스타시의 상태를 뜻한다. 목숨을 걸고 위험을 무릅쓰고 절벽에서 거울을 가져다주는 이적요의 따뜻함에서 순간적으로 은교는 사랑의 감정을 느끼는 것이다. 사랑을 통해서 은교는 진부한 일상, 권태로운 삶에서 벗어날 수 있다. 권태와 순간의 본질이 바로 여기에 있다. 은교가 서지우와 차 안에서 대화를 나누면서 "나한테 왜 그러는 거예요? 제가 좋아서 그런 거예요?"라고 묻자, 서지우가 "외로워서 그런다"라고 말하는 대목이 있다. 인간의 삶은 원래 그 근본이 외로움이고 권태다.

권태란 무엇인가?

사전적 의미에서 권태란 특별히 할 일이 없고 관심을 끄는 것도 없는 단조로운 상태의 지속을 가리킨다. 권태는 의미의 상실, 흥미의 소멸을 뜻한다. 의미의 상실과 권태의 관계에서 어느 것이 먼저인지 따지기는 어렵다. 권태롭기 때문에 의미가 상실되는 것인지, 아니면 의미가 상실되기 때문에 권태로운 것인지 확실하게 말할 수는 없지만, 권태와 의미 상실은 동전의 양면이다. 권태와 의미 상실의 관계를 보여주는 다른 예는, 언제 권태가 발생하는지를 생각해 보면 알 수 있다. 권태는 일반적으로 우리가 하고 싶은 것을 할 수 없거나, 우리가 하고 싶지 않은 것을 해야 할 때 발생한다. 이렇게 우리가 의미를 부여할 수 없는 일을 하는 것 혹은 의미를 부여하는 것을 하지 못하는 상황에서 권태는 발생한다. 권태는 시간과 관련이 있다.

대체로 시간은 변화를 동반하는데, 단조롭다는 말은 시간의 흐름이 끊긴다는 것을 의미하고, 따라서 권태란 마치 시간이 흐르지 않는 것과 같은 상태, 따라서 삶이 단조롭고 아무런 변화도 보여주지 못하는 상태와 관련된다. 즉 공허하고 무의미한 시간이 지속되는 것이 권태다. 독일의 철학자 가다머는 이렇게 말한다. "시간이란 어차피 사라지는 것이 아닐까? 그러나 시간이 의미 없이 계속된다고 느껴질 때가 있다. 즉 의미 없이 머무는 시간, 그리고 이것이 너무 길게 느껴지고, 따라서 고통스러운 권태처럼 느껴지는 시간이 있다." 이렇게 시간은 의미 없는 시간의 흐름이 길게 느껴지는 것을 말하는데, 독일어로 권태를 Langeweile 이라고 표현하는 이유도 여기에 있다. lange는 '오랜'을 뜻하고 Weile는 '의미 없이 머무는 것'을 뜻한다. 실제로 권태로울 때 사람들은 시간을 어떻게 해야 할지를 모른다. 시간을 활용할 능력이나 의욕 자체가 소멸한 상태를 권태라고 하는 것이다.

권태는 주로 근대의 산물인데, 중세에는 권태라는 단어 대신에 acedia(게으름)이라는 단어를 더 많이 사용했다. 이것은 최악의 죄로 간주되었는데, 바로 이 게으름에서 다른 모든 악들이 나온다고 믿었기 때문이다. 현세에서 열심히 일하고 신을 믿을 것을 가르쳤던 기독교의 입장에서 게으름이란 신에 대한 모독이고 중요한 죄였다. 특히 기독교가 보편화된 중세에 신은 완전하기에 권태를 느낄 수 없고, 또 신을 믿는 신앙인이 권태를 느낀다는 것은 신의 완전함에 대한 부정을 의미하기 때문에 큰 죄에 속했다. 권태는 불쾌감을 동반하기 때문에 쾌감을 특징으로 하는 '한가함', '느긋함'과 구분된다. 권태는 삶과 존재 전체를 불만족스럽게 만들기 때문에, 매우 부정적인 인간의 감정이었다.

권태와 근대

권태는 인간에게 매우 친숙한 감정의 하나임은 틀림없다. 키에르케고르는 이렇게 말한다.

신들은 지루해서, 인간을 만드셨다. 아담은 혼자있기 때문에 지루해서, 이브가 태어났다. 이 순간부터 권태가 세상에 오게 되었고, 인구수가 증가할수록 더욱 더 권태는 늘어만 갔다.

이 인용문은 인간의 삶, 특히 외로움과 고독에서 권태가 발생함을 강조한다. 유사한 관점을 니체도 보여준다. 니체는 세상을 창조해 나가던 과정에서 이미 7일 차에 이르러 하느님이 권태를 느꼈다고 말한 바 있다. 이 말은 6일 차까지 세상을 만들다가, 7일 차에 이르러 쉬게 되었는데, 이것이 권태의 결과라는 것이다. 물론 키에르케고르가 말하는 아담이나 니체가 말하는 신이 권태를 느꼈을 가능성은 없다. 권태는 근대의 산물이기 때문이다. 근대는 인간이 선악에 관한 판단, 이성적인 판단을 신뢰하기 시작한 시대인데, 적어도 파라다이스의 상태, 즉 인식의 열매를 아담과 이브가 따먹기 전에는 인간에게 권태란 존재할 수 없다. 파라다이스에서는 전지전능한 신이 있었고, 인간은 모든 것을 신에게 맡길 수 있었기 때문이다. 이런 상태, 즉 선악의 판단을 내릴 수 없었던 상태에서 인간이 권태와 권태가 아닌 상태를 구별할 수는 없었을 것이다. 불교에서 일체의 인식이 끊어진 상태, 일체의 사고와 생각이 멈춘 상태를 선정禪定이라고 말하고, 이런 상태에 들어가는 것을 선정에 든다고 말하는데, 선정의 상태에서는 인간의 오감이 모두 차단되기 때문에 권태를 느끼지는 않는다는 사실을 염두에 두면, 파라다이스의 상태에서 인간이 권태를 느낄 수는 없었을 것이다.

그러나 삶에 대한 싫증이 인간 존재의 일반적인 현상으로, 즉 광범위한 문화적 현상으로 자리잡게 된 것은 근대인데, 근대의 출발점을 1800년으로 보는 것은 매우 일반화된 관점이다. 근대 이전에 권태는 귀족과 성직자를 중심으로 한 일부 신분에 국한된 현상이었는데, 근대 이후에는 권태가 일반인의 삶에 보편적으로 드러났다. 모더니즘의 시작에 낭만주의가 존재하는데, 낭만주의의 가장 일반적인 주제들이 권태였다는 사실은 이런 맥락에서 잘 이해할 수 있다. 낭만주의 작품을 보면 현실에 적응하지 못하고, 아무런 일에도 흥미를 갖지 못하는 인물들이 광범위하게 나타난다. 그 반대편에 서 있는 인물들은 이성적인 인물들이고, 이들은 현실에 잘 적응하여 사회적으로 성공을 거두는데, 낭만주의 문학의 주인공들은 대체로 현실에 적응하지 못하고 외딴 방에 처박혀 시간의 흐름을 제대로 느끼지 못하는 인물, 따라서 권태에 사로잡혀 있는 인물로 묘사된다. 이것은 권태가 근대의 산물로서, 근대에 와서 폭넓게 나타난 현상이었음을 보여준다.

근대 이전에 권태는 귀족과 성직자들에게 국한된 현상이라는 점은 권태의 발생을 유추해볼 수 있는 사회경제적 조건이 무엇인지를 분명하게 보여준다. 귀족과 성직자들은 생계를 꾸리기 위해 돈을 벌지는 않는다. 그런데도 삶의 물질적 여건이 풍족한 귀족들, 부족함이 없는 성직자들은 권태를 느꼈다. 그 이외의 신분의 사람들은 살아가기 위해 돈을 벌어야 했고, 이런 상황에서 권태나 게으름은 나타날 수 없었다. 결국 이 말은 권태가 물질적인 풍요의 산물임을 뜻한다. 인간은 물질적으로 풍요로울수록, 더 많은 권태를 느낀다는 것은 역설이지만 사실이다. 물질적 풍요와 권태의 상관관계는 어떻게 이해해야 할까?

근대는 물질적으로 풍요로운 시대다. 더불어 근대는 인간이 공동체에서 벗어나, 자기 스스로 완전한 존재라는 의미에서 개인(Individual, 어원은 '더 이상 나누어질 수 없는 존재')으로 살아갔던 시기였다. 고대의 도시 공동체나 중세의 신 중심의 공동체가 인간의 삶 속에 확고하게 자리잡고 있을 때, 인간은 공동체에 의미를 두었고, 따라서 자기 자신을 드러낼 수 없었다. 즉 인간은 스스로 완전한 존재라는 의미에서 개인이 아니었던 것이다. 그러나 근대가 시작되면서, 인간은 공동체에서 독립하고 스스로 완전한 존재라고 여긴다. 이런 맥락에서 보면, 권태란 의미의 완전성이 무너질 때 발생한다. 다른 말로 하면, 공동체의 존재가 가능할 때, 그리고 공동체가 인간의 삶에 의미를 부여할 수 있을 때 인간은 권태를 느낄 수 없었다. 그러나 근대가 시작되면서 인간은 공동체에서 분리된 개인이 되었고, 더 이상 공동체와 관계를 맺지 못한다. 이와 더불어 인간을 둘러싼 사회나 문화가 제시하는 의미의 완전성도 무너진다. 의미의 완전성, 혹은 공동체의 존재가 불가능해질 때, 인간은 삶에서 의미를 찾기가 어렵게 되고, 이것이 권태를 발생케 하는 이유가 된다.

철학과 예술에서 권태가 인간 특유의 감정으로 폭발적인 관심을 끌게 된 시기는 산업화가 급속하게 진행된 18세기 이후, 물질적인 풍요로움이 유럽인들의 일상에 폭넓게 퍼지기 시작한 19세기 중반이다. 그 증거가 권태를 뜻하는 영어 단어 boredom이 처음으로 사용된 시기가 1760년이라는 사실에서도 발견된다. 그 이후 이 단어가 언론과 문학에 사용된 빈도가 급격하게 늘어가는 현상을 염두에 두면, 권태와 근대의 상관관계가 더욱 분명해진다. 물론 영어의 boredom에 상응하는 독일어 Langeweile이 사용된 것은 이보다 약간 앞선다. 문학에서 권태란 관심을 끄는 것이 아무것도 없고, 따라서 삶이 단조롭고 지루하여 견디기 힘든 상태를 뜻한다.

근대 문학에 나타난 권태

권태가 근대의 산물이라는 근거는 모더니즘 문학의 주인공이 권태에 빠져드는 모습들이 1800년 무렵 낭만주의 소설에서 일반화되어 나타나는 데에서 찾을 수 있다. 뿐만 아니다. 근대가 발전해갈수록, 권태는 더욱 더 광범위하게 작품의 주제로 자리잡는다. 예를 들면 산업혁명에 성공한 영국이 빅토리아 여왕의 통치 아래 근대국가로 발돋움하던 이 시기에 리얼리스트 찰스 디킨스는 소설 『황량한 집Bleak House』(1852~53)을 썼다. 고도의 경제성장이 가져온 풍요로운 물질문명이 시대적 배경을 이루는 이 소설은 물질에 의해 파괴되는 인간의 내면을 영국 상류계층의 위선과 우울이라는 시각을 통해 매우 흥미있게 묘사하는데, 그 심층에는 권태가 자리잡고 있다. 작품 시작 부분에 나타나는 우중충하고 암담한 11월 런던의 분위기 묘사는 권태가 얼마나 폭넓게 이 시기 영국의 상류사회에 자리잡고 있는지를 잘 보여준다.

> 앞마당 돌계단 위에 놓여 있는 꽃병이 하루 종일 내내 비를 맞고 있다. 예로부터 유령의 거리로 일컫던 포석 깔린 넓은 도로 위에 굵은 빗방울이 밤새, 뚝, 뚝, 뚝, 떨어진다.

이런 대목은 영국 상류 사회의 분위기가 얼마나 권태롭고 단조로운지 암시적으로 드러낸다. 상류사회의 대표적인 데드록 가문은 이름에서 드러나듯이 불임, 황폐와 관련되고, "꾸물대고 떠가는 구름처럼 활기 없고 축 늘어진 나뭇가지"처럼 무기력한 세계로 표현된다. 특히 데드록 가문의 여자 레이디 데드록은 자만심이 강하고 야심있는 미모의 여인인데, 그녀의 본명인 호노리아Honoria가 암시하듯이, 애정도 없이 부와 명예만을 좇아 라이쎄스터 남작과 결혼에 성공했지만, 결국 그녀가 "얻은 승리의 전리품"은 숨막히는 권태와 공허한 자존심과 무기력한 삶뿐이다. 헛된 욕망이 커갈수록 권태도 역시 커간다는 진리가 여기에서 드러난다. 미래와 희망을 상실한 채 살아가는 레이디 데드록은 "죽고 싶을 정도로 권태로운" 삶을 살아가고, 이를 벗어나기 위해서 불륜에 빠지

디킨스의 소설 『황량한 집』의 삽화.

나, 이것은 더욱 더 커다란 악의 구렁텅이로 본인을 몰고 간다. 옛 애인 네모를 사랑하면서도 그의 곁을 떠났으며, 사생아 에스더까지도 무책임하게 버리고 돈과 명예라는 환상을 쫓아 20년이나 연상인 라이쎄스터 남작과 애정이 없는 결혼을 선택한 레이디 데드록의 모습은 근대와 권태의 관계의 핵심을 잘 보여준다.

프랑스의 천재 시인 보들레르의 시집 『악의 꽃』은 우리에게 권태를 더 친숙하게 해주었다. 제2제정기 파리가 세계의 수도로 자리잡던 1857년에 쓰여진 이 시집에는 환멸과 염세주의 그리고 멜랑콜리가 작품 곳곳에서 마치 물안개처럼 흘러나온다. 비정한 대도시의 서정, 추하고 병든 현실, 그리고 그 안에서 내쫓기는 인간이 어두움과 악에 휩쓸려드는 모습이 더없이 선명한 이미지로 제시된다. 독자에게 바친 이 시집의 「서시」는 권태를 이렇게 묘사한다.

우리 악의 더러운 가축 우리에서
짖어대고 악쓰고 으르렁거리고 기어다니는 괴물들 중에서

제일 흉하고 악랄하고 추잡한 놈 있으니
(…)
그 놈은 바로 '권태.'

때로 권태는 우울과 동일시되기도 한다.

파리는 변한다! 그러나 내 우울 속에선
무엇 하나 끄떡하지 않는다! 새로 생긴 궁전도, 발판도, 돌덩이도
성문 바깥의 오래된 거리도, 모두 다 내게는 알레고리가 되고
내 소중한 추억은 바위보다 더 무겁다.(「백조-빅토르 위고에게」)

이처럼 보들레르의 시집 『악의 꽃』은 권태의 세계에 태어난 시인의 탄생(첫 번째 시, 「축복」)에서 시작하여, 마지막 시 「여행」은 권태의 세상을 벗어나기 위해 닻을 올리는 죽음의 항해로 끝난다. 이 시집에서 권태는 우울과 거의 동의어로 사용된다. 우울, 권태 그리고 우수와 같은 단어들은 보들레르에게는 거의 동의어로 사용되고, 이것이 이 시집의 주제를 형성한다. 시집의 제목인 『악의 꽃』에서 알 수 있듯이, 우울과 권태는 악의 근원이고, 또 동시에 악에 대한 미화이기도 하다. 시 한 편을 보기로 하자.

장맛달은 온 도시에 화난 듯,
항아리째 주룩주룩 퍼붓는다.

이웃 공동묘지 파리한 주민들에겐 음산한 냉기를,
또 안개 낀 변두리 지역엔 죽음의 냄새를.(「우울」)

1행에 나오는 장맛달은 프랑스에서 1월 20~2월 19일까지의, 죽음을 연상시킬 정도로 우중충한 시기다. 이 시기에 프랑스 파리는 파고드는 습기와 추위로 가득 차며 삶의 온기가 사라지는데, 1행은 이러한 장맛달이 온 도시에 주룩주룩 항아리째 퍼붓는다고 묘사하고 있다. 퍼붓는 것은 죽은 자들에겐 죽음의 냄새다.

다음 시에서 눈은 무의미한 시간의 반복을 의미하고, 단조롭고 권태로운 일상을 암시한다. 시인은 이런 상황에서 아무것에도 흥미를 느끼지 못하고, "무관심의 산물인 권태"에 더욱 깊숙이 빠져 든다.

눈 많이 내리는 해들의 무거운 눈송이 아래
우울한 무관심의 산물인 권태가
불멸의 크기로 커질 때,
절뚝이며 가는 날들에 비길 지루한 것이 세상에 있으랴.(「우울」)

이렇게 권태가 일상화되면, 아무것에도 관심과 흥미를 느끼지 못한다. 이 시집에는 이런 시도 있다.

나는 비 많이 내리는 나라의 왕 같아
부자이지만 무력하고, 아직 젊지만 늙어버려.
(…)
강아지에도 싫증이 나고, 다른 짐승에도 싫증이 났다.
사냥감도 매도, 아무것도 그에게는 즐거움이 되지 못한다.

시적 화자는 삶의 그 어떤 것에도 더 이상 흥미와 관심을 갖지 못한다. 이것은 권태가 주류를 이루는 이 시집의 분위기를 매우 설득력 있게 보여준다. 새로움 자체가 물신화되는 문명화의 길목에서 권태가 예술에서 핵심개념으로 자리 잡았다는 사실은 아이러니이면서 슬프기조차 하다. 물질과 미래에 대한 덧없는 기대가 인간의 순수한 감성과 꿈을 송두리째 유린한다는 숨겨진 진실이 권태가 유행하는 근대에 이르러 새롭게 드러나기 때문이다.

권태를 자주 문학의 주제로 활용하였던 19세기 독일 작가 게오르크 뷔히너는 『레옹세와 레나Leonce und Lena』에서 이렇게 밝혔다. "사람들은 권태롭기 때문에 공부하고, 기도하고, 사랑에 빠지고, 결혼하고, 자식을 낳으며 그러다 마침내 죽는다." 이런 대사를 보면 인간의 삶 전체가 바로 권태에 의존하고 있음이 분명해진다. 뷔히너의 「렌츠Lenz」라는 산문에서 주인공 렌츠는 이렇게 말한다.

> 대부분의 사람들은 권태롭기 때문에 기도합니다. 또 다른 사람들은 권태롭기 때문에 사랑에 빠집니다. 또 어떤 사람들은 도덕적이고 또 어떤 사람들은 악한데, 저는 아무것도, 정말로 아무것도 할 수 없습니다. 저는 죽을 수조차 없습니다. 너무나 권태롭기 때문입니다.

프랑스의 리얼리즘 작가 스탕달은 『사랑론De L'Amour』에서 이렇게 말한다. "권태는 모든 것의 토대를 무너뜨린다. 심지어는 죽을 용기마저도 무너뜨린다." 이처럼 권태는 근대적 삶의 중요한 한 부분인지도 모르겠다. 죽은 이후에나 사라질 수 있을 정도로, 인간의 삶 속에 뿌리 깊이 각인되어 있다.

이상의 산문 「권태」

우리 문화의 맥락도 예외는 아니다. 종로의 다방에 모여든 지식인과 예술인들의 입에 모던이라는 단어가 오르내리던 시절, 거리에는 네온사인이 화려하게 밤을 비추고, 전차와 기차가 새로운 시대에 대한 기대로 가슴 설레게 만들었던 조선의 1920~30년대, 권태는 우리의 근대문화에서도 매우 중요한 감정적 반응으로 문학에 기록된다. 우리의 역사에서 이 시기는 바로 일본 제국주의의 영향을 받아, 우리 문화에 근대적 현상들이 광범위하게 나타나는 시대였다. 서양에서는 이미 1800년에 시작된 근대가 우리의 경우에는 상당히 늦게 도입되었던 것이다. 바로 이 시기에 이상은 권태를 소재로 한 수필을 쓴다. 「권태」라는 수필의 시작 부분에서 모더니스트 이상은 요양차 체류한 성천(성천은 이상 자신의 고향이기도 함)에서의 분위기를 이렇게 기록한다.

> 어서 …… 차라리 어둬 버리기나 했으면 좋겠는데 …… 벽촌의 여름날은 지리해서 죽겠을 만치 길다. 동에 팔봉산. 곡선은 왜 저리도 굴곡이 없이 단조로운고? 서를 보아도 벌판, 남을 보아도 벌판, 북을 보아도 벌판. 아아 이 벌판은 어쩌라고 이렇게 한이 없이 늘어 놓였을꼬? 어쩌자고 저렇게까지 똑같이 초록색 하나로 되어먹었노?
>
> 농가가 가운데 길 하나를 두고 좌우로 한 십여 호씩 있다. 휘청거린 소나무 기둥, 흙을 주물러 바른 벽, 강낭대로 둘러싼 울타리, 울타리를 덮은 호박 넝쿨, 모두가 그게 그것같이 똑같다. 어제 보던 댑싸리나무, 오늘도 보는 김서방, 내일도 보아야 할 흰둥이, 검둥이.
>
> 해는 백 도 가까운 볕을 지붕에도 벌판에도 뽕나무에도 암탉 꼬랑지에도 내려쪼인다. 아침이나 저녁녘이나 뜨거워서 견딜 수가 없는 염서(炎暑)가 계속이다.

제목이 말해 주듯, 이 작품은 생활에서 느끼는 권태가 핵심주제를 이룬다. 그는 성천에 도착하여 체류하는 동안에 목격한 사물이나 행위에 대해 진정한 의미가 무엇인지를 묻지만 해답을 얻지 못한다. 여기서 그는 “참을 수 없는 권태”를 느끼는데, 이것은 의미있는 삶을 희구하지만 실제로는 이와 동떨어진 삶에 무기력하게 머물 수밖에 없는 자신의 자화상이다. 흔히 염상섭의 『표본실의 청개구리』 보다 훨씬 두터운 권태를 표현한 것으로 알려진 이 작품의 인용문도 시간의 흐름에도 불구하고 변하지 않는 상태의 지속이 권태를 불러옴을 보여준다.

동서양의 근현대 문학사가 명확하게 보여주듯이, 사회의 가치관과 예술의 주제는 늘 엇갈린다. 구태여 아도르노와 같은 비판이론가의 주장을 끌어들이지 않더라도, 예술은 본질적으로 사회적 가치에 대한 항체이자 부정적 시각으로 존재함을 염두에 둘 경우, 진보와 발전 그리고 물질적 풍요가 담론으로 자리잡는 시대에 소설에서는 왜 유희와 담배, 알콜과 권태가 전면에 드러나는지가 분명해진다. 인간이 공동체에 배속되어 형이상학의 통제를 받던 고대와 중세의 예술에서는 전혀 발견되지 않던 권태가 왜 근대 이후의 예술에서 폭넓게 나타나는지도 이런 맥락에서 충분히 설명된다.

근대사회가 정점에 오른 20세기, 베케트의 희곡 『고도를 기다리며』에서도 강력한 증거를 찾을 수 있다. 작중 인물 에스트라공과 블라디미르는 고도라는 인물이 자신들을 도와줄 것으로 막연하게 기대하지만, 고도는 끝까지 오지 않는다. 1막과 2막 끝에는 소년이 등장하여, 고도가 오늘은 안 오지만 내일은 올 거라고 말할 뿐, 고도는 끝내 오지 않으며, 오지 않는 이유도 드러나지 않는다. 시간이 흘러도 구원자 고도는 오지 않는다. 에스트라공과 블라디미르는 흘러가는 시간을 무의미하게 보낼 뿐이다. 이런 시간은 공허한 시간이고, 따라서 과거와 미래가 똑같다.

시간은 아무런 변화도 보여주지 않는다. 이것이 권태의 본질이다.

철학에서 본 권태

권태가 근대사회를 살아가는 인간의 숙명적인 감정이니, 철학에서도 자주 주제화될 수밖에 없다. 키에르케고르는 『이것이냐 저것이냐』에서 권태를 이렇게 정의한다.

> 권태란 얼마나 끔찍한 일인가. 끔찍할 정도로 지루하다. 늘 똑같은 일들이 반복될 뿐이다. 나는 아무 것도 하지 못한 채, 누워 퍼져 있을 뿐이다. 내게 보이는 것은 공허감뿐이다. 나는 이 공허감을 먹고 살아간다. 내가 움직이는 것은 공허감뿐이다. 고통조차도 느낄 수 없다.

키에르케고르에 따르면 권태는 지극히 지루하고 단조롭고 무의미하여 끔찍하다. 쇼펜하우어에 따르면 권태란 하나의 으뜸음을 중심으로 한 단조로운 선율이 계속 반복됨으로써 지루해질 수밖에 없는 음악과 같은 분위기, 다시 말하면 욕망도 없고 결핍에 대한 인식까지도 제거된 상태에 다름 아니다. 권태가 우울의 모태가 되는 이유, 이 둘의 결합에 의해 삶 자체가 짐으로 여겨지는 이유, 물질이 영혼을 잠식하는 이유가 이런 맥락에서 설명된다. 『의지와 표상으로서의 세계』에서 이 철학자가 물질적 풍요를 권태와 결합시키는 대목은 몹시 흥미롭다.

> 궁핍이 서민에게 가해지는 징벌이라면, 권태는 상류 세계에 가해지는 징벌이다. 시민계급의 삶에서 권태는 일요일과 같고, 궁핍은 6일간의 평일과 같다.

권태가 일요일과 같다는 말은 권태와 우울이 동근원 관계에 있음을 암시한다. 잘 알려져 있듯이, 괴테의 『파우스트』에서 추구를 향한 의욕을 상실할 때, '조르게(Sorge, 근심을 뜻하는 독일어)'라는 인물이 파우스트의 영혼을 잠식하는 장면은 이를 잘 보여준다.

권태를 어떻게 이길까? 인간이 추구하는 쾌락이나, 예기치 못한 순한 순간에 대한 기대는 어떻게 보면 권태에 대한 두려움, 권태로부터의 해방을 추구하는 행위일지도 모른다. 이런 측면에서 광기와 같은 비일상적인 사건들을 소재로 삼았던 낭만주의 문학과 예술은 권태에 대한 저항으로 볼 수 있다. 낭만주의 예술에서 한결같이 나타나는 일상, 단조로움, 권태로부터의 탈출은 근대적 삶의 권태가 주는 중압감에 대한 저항이었던 것이다. 낭만주의 예술이 1800년을 중심으로 한 시기에 발생했다는 사실을 염두에 두면, 근대의 예술, 곧 모더니즘은 바로 근대사회에 대한 비판에서 시작했다. 낭만주의 작가들이 한결같이 내세운 주장, "견딜 수 없는 권태에서 벗어나기 위해 삶은 즐거워야 한다."라는 말은 이러한 맥락에서 매우 중요한 시사점이다. 하나의 방법을 니체가 제시한다. 『차라투스트라는 이렇게 말했다』에 묘사된, 시간의 흐름이 정지한 "순간"에 돌발적으로 나타나는 에피파니, 곧 디오니소스적인 삶이 그것이다. 순간적으로 나타나는 에피파니라는 것은, 예를 들면 돌발적으로 나타나는 자유로운 상상력, 현실을 잊고 자유롭게 떠도는 이미지들에서 나타날 수 있다. 여기에는 현실의 중압감을 상징하는 이성적 사유와 논리적이고 인과적인 사유를 벗어나서, 자유롭게 상상의 세계에 돌입하는 상태가 나타날 수 있다. 예술에서는 초현실주의가 이러한 권태의 극복을 가능케 할 힘을 보여준다. 초현실주의자들은 자유롭게 부동하는 이미지들을 포착하기 위해 "자동기술"이라는 문학적 기법을 채용하였고, 서로 관련이 없어 보이는 이미지들을 자유롭게 병치시켰다.

스페인 출신의 화가 호안 미로의 〈아를캥의 사육제〉(1924)를 보자. 미로는 오랫동안 빈 벽을 응시한 후, 떠오르는 영감을 이미지로 바꾸어 그림을 그렸다. 서로 관련이 없어 보이는 이미지들이 병치됨으로써, 현실을 떠나 초현실의 영역에 들어서는 듯한 느낌을 주는데, 이것은 상상의 세계에서 순간적으로 펼쳐지는 에피파니에 이르고자 하는 초현실주의자들이 추구했던 대표적인 기법 가운데 하나였다.

권태를 이기는 방식과 관련하여 서양의 문화사에는 몇 가지가 제시되어 있다. 그 나쁜 예가 영국의 작가 드 퀸시가 복용한 아편이나, 프랑스의 화가 모로가 피운 하시시, 혹은 독일의 시인 횔덜린이 도달한 환각 체험이다. 이런 불경스러운 방법들 말고, 훨씬 경건한 방법도 있다. 집중된 순간에 돌발적으로 열리는 영원, 이때 느끼는 절대적인 자유가 바로 그것으로, 동양에서는 이를 선체험(열반)으로 불렀다. 동서양의 방식이 길은 다르지만, '자아'라는 것이 소멸할 때, 권태도 소멸한다. 이것을 충족된 순간으로 부른다.

참고문헌

알렉산더 쿠퍼, 『신의 독약 1, 2 – 에덴 동산 이후의 중독과 도취의 문화사』, 박민수 옮김, 책세상, 2000.

이상, 『이상 전집 4: 수필 – 권태 외』, 권영민 편집, 태학사, 2013.

쇠얀 키에르케고르, 『이것이냐 저것이냐』, 권오석 옮김, 홍신문화사, 1988.

Charles Baudelaire, *Die Blumen des Bösen*(『악의 꽃』), DTV, München, 2004.

Charles Dickens, *Bleakhaus,* München, Winkler Verlag, 1977.

10

멜랑콜리

도달할 수 없는 이상과
떠나고 싶은 현실의 대립이 자아내는 비애

푸코에 따르면, 사회적으로 의미 있는 개념을 담론이라 부르는데, 담론은 역사의 산물이다. 역사가 변하면 담론도 변하고, 그것의 의미도 변한다. 푸코는 광기라는 개념을 통해 이를 입증한다. '광기'라는 개념이 고대와 중세 그리고 근대 이후까지 어떻게 변화해 가는가라는 문제를 잘 보여준 『광기의 역사』는 이런 점에서 매우 설득력 있는 책이다.

담론으로서 멜랑콜리라는 개념도 마찬가지다. 멜랑콜리라는 개념은 철학과 학문의 역사에서 매우 폭넓게 사용되어왔다. 이 말의는 의미도 매우 다양한데, 예를 들면 고대에는 "신이 내린 광기"라고 이해되기도 했고, 또 어떤 시대에는 결코 불쾌하지만은 않은 슬픔이라는 의미로 이해되기도 했으며, 20세기 초에는 의욕을 잃고 활기를 잃은 질병으로 인식되기도 했다가, 지금에는 우울증Depression과 동의어로 쓰이기도 한다. 광기의 의미가 역사에 따라 서로 다르게 이해되었듯이, 멜랑콜리의 개념도 역사에 따라 이렇게 서로 다르게 이해되어 왔다.

고대의 멜랑콜리

멜랑콜리는 원래 의학 용어였다. 기원전 400년 무렵, 히포크라테스의 저작집에 처음 등장한 것으로 보고된다. 인간의 체질을 4대 체액, 다시 말하면 점액질, 노란 담즙, 검은 담즙, 피와 같은 네 가지 체액과 관련짓던 고대 그리스의 의학 관습에 따라, 멜랑콜리아는 검은 담즙의 분비상태가 야기하는 질환으로 분류되었다. 북풍한설이 불면, 담즙이 쉽게 건조해져 색이 검어진다는 의학 속설이 여기에 담겨 있는데, 흥미롭게도 검은 담즙이 과온 혹은 과냉 될 경우, 피부병과 간질 외에 의기소침과 광기와 같은 심리장애를 초래한다고 고대인들은 믿었다. 고대의 문헌을 인용하며, 클리반스키, 파노프스키 그리고 작슬은 4대 체액론을 언급하며 멜랑콜리의 연속성을 이렇게 밝힌다.

> 검은 담즙은 뇌졸중, 경직, 우울증, 불안상태를 야기할 수 있다. 그러나 검은 담즙이 너무나 뜨거워지면, 과도한 기분상승을 일으켜, 노래를 부르거나 황홀경에 도달하거나, 상처를 파헤치는 증상이 나타날 수 있다.

이런 대목을 보면, 이미 고대인들이 멜랑콜리를 조울증의 일종으로 파악하고 있었음이 드러나는데, 특징적인 것은 이를 뇌의 질환으로 간주하지 않고, 검은 담즙과 관련지어 살폈다는 점이다.

중세의 멜랑콜리

중세 초기에는 아랍의 천문학, 점성술이 유럽에 전해짐으로써, 멜랑콜리를 토성(사투르누스)에 결부시켰다. 태양에서 가장 멀리 떨어진 외곽을 도는 토성의 차갑고 건조한 속성을, 찬바람을 맞아 차갑고 건조해진 담즙과 연결시킨 것이다. 이런 맥락에서 아랍인들은 토성의 운을 안고 태어난 아이는 행동이 굼뜨고 비활동적이어서, 자라서도 사람 사귀기를 기피한 채 골똘한 사색에 잠기거나 아니면 예민한 예술가가 되기 쉽다고 믿었다. 멜랑콜리아를 오늘날 자주 우울이라는 단어로 번역하는데, 사실은 우울을 동반한 깊은 사색이 더 중요한 요소이다. 멜랑콜리아를 의인화한 조형적 표현에 한결같이 턱에 손을 괸 모습이 등장하는 이유도 여기에 있다. 멜랑콜리아가 의학계에서 우울증과 동일시된 것은 20세기 정신과학의 발전단계에서 나타나지만, 원래는 깊은 사색과 고뇌가 더 중요하게 작용했고, 이런 측면에서 중세 아랍인들의 관점이 본질에 더 가깝다.

관심 있게 보아야 할 사실은 왜 철학, 정치, 문학 그리고 예술에서 특출한 사람들이 멜랑콜리커였는가라는 문제이다. 이 문제는 멜랑콜리를 오늘날과 달리 질병으로만 볼 수 없게 만든다. 서양의 문화사에서 멜랑콜리가 병적인 상태로 인식된 것은 뇌과학이 발전한, 혹은 그 이전에 무의식과 같은 심리학적 접근의 터전이 마련된 19세기 후반 내지는 20세기 초반이다. 그러나 고대나 중세에는 비범한 인물, 특출한 인물들을 멜랑콜리커로 인식했다. 멜랑콜리가 천재성과 결합되어 인식된 것은 이처럼 이미 고대에는 일반적이었고, 중세에도 그 흔적들이 남아 있다. 멜랑콜리아를 예술가의 본성과 연결시키는 현상은 이미 플라톤과 아리스토텔레스에게서도 발견된다. 플라톤의 『파이드로스』에는 광기가 뛰어난 재능을 낳는데, 예언자와 작가는 천부적인 광기가 없이는 그 본질에 이를 수 없다는 지적이 있다. 플라톤은 아직 멜랑콜리아라는 단어를 사용하지 않지만, 제자 아리스토텔레스는 플라톤의 학설을 이어 받아 모든 특출한 사람은 멜랑콜리커라고 단정한다. 뛰어난 재능을 가진 사람은 사회의 평균수준에서 보면 일종의 광기의 소유자인 셈이다. 따라서 사회의 한계를 넘어서려고 하는 사람, 예컨대 천재는 뛰어난 멜랑콜리커가 된다. 아리스토텔레스가 광기와 우울을 멜랑콜리커의 두 본질로 지적한 것도 이와 같은 맥락에서 가능해진다.

우울에 천재의 속성인 광기가 함께 하고 있다는 시각은 현대의 심리학도 대체로 긍정한다. 사전적 정의로 멜랑콜리아는 "우울과 열광적인 이상주의에 기울어진 성격유형"이다. 멜랑콜리아를 현대 의학용어인 우울증과 동일시하지 않을 경우, 그 의미의 폭은 매우 넓어지는데, 그 본질에는 이상과 현실 사이의 갈등이 자리잡고 있다. 멜랑콜리아가 세계고世界苦와 동일시되는 이유도 여기에 있다.

이처럼 멜랑콜리는 인간의 감정 가운데 부인할 수 없는 실체이다. 예술과 철학에서 멜랑콜리에 주목하지 않을 수 없는 이유도 여기에 있다. 멜랑콜리를 표현한 고대의 예술은 그렇게 많지 않다. 단지 앞에서 언급했던 플라톤과 아리스토텔레스의 저작에서 멜랑콜리에 관한 철학적 언급이 있을 뿐이다. 그러나 중세에 들어오면, 멜랑콜리가 조형예술에서 표현되기 시작한다. 흥미로운 점은 이 개념이 시간과 관련되어 표현된다는 점인데, 먼저 그림을 보자. 이 두 그림이 그리고 있는 대상은 사투르누스인데, 사투르누스는 모두 한쪽 팔을 턱에 괴고 있다. 도상학에 따르면 이것은 깊은 사색을 뜻한다. 깊은 시름에 젖어서, 사색에 잠긴 사투르누스는 멜랑콜리라는 추상적 개념을 표현하고 있다. 그렇다면 사루트누스는 어떤 의미를 지니는가?

사투르누스

사투르누스는 로마신화에 등장하는 신이고, 그리스신화의 크로노스에 해당한다. 기원전 8세기에 씌어진 헤시오도스의 『신통기』에는 크로노스의 계보에 관하여 매우 상세한 정보가 담겨 있다. 크로노스는 하늘의 신 우라노스와 대지의 여신 가이아의 아들이다. 크로노스는 아버지가 자신을 죽이려 하자, 오히려 낫으로 아버지를 거세하여 남근을 바다로 던지고 왕위를 이어받지만, 그로 인해 "자식에 의해 몰락할 것"이라는 저주가 내린다. 죽음이 두려운 크로노스는 자식들이 태어나면 모두 집어 삼킨다. 여섯째 아이 제우스가 태어나자, 아내 레아는 크로노스에게 아이 대신 돌덩이를 주어 속이고, 제우스를 피신시킨다. 크레타로 보내진 제우스는 나중에 커서 아버지 크로노스를 찾아가 집어삼킨 형제자매를 내놓으라 요구하며 싸운다. 수년에 걸친 싸움 끝에 크로노스는 제우스에 패하여 지하의 세계, 타르타로스에 유폐된다.

대개 신화의 인물들은 추상적인 개념을 표현하는 알레고리인데, 크로노스 혹은 사투르누스는 무엇을 의미할까? 그리스의 철학자이자 역사학자인 플루타르코스에 따르면 크로노스는 시간과 관련된다. 크로노스의 어원에 시간을 뜻하는 chrono라는 단어가 들어가 있는 것도 이런 맥락을 보여준다. 그렇다면 고대인들은 크로노스를 통해 시간의 어떤 속성을 드러내려 했을까? 그 단서를 거세와 그 도구인 낫, 자식을 삼키고 내뱉는 행위에서 찾을 수 있다.

농경에 의존했던 고대의 그리스 로마인들은 시간을 순환하는 것으로 이해했다. 크로노스가 사용하는 도구인 낫은 거세를 뜻하면서도 동시에 포도를 수확하는 도구이기도 했다. 농경문화에서 시간은 순환적이다. 사계절이 반복되는 것이다. 자식이 아버지를 죽이고, 또 자식이 아버지를 죽이는 행위에도 순환적 시간의 구조가 반영되어 있다. 고대 그

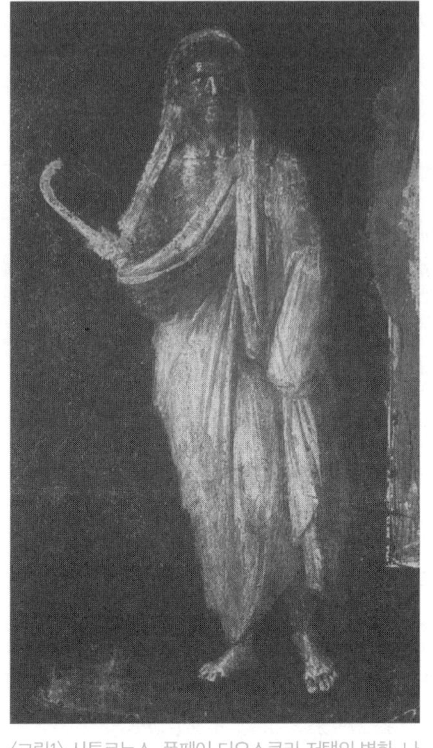

〈그림1〉 사투르누스, 폼페이 디오스쿠리 저택의 벽화, 나폴리 국립박물관 소장. 사투르누스가 든 낫의 손잡이가 짧다.

리스와 로마 시대에는 시간의 순환적 흐름이 두드러진 문화적 현상이었는데, 이것이 거세라는 이야기 구조에서 드러나는 것이다. 거세의 과정에서 나이가 제일 어린 제우스가 손위 형제들보다 더 나이가 많아지는 흥미로운 현상은 시간의 가역성을 함축한다. 이 시대에 시간은 절대로 직선적으로 흐르는 것이 아니었다. 고대의 문화적 맥락에서 크로노스/ 사투르누스에 부가되는 거세와 농경의 도구였던 낫이 순환과 반복을 의미한다는 사실은 베르길리우스의 문헌에서도 입증된다. 그의 『농경시』에는 "마치 낫처럼 스스로에게 되돌아오는 시간"이라는 구절이 있는데, 이것은 순환에 기초한 시간의식을 뒷받침한다.

중세에 들어오면 크로노스/사투르누스가 든 낫의 손잡이가 크게 달라진다. 중세에 그려진 조형에서 크로노스가 든 낫의 손잡이가 훨씬 길어지는데, 이것은 크로노스에 부여하는 의미가 달라졌음을 보여준다. 고대와는 달리 중세의 크로노스는 오른쪽 〈그림 2〉에서 보듯이 반월형의, 손잡이가 짧은 낫이 아니라 손잡이가 긴 낫과 함께 있다. 또 청년이 아니라 노인의 모습으로 등장하고, 주로 목발을 짚거나 발이 불구인 허약한 모습을 취한다. 뿐만 아니라, 턱을 팔에 괴고 깊은 시름에 잠긴 채 나타나는 경우도 많다. 이러한 변화는 중세에 시간이 더 이상 순환적이지 않고, 직선적인 흐름으로 이해되었음을 보여준다. 크로노스의 조형에 거의 예외 없이 모래시계가 등장하는 것은 그 중요한 증거다. 이제 시간은 한번 흘러가면 다시 되돌아오지 않는 것으로, 즉 시간은 변화와 생성이 아니라 파괴와 소멸의 측면에서 이해되기 시작하는 것이다. 시간은 육체의 죽음, 아름다움의 소멸, 은폐된 것을 드러내는 주체로 인식되면서, 그 부정적 속성이 더욱 강조되고, 또 무상하고 허무한 것이라는 정신적 의미가 보편화된다. 이처럼 손잡이가 긴 낫은 중세에는 죽음과 소멸을, 바로크 시기에는 허무Vanitas를, 그리고 표현주의 시절에는 세계의 몰락과 붕괴를 의미하는 기표로 사용된다.

〈그림2〉 사투르누스. 지롤라모다 산태 크로체, 파리 자크마르-앙드레 박물관 소장. 낫의 손잡이가 길어졌다.

단테의 『신곡』과 더불어 중세 말, 르네상스 초기의 정신적 유산을 가장 탁월하게 간직한 페트라르카의 『승리Trionfi』를 보면, 중세인들이 시간을 어떻게 이해했는지를 분명하게 알 수 있다. 이 작품은 아마도 이 시인이 보클뤼즈에 체류했던 1352년에 쓰기 시작하여 죽을 때까지 집필을 계속했지만, 최종본을 얻지 못한 것으로 전해진다. 작품에서 연인 라우라와 사랑이 싹튼 4월, 여섯 명의 알레고리적 인물이 마치 고대 로마의 개선행렬처럼 작가 앞을 스쳐지나간다. 먼저 사랑을 의인화한 큐피드의 개선행진이 시작되고, 이어 페트라르카와 라우라를 포함한, 사랑으로 고통을 받는 사람들의 무리가 뒤따른다. 사랑은 승리하는 듯하

〈그림3〉 판화 「시간의 승리」(1460–1470), 런던 영국박물관 소장.

지만, 곧 고통과 슬픔만을 안겨주며 패배하는데, 큐피드는 순결을 의미하는 푸디치태에 의해 패한다. 두 번째 시에서는 죽음을 의미하는 모르티스의 개선장면이 묘사되는데, 죽음이 라우라를 만나 승리를 거둔다. 3장에는 명예를 의인화한 파메의 개선장면이 묘사된다. 영웅적 행위를 통해 명예를 얻은 여러 인물들이 등장하여, 죽음을 이기는 장면들이 그려진다. 이것은 죽음보다는 명예가 영원함을 암시한다. 이어 템포리스의 승리가 나온다. 시간을 의인화한 템포리스는 가차없이 흘러감으로써 명예를 파괴한다. 즉 아무리 고귀한 명예라도 시간과 겨루어 이길 수는 없으며, 시간은 명예까지도 소멸시키는 위력을 지닌 것으로 묘사된다. 이를 통해 시간의 파괴적인 속성이 더욱 강조된다.

〈그림 3〉은 『승리』에 담긴 내용을 회화로 재현한 〈시간의 승리〉라는 그림으로 페트라르카의 작품이 출판된 1460년 무렵에 이탈리아 피렌체에서 그려졌다. 목발에 수염이 성성한 노인의 등에는 날개가 돋아 있고 양 발치에는 모래시계가 놓여 있다. 시간의 빠름과 불가역성이 사투르누스로 의인화된 것으로, 이것이 바로크 시대로 옮겨가면서 허무성과 연관되어, 현세의 무의미성을 가리키면서 세계상의 대대적인 변동을 예비한다. 이런 입장은 중세 특유의 선형적 시간의식을 가져오는데, 이때

시간은 신의 창세(시작)에서 재림(끝)까지의 기간이고 동시에 구원을 향한 목적론적 시간의식과 결부된다. 중세 초기의 교부철학을 대표하는 아우구스티누스의 시간론은 바로 이런 맥락에서 출현한다. 『고백록』에는 이런 대목이 있다.

> 각각의 시간들마저도 순간적인 미세한 부분들로 흘러가 버리고 만다. 거기에서 날아나는 것은 과거가 되고, 아직 남아 있는 것은 미래가 된다. 시간에 관해 표상할 수 있는 것이 있다면, 그것이 매우 작아서 더 이상 나눌 수 없다는 것이다. 순간의 파편으로는 나뉘지 않는다. 그러한 시간만이 우리가 '현재'라고 불러도 좋은 그런 것이다. 시간은 그러나 미래에서 과거로 그렇게 쏜살같이 휙 스쳐 지나가기 때문에, 한 순간의 지속도 외연을 갖지 못한다.

중세에 묘사된 사투르누스

1400년경에 그려진 것으로 알려진 〈그림 3〉에는 사투르누스가 노인의 모습으로 등장한다. 심지어 사투르누스는 목발에 불구의 모습을 하고 등장하기도 한다. 시간은 소멸과 죽음의 맥락에서 파악되고 있는 것인데, 이런 맥락에서 보면 어찌 멜랑콜리의 감정이 들지 않을 수 있겠는가? 오비디우스가 시간이 "사물을 남김없이 먹어 치운다"고 말한 이유도 여기에 있다. 시간이 흐르면서 삶이 죽음으로 변하고, 젊음이 늙음으로 변함을 염두에 두면, 시간은 존재의 근거인 삶 자체를 부정한다. 삶과 죽음, 젊음과 늙음, 영원과 속절없음의 급격한 대립이 여기에서 나타난다. 시간의 쏜살같은 흐름 앞에서 영원함도 삶도 젊음도 온전하게 보존되지 못한다. 멜랑콜리의 감정도 여기에서 나온다.

앞서 언급한 페트라르카의 『승리』에 그려 넣은 「시간의 승리」라는 그림에는 사계절을 의미하는 네 마리의 새 혹은 네 개의 날개, 목발 그리고 노인의 모습을 한 도상이 시간에 관한 알레고리로 등장한다. 중세에 사투르누스를 부정적으로 묘사하게 된 이유 가운데 하나가 아랍의 천문학의 영향으로 알려져 있다. 천문학에 따르면 사투르누스는 토성과 동일시되는데, 소우주와 대우주를 중첩시키는 당시의 지적전통에 따라, 지구에서 가장 멀고 긴 궤도를 돌고 있는 토성의 부정적인 속성, 곧 차가움, 어두움 그리고 느림의 의미가 사투르누스에 첨가된다. 토성, 곧 사투르누스의 운을 타고난 사람의 성격 역시 부정적으로 묘사되는데, 당시의 문헌에 따르면, 사투르누스의 아이들은 대체로 도둑, 사기꾼, 게으름뱅이, 악마의 자식, 욕심쟁이가 된다고 중세 사람들은 믿었다. 사투르누스에서 파생된 영어 단어 'saturnine'이 우울하고 어두우며 음침한 의미를 지니게 된 배경도 여기에 있다.

르네상스 시대의 멜랑콜리

천재를 멜랑콜리아라는 범주와 결부시킨 예술적 표현 가운데 뒤러A. Dürer의 「멜랑콜리아 I」(1514)은 아마 최초이자 가장 탁월한 예가 될 것이다. 이 그림에서 우리의 주목을 끄는 것은 다양한 알레고리적 소품을 앞에 둔 사투르누스의 모습이다. 한 손을 턱에 괴고 있는 사투르누스의 몸짓이 바로 그것인데, 이것은 흔히 비애의 표현이자 동시에 권태 그리고 창조적인 명상과 결부된다. 서구의 회화 전통에서 보면, 이러한 인물은 중세의 회화에서 시인이나 철학자 혹은 기독교의 교부의 모습으로 자주 등장한다. 이러한 정황으로 미루어 사투르누스의 자세 내지는 몸동작이 우수와 권태 그리고 명상이라는 멜랑콜리의 3요소를 알레고리로 표현하고 있다고 보아도 좋을 것이다.

멜랑콜리를 모티프로 그린 여타의 그림과 뒤러의 작품은 한 손으로 턱을 괴고 깊은 시름 내지는 명상에 잠겨 있다는 공통점이 있지만, 차이점도 있다. 다른 그림과 달리 뒤러의 그림에 등장하는 인물의 손은 주먹을 쥐고 있다. 이 그림에 등장하는 돈주머니가 금전적 욕심을, 열쇠가 권력욕을 표현하듯이, 주먹을 쥔 손 역시 탐욕 내지는 욕망과 관련된다. 여인이 위치한 곳이 어두운 그림자 안인데, 이것은 멜랑콜리가 원래 검은 담즙의 검은색과 유관함을 암시한다. 그렇다면 치켜든 채 먼 곳을 응시하는 그녀의 시선은 어떻게 해석해야 할 것인가?

뒤러, 「멜랑콜리아 1」(1514), 카를스루에 국립 미술관 소장

먼저 이 동판화의 소도구들에 주목해 보기로 하자. 이 동판화에는 기하학과 관련된 소도구가 많이 등장한다. 공과 긴 자, 콤파스, 대패, 망치, 입방체 모양의 돌, 짓다만 건물, 모래시계, 저울 그리고 문방용품 따위가 그것이다. 공과 콤파스, 모래시계와 저울 그리고 문방용품이 기하학적 측정과 관련이 있다면, 대패와 수준기가 딸린 자 그리고 망치는 건축용 도구들이다. 즉 이 소도구들은 기하학적 측정과 건축용 측량에 쓰인다. 그런데 멜랑콜리아는 오른손에 컴파스를 들고 있지만, 그녀가 이를 작업에 이용한다는 흔적은 찾아볼 수 없다. 그녀의 시선이 허공을 응시하고 있기 때문이다. 마찬가지로 기하학적 소도구들 역시 이

여인의 발치에 내동댕이쳐져 있을 뿐이다. 미완성의 건물 벽에 걸려 있는 저울, 모래시계 그리고 종, 또 그 아래에 매달려 있는 마방진도 역시 사정은 비슷하다. 이것들이 날개 달린 천사의 주위에 있지만, 천사는 이를 사용하지 않고 있다. 아니 활용할 수 없는지도 모른다. 원래는 허리에 차고 있어야 할 돈주머니가 이 작품에는 아무렇게나 바닥에 나뒹굴고 있다. 권력욕의 상징인 열쇠 역시 허리춤에 비스듬하게 매달려 있을 뿐이다. 거기에 사원과 수도승의 고독을 함축하는 종이 추가되어 있다. 개는 원래 "충직함"과 연관되지만, 여기서는 굶은 짐승의 모습으로 몹시 지치고 추위에 떨며 차가운 바닥에 누워 있고, 이를 통해 우울과 비애의 분위기의 확산에 일조한다. 전체적으로 이 그림에서 행위와 명상이라는 화해할 수 없는 대립, 숙명에 내맡겨진 피조물의 무거운 비애가 표현된다.

불끈 쥔 왼손과 한없이 무기력하게 내려뜨린 오른손의 대조는 예술적 창조를 향한 열망과 이에 도달할 수 없다는 절망의 변증법적 대립을 형상화하고 있다. 뭔가를 측정하기 위해 콤파스를 손에 들고 있지만, 천사는 측정에 나설 수 없다. 아무런 고통도 없이 천진난만하게 놀고 있는, 천사의 위쪽에 자리잡은 푸토Putto라는 또 다른 어린 천사와 차가운 바닥 위에서 고통스럽게 잠들어 있는 개의 중간적 위치에서 천사는 이상과 현실 사이를 방황하며 비애, 곧 멜랑콜리에 빠져 있음을 우리는 이 그림에서 유추해볼 수 있다. 대상을 잃고 먼 곳을 응시하는 시선 역시, 앞으로 나아가려는 욕망과 그것이 불가능하다는 좌절을 자체 속에 담고 있다. 추구욕과 그 불가능성에 대한 인식의 대립을 이 천사는 표현하고 있고, 이것이 중세 시대의 첩첩이 쌓인 계급사회에서 천재 내지는 예술가의 모습이었다. 신본주의 내지는 신의 도그마가 위세를 떨치던 시대에 예술가는 뜻을 펴지 못하고, 이상과 현실 사이에서 방황하였는데, 이 작품은 날개를 달았지만 결코 펼칠 수 없는, 천재 내지는 예술가의 모습을 형상화하고 있는 듯이 보인다. 특히 박쥐가 날고 있어서 시간적 배경이 밤이고, 원 안에 찬란한 달빛이 바다를 비추는 장면은 일종의 비현실 내지는 이상적인 장면을 상징한다면, 이 여인이 처한 권태롭고, 비애에 찬 무기력한 측면은 현실을 상징하여 서로 대조를 이룬다.

근대에서의 멜랑콜리

근대는 사회의 모든 영역에서 혁명적인 변화가 시도되는 시기였다. 근대의 기점을 이런 맥락에서 18세기로 보는 코젤렉의 관점은 상당히 설득력이 있다. 물론 근대는 그렇게 안정된 사회는 아니었다. 안정된 것처럼 보인 것이 실제로는 매우 취약했는데, 이미 18세기에서 19세기로의 이행기에 독일을 포함한 중앙 유럽에는 사회 제 분야에서 위기가 증폭된다. 물론 근래에 들어 역사학과 사회학 연구는 이러한 위기의 시발을 그 이전, 그러니까 계몽사상의 태동기에서 찾기도 한다. 위기의 징후로서 시민사회의 병리학의 근원을 추적한 코젤렉은 계몽주의 안에 혹은 계몽의 과정에 이미 위기의 싹이 돋아나고, 이 시기에 이미 진보에 대한 불신, 허무주의가 내재해 있어, 이 운동의 운명을 결정지었다고 단정한다. 사유하는 자아에 굳건한 토대를 두고, 미래의 합리적인 과학의 터전을 마련하려 했던 데카르트의 계몽 프로그램이 나온 지 바로 몇 년 후에 출간된 『팡세』(1669)에서 파스칼은 합리성의 모델에 따라 세계를 만들어가려는 인간의 야만적 속성과 그 기획의 취약성을 이렇게 비유한다.

> 확고한 터전, 정말로 오래 지속하는 토대를 찾으려는 욕심에 우리는 노심초사한다. 그곳에 무한히 솟아오를 탑을 쌓기 위해서이다. 하지만 모든 기초는

위기감은 계몽의 기획이 가져온 급진적인 변화에 의해 증폭된다. 구체제와 그 하부토대를 이루었던 신분제 사회 구조가 해체되고, 사회의 제반 영역이 독자적인 자율성의 시스템으로 재편되는데, 그 시기가 유럽에서는 18세기 말로 추정된다. 봉건적 국가체제는 전문적인 관료 기구로 재편되며, 자율적인 사회단체들이 결성되고, 공적인 영역과 사적인 영역이 엄격하게 나름대로의 규율을 통해 움직이기 시작한 것이다. 영국과 프랑스에 비하면 정치, 경제, 사회의 제 영역에서 근대로의 이행이 더디고 길었지만, 이미 이 시기에 독일에서도 변화의 기운이 감지된다. 비록 독일은 라인강 서안, 프랑스와 영국에서 벌어진 미증유의 정치적 혁명에는 이르지 못했지만, "이성종교, 양도할 수 없는 인권과 같은 말들이 (…) 연단은 물론이고 술집 그 어디에서도 들려왔다." 프로이센과 라인 좌안의 군소 영주궁정에서는 부분적인 개혁과 혁명이 시도되기도 한다. 제한적이긴 하지만 일부 도시들은 자치권을 획득하고, 농민들은 봉건적 부역의 짐을 덜며, 직업의 자유가 실현된다.

경제 부분의 혁신은 더욱 깊고 빠른데, 1776년에 출판되어 경제의 혁명을 가져온 아담 스미스의 『국부론』의 원리에 따라, 구체제 하에서 관행이 되었던 중상주의가 폐기되고 독일에서도 자유무역과 자유방임 원칙이 도입된다. 스미스와 리카르도, 그리고 맬서스의 경제 이론은 당시 독일 대학과 지도층 관료들에게는 지배적 담론이 된다. 자유방임과 보이지 않은 손에 의한 균형을 내용으로 하는 스미스의 거시 경제이론은 18세기 초에 마침내 "국가 규정의 초석"으로 자리잡는다.

자유주의의 물결의 힘을 확인하기라도 하는 듯이, 18세기 말에 이르러 산업 생산은 급속히 속도를 더한다. 즉 "19세기의 산업 혁명의 표징은 선적 성장에서 기하급수적인 성장으로의 변화에 다름 아니다". 16세기 이후 고등수학과 자연의 법칙을 원용했던 갈릴레이, 코페르니쿠스, 케플러, 뉴턴을 중심으로 근대 초기에 축적되었던 과학적 지식의 혁명은 이 시기에 들어와 실제 산업에 체계적으로 관철되기 시작하여, 산업혁명의 터전을 이룬다. 계몽의 과정이 정치와 사회에서 관철되어 가는 모습에는 분명히 낙관론과 비관론이 뒤섞인다. 위기는 바로 여기에서 시작하며, 훗날 비판이론 진영에서 "계몽의 변증법"이라는 개념어로 정착된다.

정치영역에서 프랑스혁명과 경제영역에서 산업혁명의 기운이 동시대 유럽인들의 경험에 각인된다. 코젤렉의 정의대로 경험이 "현재화된 과거"라면, 이러한 격동의 시기를 살아가는 예민한 지식인들의 경험 속에서 시간의 흐름은 가속화될 것이다. "새것"이 늘 "낡은 것"을 몰아내고 그 과정은 더욱 빨라질 것이므로, 새로운 기대의 지평이 열리리라는 것은 당연해 보인다. "미래화된 현재"로서의 기대는 "현재"를 살아가는 인간의 표상 속에 쉼 없이 날개를 단다. 이 시기 지식인들의 "현재"는 과거와 미래가 끊임없이 대면하는 긴장의 연속이면서, 동시에 이것들이 분기해나간다. 코젤렉은 이 과정을 경험은 점점 왜소해지고, 기대는 점점 커간다는 말로 설명한다. 즉 미래는 과거와 질적으로 상이한 새로운 세계일 것이라는 희망 아닌 희망이 유토피아에 대한 동경의 싹을 틔우는 것이다. 하지만 유토피아를 앞당기려는 성급한 시도에는 늘 파국이 그림자를 짙게 드리우고, 그 배후에는 경험 공간에서의 쓰라린 체험이 도사리고 있다. 경험 공간과 기대 지평의 분리, 곧 위기의식과 희망의 대립 구도에서 18세기 말과 19세기 초 유럽인의 내면의식의 한 단면이 드러난다. 그렇다면 이러한 정신적 아노미 현상을 앞두고 시민계층은 어떻게 반응했을까?

이상과 현실의 넘을 수 없는 간극이 근대 초기 유럽 문화의 특수성이다. 유럽인들은 이상과 현실 사이에서 발생하는 이러한 갈등을 고통으로 여겼고, 여기에서 근대의 멜랑콜리가 발생한다. 즉 물질주의적이며 미래 지향적인 사회에서 개인은 소외를 겪고, 개인의 추구는 실현되지 못하는데, 이것이 예술에 표현되어 멜랑콜리를 낳는 것이다. 역사, 사회적 맥락을 중시할 경우, 문학을 포함한 예술은 정치활동에서 배제된 지식층의 도피처라는 결론을 얻을 수 있고, 시민계층의 '세계고' 내지는 우울 곧 멜랑콜리가 이 시대의 예술을 낳은 근본 모티프였음을 확인할 수 있다. 기대지평은 과도하게 큰 반면에 경험의 영역을 벗어날 수 없는 상태, 이를테면 도달할 수 없는 이상과 떠날 수 없는 현실 사이의 심연이 이 시대의 본질을 이루게 된다. 그러니까 이 시대공간에서 멜랑콜리는 사적인 영역과 정치, 내면과 외면, 개혁 요구와 좌절, 상승욕과 좌절감이 빚어낸 결과로 낭만주의 이후 독일 관념주의 시민 미학의 핵심이다.

프리드리히의 그림, 『해변의 수도승』

뒤러의 그림에 나타난 멜랑콜리아의 모습, 이러한 구도는 정확히 300여 년이 지난 낭만주의 시대에 프리드리히C. D. Friedrich의 회화에서 재발견된다. 추측컨대, 뒤러의 멜랑콜리가 신이라는 선험적 고향을 이제 막 떠나야 하는 중세 말 혹은 르네상스 초기의 정신적 상태를 반영한다면, 프리드리히의 그것은 본격적인 산업화로 인한 정신적 고향의 상실과 연관될 것이다. 그러니까 이 두 화가가 표현하는 멜랑콜리는 근대적 주체가 겪는 정신적 방황이라는 점에서 서로 연결될 지도 모른다.

1810년 베를린에서 프리드리히의 전시회가 열렸다. 그의 작품들이 당시의 화풍과 뚜렷한 대조를 보인 탓에 관람객들에게 도전감과 생소

C. D. 프리드리히, 「해변의 수도승」(1809)

함을 불러일으켰다. 새로운 화풍에 대한 격렬한 찬반양론이 갈리는 상태에서, 「해변의 수도승」을 관람한 독일의 작가 클라이스트H. v. Kleist는 그 인상을 이렇게 썼다.

> 이 세상에서 이러한 자세보다도 더 슬프고 불안한 것도 없다. 유일한 삶의 불꽃은 저 광활한 죽음의 영역에 있다. (…) 이 그림은 둘 혹은 세 가지의 비밀스런 대상들과 함께 마치 묵시록처럼 놓여 있다.

바닷가에 서서 무한한 자연을 바라보며 명상에 젖어 있는 수도승의 자세에서 클라이스트는 "슬프고 불안한" 심조, 곧 멜랑콜리를 읽어내고 있다. 이 그림에는 가로로 길게 하늘과 바다와 모래사장이 마치 추상화처럼 배열되어 수평적인 구도가 압도하다가, 유일하게 수직적 구도로 수도승의 모습이 아주 작게, 거의 눈에 띄지도 않을 정도로 제시되어 있다. 어두운 바다에는 살랑거리는 파도가 작은 거품을 물고 있다. 그 위로 하늘이 끝을 알 수 없을 정도로 "장엄하게" 펼쳐져 있다. 이 작품의 가장 앞부분, 즉 백사장이 바다에 면한 곳에는 수도승이 팔로 턱을 괴고 먼 곳을 응시하며 서 있다. "풍경화"라는 명칭에 걸맞지 않게 자연은 과감한 생략을 통해 단조롭지만 광대무변하다. 그림에 나오는 수도승은 관람객에게 등을 돌리고 있어, 그림 관람자는 수도승이 바라보는 바다를 따라서 보게 된다. 클라이스트가 카푸친 교단으로 추정한 수도승이 바라보는 곳은 먼 바다와 그 너머의 하늘인데, 클라이스트는 이를 "삶의 불꽃"과 "죽음"이 섞인 곳으로 해석하고 있다. 묵시록 같다는 지적도 여기에서 나오는 것이리라.

삶과 죽음, 유한과 무한의 절대적인 대립과 화해의 이미지로 이 그림을 읽을 경우, 우리의 눈에는 손을 턱에 괴고 이 문제를 명상하는 수도승의 모습이 제일 먼저 포착된다. 수도승은 모래언덕이 끝난 지점에 위치해 있어서, 더 이상 앞으로 나아갈 수가 없다. 유한의 끝에서 무한을 접하는 수도승의 모습은 유한한 삶 저편의 세계에 대한 동경, 그리움을 그대로 전해주고 있다. 하지만 이승과 저승, 삶의 이쪽과 저쪽의 간극은 모래 언덕과 검은 바다의 차이만큼이나 커 보인다. 인간이 걸을 수 있는 대지와 넘을 수 없는 바다의 세계가 너무나 떨어져 있기 때문에, 이러한 차이는 더욱 분명해질 것이다. 이 그림이 제시하는 멜랑콜리는 바로 여기에서 기원할 것이다. 속세와 내세, 권태와 해방, 일상과 초월, 단조로움과 해방의 긴장이 상념 속에서 전개되고, 후자를 통해 전자를 전복하려는 시도가 낭만주의 문학론의 근간을 이루었음을 생각해보면, 이 회화는 낭만주의의 대표적 작품으로 볼 수 있다.

프리드리히, 「뤼겐의 백악」(1818)

프리드리히가 수채화로 개작한 「뤼겐의 백악」, 1825년 이후

도달할 수 없는 이상, 떠나고 싶은 현실

프리드리히 그림의 공간 설정의 이분법은 「뤼겐의 백악 절벽」에서도 탁월하게 형상화된다. 흰색의 거대한 바위절벽이 근경을 이루고, 이어 펼쳐지는 검푸른 색의 바다가 원경을 이룬다. 암석은 험준하고 가팔라, 위험하다는 느낌을 준다. 풀들이 듬성듬성 자라난 대지와 양 옆을 감싸는 두 그루의 나무는 마치 창문을 통해 밖의 경치를 바라보는 듯한 착각을 불러일으킨다. 더욱이 백악과 그 사이로 펼쳐지는 바다는 마치 창틀이나 혹은 액자의 테두리 사이로 보이는, 실제의 한 부분이라는 느낌을 주어, 자연의 광대함을 더욱 강조한다.

두 명의 남자와 한 여자가 백악 앞 절벽에 있다. 그리고 그들 주위엔 두 그루의 나무가 자라서 허공에서 서로 가지를 맞대고 있다. 백악과 나무가 어우러진 형상은 '사랑'을 상징하는 하트 모습을 하고 있다. 가

장 오른 편에 한 남자가 서서 멀리 바다를 보는데, 그의 시선은 바다 위에 떠있는 두 척의 돛단배를 포착하고 있다. 아스라이 펼쳐지는 무한과 배가 함축하는 자유의 세계를 이 사내는 동경하고 있는 것이다. 영원의 투시, 바로 그것이 이 사내의 몫으로 그림에 형상화되어 있다. 반면에 여자와 무릎 꿇은 사내는 아직도 절벽 아래를 바라보거나 땅에 입을 맞추고 있어서, 현세에 얽매여 있다. 백악을 기준으로 그 저편인 바다와 그 위로 펼쳐지는 세계가 무한과 절대를 표상한다면, 그 이편은 유한과 덧없음을 내용으로 하는 현세적인 세계에 속한다. 그리고 맨 오른쪽의 한 사내와 그 왼편의 두 사내의 시선이 한 번도 마주칠 수 없는 위치에 있어서, 저편과 이편의 절대적인 대립은 쉽게 아물기 어려워 보인다. 더욱이 여자의 시선이 향하는 곳은 서 있는 사내의 그것과는 정 반대로 절벽 아래를 향하고 있다. 과거와 일시적인 것, 덧없는 것 그리고 무가치한 것에 얽매어 있는 그녀는 바로 현세적인 질서에서 풀려나지 못하고 있는 것이다.

이런 시선으로 이 그림을 다시 보면, 백악과 나무가 구도를 잡고 있는 하트의 모습은 여자와 중앙의 남자 사이에 자리잡은 절벽으로 말미암아 심하게 훼손되고 있다. 대신에 저 바다 위쪽엔 푸릇푸릇한 나뭇가지들이 서로 뒤엉켜 사랑을 완성짓고 있다. 현세, 곧 생생한 삶의 현장인 현실에서는 사랑이 불가능하고 오로지 차안 혹은 관념과 상상 속에서나 가능하다는 신호와 멜랑콜리를 표출하고 있다고 보아도 좋을 것이다.

1825년 이후에 프리드리히가 이 작품을 수채화로 개작한 그림을 보면, 작가가 느끼고 있던 멜랑콜리의 정서는 더욱 깊어감을 알 수 있다. 서 있던 나무는 베어져 밑동만 남았거나 아니면 고사하여 뿌리만 앙상하다. 사람의 인적은 사라져 버렸고, 전체의 구도로 보아 하트의 모양은 남아 있되, 위쪽에 무성한 나뭇잎들은 더 이상 하트의 모습으로 이어지지 않는다. 도달할 수 없는 이상과 떠나고 싶은 현실이라는 대립적 상황이 초래하는 갈등은 '인간의 조건'이다.

참고문헌

* 이 글은 필자가 기존에 발표한 멜랑콜리에 관한 학술 논문[김길웅(2004)와 김길웅(2001)]을 인간학적 차원으로 보완하여 확대 재구성한 것임.

김길웅, 「시간의 문화적 기억: 크로노스 / 사투르누스의 문학적 이미지와 회화적 아이콘의 비교」, 한국비교문학회, 2004.

김길웅, 「이상과 현실, 그리고 우울: 18세기 말과 19세기 초 독일 시민계층의 내면세계와 그 예술적 표현으로서의 멜랑콜리」, 《獨逸文學》 Vol.42 No.3, 한국독어독문학회, 2001.

움베르토 에코, 에른스트 곰브리치, 크리스틴 리핏콧 외 지음, 『시간 박물관』, 김석희 옮김, 푸른숲, 2000.

에르빈 파노프스키, 『도상해석학 연구』, 이한순 옮김, 시공사, 2002.

Augustinus, *Confessiones–Bekenntnisse*(『고백록』): lateinisch-deutsch, eingeleitet, übersetzt und erläutert von Joseph Bernhart, Darmstadt, 1980.

Blaise Pascal, *Pansées*(『팡세』), übersetzt v. E. Wasmuth, Heidelberg, 1946.

Raymond Klibansky/ Erwin Panofsky/ Fritz Saxl, Die Lehre von den "quattuor humores"(4대 체액론), in: Lutz Walther (Hrsg.), *Melancholie*, Leipzig, 1999.

11

언어와 침묵

"이 문으로 들어오는 사람은 지식으로,
개념으로 알려고 하지 말라"

인간은 언어를 사용한다. 인간에게 언어란 사고, 감정, 규범, 가치, 대상 등을 전달하는 의사소통의 수단이다. 따라서 언어란 단순히 개인적인 차원에서 발생하는 것이 아니라, 사회라는 공동체에서 일종의 약속으로 존재하며, 이런 약속의 일환으로 의사소통을 위한 문법이 만들어진다. 즉 언어란 사회적 합의가 뒷받침되어야 하는 것이다. 내가 토끼라고 불렀는데, 상대방이 이를 호랑이로 알아듣는다면, 정상적인 의사소통이 불가능하다. 이런 경우, 내가 말한 토끼라는 말은 언어가 아니다. 사회적으로 유효한 약속이 아니기 때문이다.

언어가 개인의 산물이 아니라, 사회라는 공동체의 산물임을 입증할 수 있는 이론적 토대를 미국의 언어학자 소쉬르에게서 찾을 수 있다. 소쉬르 같은 언어학자들은 인간은 애초에 언어습득 능력을 부여받고 태어난다고 주장한다. 따라서 언어란 인간의 두뇌에 주어져 있는 초개인적인 기호의 체계다. 인간은 언어를 습득하고 사용할 능력을 이미 갖추고 태어나지만, 사회와 접촉을 통해서 성장하는 과정에서 개발된다. 인간이 아닌 다른 동물에게서 이러한 능력은 찾아볼 수 없다. 그 어떤 동물도 사회적 약속 체계로서의 언어를 사용한다는 증거가 아직은 없다. 이런 측면에서 보면, 언어란 인간에게만 주어진다.

언어가 사회, 공동체와 밀접한 관련이 있다는 사실은 분명하다. 개인만이 소유한 언어는 상상할 수 없다. 공동체의 의사소통을 위해서 언어의 규칙인 문법을 배워야 하고, 이것에 적합한 표현을 사용해야 하기 때문이다. 이 세상에는 약 5천5백 개의 언어가 있는 것으로 알려져 있고, 그 절반 정도는 채 7천 명이 안 되는 사람들이 구사하는 소수 언어다. 그리고 이 세상에 존재하는 5천5백 개의 언어 가운데, 문자를 보유하고 있는 언어는 2~3백 개에 지나지 않는다.

침묵

타인과 의사소통을 위해 인간은 언어를 사용한다. 이때 언어, 즉 말의 반대는 침묵이다. 인간은 말하는 동안에는 침묵하지 않고, 또 침묵하는 동안에는 말하지 않는다. 말을 한다면 의사소통을 한다는 뜻이고, 반대로 침묵한다는 말은 말문을 닫는 것인데, 이것은 의사소통하지 않는다는 것이다. 물론 이것은 겉으로 보았을 때의 관점이다. 실제로 침묵은 강력한 의사소통의 수단이 될 수 있다. 예를 들면 묵비권이나 침묵시위를 생각해 보자. 우리 법은 묵비권을 인정한다. 형법(형사소송법 제244조의 3, 제283조의 2)은 강제적인 고문에 의한 자백의 강요를 방지하여 피의자, 피고인의 인권을 옹호하려는 취지에서 수사기관의 조사나

주베를린 한국문화원 앞에서 한 사람이 "우리는 잊지 않겠습니다"라는 푯말을 들고 세월호 사태를 침묵으로 비판하고 있다.

재판에서 신문에 대해 진술을 거부할 수 있는 권리를 인정한다. 자신에게 불리한 질문에 대해 침묵을 통해서 자신의 의사를 전달하는 것이다. 심문이나 질문에 항의하기도 한다. 침묵시위도 마찬가지다. 특별한 요구나 주장을 내세우는 것이 아니라, 침묵을 통해서 더 강력한 항의를 표시할 수도 있는 것이다. 예를 들어보자.

세월호 침몰 사건이 발생했던 2014년, 독일 베를린에서도 정부의 대처에 항의하는 시위를 벌였다. 독일 베를린의 한국문화원이 위치한 포츠담 광장에서 시작한 이 시위에 참석자들은 일체의 말을 하지 않고, 침묵시위를 벌였던 것이다. 이들의 의사표현은 노란색 종이에 영어와 독일어로 쓴 "잊지 않겠습니다."라는 푯말뿐이었다. 세월호에 대한 어떤 언급도 없이 시위는 침묵으로 일관하였는데, 이 침묵은 어떤 언어로도 표현할 수 없는 슬픔, 항의 그리고 분노를 보여준다.

가끔씩 우리는 언어로 우리의 마음을 정확하게 표시하기 어렵다는 느낌을 받을 때가 있다. 예를 들면 누군가를 아주 특별한 감정을 가지고 사랑할 때, 사랑한다는 추상적이고 보편적인 명사로는 자신의 감정을 다 드러낼 수 없는 경우가 있다. 상대방에 대한 연민과 사랑 그리고 공감과 같은 다양한 감정들이 겹쳐진 상태에서 사랑을 하는 경우, 단순히 사랑한다는 말로써는 자신의 감정을 다 표현할 수 없는 경우도 있다. 이럴 때에는 침묵이 훨씬 더 효과적인 의사소통의 수단이 될 수 있다.

침묵이 의사소통의 수단이 될 수 있는 이유는 언어가 사물을 정확하게 가리킬 수 없기 때문이다. 언어가 사물을 일대일로 가리킬 수 있는가의 문제는 서양에서는 상당히 오랜 역사적 전통을 가지고 있다. 그 대표적인 예가 중세 말에 전개되었다가 중세의 붕괴를 촉진했던 보편논쟁이었다. 보편논쟁은 언어와 사물의 관계를 어떻게 봐야할 것인지를 놓고 유명론과 실재론이 첨예하게 대립한 사건이다. 이 논쟁을 이해하기 위해서는 "언어와 사물"의 관계를 생각해 봐야 한다. 즉 언어가 사물을 정확하게 가리킬 수 있는지, 다시 말하면 언어와 사물은 일대일 등가관계에 있는지의 문제가 바로 그것이다.

일반적으로 언어, 혹은 언어로 만들어진 개념은 그것이 가리키는 대상, 사건, 특징 등을 정확하게 가리킨다고 우리는 생각한다. 예를 들면, "장미가 붉다"라고 말할 때, 이 말의 진위는 언제든지 가려질 수 있다고 생각한다. 장미라는 언어를 사용할 때, 그것이 가리키는 것을 알고 있고, 붉다라는 언어를 사용할 때, 이 형용사의 의미, 그 색깔을 알고 있다고 생각하기 때문이다. 누군가가 "장미가 붉다"라고 말하면서, 장미가 아닌 벚꽃을 가리켰다라거나 아니면 푸른색을 붉은색이라고 말했다고 생각하지는 않기 때문이다. 장미나 붉은색은 누구나 알 수 있는 보편적인 속성을 가지고 있다. 그렇기 때문에, 누구나 이 보편적인 개념들을 알고 있다고 전제하는 것이다. 그러나 장미라는 보편적 개념은 존재하지만, 실제로 장미는 종류나 형태 그리고 색깔들에서 매우 다양한 모습을 보여준다. 붉은색도 마찬가지다. 완전히 순수하게 붉을 수도 있고, 붉은색이 옅을 수도 있고, 검은색에 가깝게 붉을 수도 있다. 완벽한 장미, 완벽한 붉은색은 개념으로만 존재할 뿐, 실제로는 존재하지 않을 수 있다. 장미라는 추상적 개념은 다양한 장미를 보편적으로 추상화시켜 놓은 개념이며, '붉다'라는 형용사도 마찬가지다. 따라서 "장미가 붉다"라고 말할 때, 이것은 인간의 머릿속에만 있고, 또 이 말을 들은 사람들은 각각 자신의 경험들에 의해 서로 다른 장미와 붉은색을 떠올릴 수도 있다. 이렇게 보면, 언어는 사물을 정확하게, 다시 말하면 일대일로 가리킬 수 없다는 주장도 제기될 수 있다.

마찬가지로 우리는 접시라는 단어를 사용하면서, 현실에서 우리가 보는 사물로서의 접시를 생각한다. 우리는 보편개념으로서 접시를 머릿속에 관념으로 가지고 있지만, 현실의 접시는 서로 매우 다르다. 도자기나 세라믹으로 만들 수도, 나무나 유리로 혹은 금속으로 만든 접시도 있을 수 있다. 접시라는 보편개념은 존재하지만, 이것은 모든 접시를 추상해서 보편적인 개념으로 만들어 놓은 것이지, 실재하는 것은 우리 눈에 보이는 있는 그대로의 접시들뿐이다. 접시의 형태도 원형이나 사각형일 수도 있으며, 계란처럼 타원형일 수도 있다. 만일 접시를 보지 않은 사람들, 다시 말하면 경험으로 접시를 접해보지 못한 사람들은 접시라는 언어를 들었을 때, 이것이 가리키는 대상을 모를 수도 있다. 여기에서 언어가 사물의 존재를 완벽하게 보증해줄 수 있는가라는 문제가 다시 제기된다.

이 문제를 둘러싼 논쟁이 보편논쟁이었다. 원래 서양에는 언어와 사물의 관계에 관하여 전통적으로 내려온 철학적 정의가 있었다. 그 시작을 플라톤의 ‘이데아론’에서 찾을 수 있다. 이데아론은 플라톤의 저서『파이드로스』에서 나오는데, 플라톤은 세계를 이데아와 현상(또는 ‘대상’)으로 나눈다. 현상은 우리가 눈으로 보고 손으로 만질 수 있는 것들이고, 이데아란 이것들의 배후에서 현상의 사물들을 존재하게 하는 원리다. 현상이란 감각적으로 인식할 수 있는 대상이고, 이데아란 현상들을 뛰어넘어 현상들의 총체성을 포괄하는, 보편적이고 추상적인 개념이다. 예를 들면, 현상으로서의 인간은 공부를 잘하는 사람, 그림을 잘 그리는 사람, 운동을 잘하는 사람 등 매우 다양하다. 뿐만 아니라 남자와 여자가 있으며, 젊은 사람, 나이 든 사람이 있다. 이런 다양한 사람들은 우리가 현실에서 보고 만날 수 있는 사람으로서 현상에 속한다. 그러나 이런 현상으로서의 사람이 존재하기 위해서는 다양한 종류의 사람들을 포괄할 수 있는 추상적이고 보편적인 개념, 즉 이데아로서의 ‘사람 그 자체’가 있어야 한다. 그래야 이런 다양한 종류의 사람을 사람이 아닌 다른 동물과 구별할 수 있는 것이다. 그런데 실제로 보면, 사람은 누구나 죽는다. 건강한 사람도 나이가 들면 병들고, 젊었던 사람도 나이가 들면 늙는다. 즉 현상은 시간이 가면, 변하고 사라진다. 다시 말하면 영원하지 못하다. 그러나 이데아, 즉 인간의 머릿속에 개념으로, 생각으로 존재하는 이데아는 시간이 흘러도 변하지 않고 영원하다. 따라서 플라톤은 이데아가 우월한 것이고, 현상은 열등한 것으로 평가한다. 또 플라톤은 이데아와 현상, 즉 ‘사람’이라는 언어와 실재 현실에서 마주하는 현상으로서의 사람의 관계를 원상과 모상의 관계로, 다시 말하면 모방의 관계로 파악한다. 이데아로서의 인간이 있고, 이런 개념(이데아)에서 우리가 만나는 인간(현상, 대상)이 나왔는데, 이러한 과정을 모방으로 부른 것이다. 그런데 위에서 든 예에서 볼 수 있듯이, 개념 즉 이데아로서의 인간이라는 언어와 현상으로서의 인간이라는 대상은 매우 다르다.

그 차이는 이데아는 영원하고 시간이 흘러도 변하지 않으나, 현상은 일시적이고 시간이 흐르면 변한다는 데에 있다.

다시 예를 들면, 칼을 만드는 장인은 칼에 관한 생각, 이데아를 머릿속에 가지고 있어야 한다. 칼이란 이런 것이라는 개념을 가지고 있어야, 이 개념, 즉 칼이라는 이데아에 상응하는 현상으로서의 칼을 만들 수 있다. 따라서 우리가 사용하는 칼(현상)은 우리 머릿속에 있는 칼(이데아)을 모방한 것이다. 그러나 아무리 훌륭한 장인이라도 자기 머릿속에 담겨 있는 칼의 이데아를 그대로 재현할 수는 없다. 칼을 만드는 장인의 기술력의 한계도 있고, 금속의 속성도 있기 때문이다. 따라서 실재로 만들어 놓은 칼은 머릿속에 담겨 있는 칼의 성능을 그대로 발휘할 수 없다. 머릿속에 있는 칼의 이데아를 실재 현상으로서의 칼로 제작하는 과정을 플라톤은 모방으로 부르며, 이데아를 원상으로, 만들어진 칼을 모상으로 부른다. 플라톤에 따르면 모방의 과정에서 현상은 이데아의 본질에서 멀어진다고 보며, 이데아의 우월을 주장한다.

플라톤은 이데아의 우월성을 주장하는 데에 그치지 않고, 이데아란 인간의 머릿속에 개념으로만 존재하는 것이 아니라, 객관적이고 형이상학적인 실체를 가지고 있다고 주장한다. 현실에서의 칼, 현상으로서의 칼의 존재를 현실 바깥의 추상적인 관념으로서의 칼을 통해 입증하려는 것이다. 우리가 칼이라는 이데아(언어)를 알고 있다는 것은, 현상으로서의 칼이 존재함을 보증해 준다. 플라톤의 이데아론은 추상적인 개념, 보편적인 언어가 실재하고, 이것이 가리키는 대상도 실재한다는 입장을 뒷받침하는데, 이것을 실재론realism이라고 부른다. 실재론의 반대에 섰던 입장은 유명론nominalsm이다. 유명론의 입장에서 보편개념은 단지 머릿속에서 추상해 놓은 것에 불과할 뿐, 다시 말하면 인간이 언어로 표기해 놓은 것에 불과할 뿐, 이것이 가리키는 대상의 실재를 보증

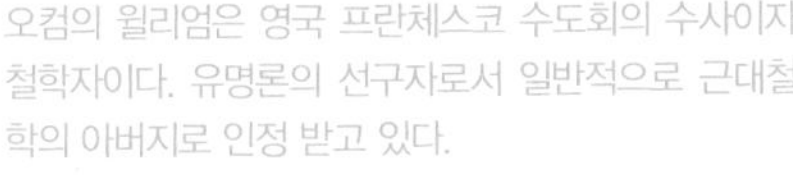
오컴의 윌리엄은 영국 프란체스코 수도회의 수사이자 철학자이다. 유명론의 선구자로서 일반적으로 근대철학의 아버지로 인정 받고 있다.

할 수 없다는 입장이다. 예를 들면 '용'이라는 언어를 생각해 보자. 우리는 '용'이라는 단어를 사용하고, 이것을 영화나 그림을 통해 보지만, 실재로 '용'은 존재하지 않는다. '사람'이라는 언어도 마찬가지이다. 실제로 존재하는 것은 고유명사로서의 '사람', 즉 우리가 일상에서 마주하는 다양한 종류의 '사람'일 뿐, '사람'이라는 언어 자체는 우리의 머릿속에서만 개념으로, 추상적 언어로 존재할 뿐이다.

중세의 보편논쟁은 실재론과 유명론이 대립하여 벌인 논쟁이었다. 이것은 단지 철학적인 논쟁에 그치지 않았다. 중세를 떠받들었던 기독교의 핵심문제를 건드렸던 것이다. 예를 들면 중세 기독교의 교리의 핵심으로서 '삼위일체'나 '신'은 존재하는가라는 문제가 그것이다. 실재론자의 입장에서는 우리가 신이라는 언어를 사용하는 것은 실재로 신이 존재하기 때문이라는 입장을 폈다. 그러나 유명론자들은 우리가 신이라는 개념을 사용한다고 해서, 실재로 신이 존재한다는 보증은 되지 못한다고 주장한다. 단지 신이라는 이름만이 존재할 수도 있다는 입장을 관철시켰다. 이 논쟁은 유명론의 승리로 끝났고, 그 결과 르네상스와 같은 근대사회로 이행하는 계기를 마련한다. 이렇게 해서 공고했던 중세의 터전이 무너질 수 있었다.

『장미의 이름』에 나타난 보편논쟁

보편논쟁은 이탈리아의 기호학자이자 소설가인 움베르토 에코의 『장미의 이름』(1980년)에서도 중요한 주제로 등장한다. 이 소설에는 호르헤(베네딕트 교단 소속)와 윌리엄(프란치스코 교단 소속)이 등장하는데, 호르헤는 중세 수도원의 도서관 사서, 윌리엄은 신부다. 호르헤는 신의 존재를 확신하는 광신도로서 실재론을 대표하고, 윌리엄은 그가 착용한 안경에서 알 수 있듯이, 인간의 직접적인 현실 경험을 중시하며 유명론을 대표한다.

실재론을 대표하는 호르헤의 입장을 보면, 장미, 인간과 같은 이름(혹은 보편개념)은 실제로 존재하고, 각각의 개체로서의 장미, 인간은 이 보편개념을 나누어 갖는다. 마찬가지로 신이라는 보편자가 있어서 인간이라는 개별자가 있으며, 인간은 신의 속성을 나누어 갖는다. 그러나 유명론을 대표하는 윌리엄에 따르면 보편개념은 명사로서의 개념에 지나지 않으며, 실재하는 것은 개체일 뿐, 보편자가 실재하는 것은 아니다. 윌리엄 수도사의 실재 모델이었던, 중세 말 르네상스 초기의 학자 윌리엄 오브 오컴에 따르면 보편개념은 결코 인간의 외부에, 다시 말하면 현실에 존재할 수 없다. 보편개념은 관념적 형태일 뿐, 존재하지 않는다. 개별자만 존재하고 보편자는 실재하지 않으며 추상적인 관념일 뿐이다. 윌리엄 수도사는 따라서 작품 끝부분에서 이렇게 말한다. "마치 귀신들린 사람처럼 나는 질서의 가상(겉모습)을 쫓아왔건만, 세상에 질서란 존재하지 않음을 알고야 말았다." 질서라는 단어가 있다고, 실제 세상에 질서가 존재하는 것은 아니라는 윌리엄의 말은 유명론의 대표적인 관점을 잘 보여준다. 실제 작품에서 호르헤는 도서관이 불타면서 죽는 것으로 묘사되는데, 이것은 실재론에 대해서 유명론이 승리하는 것을 의미하고, 작품의 이런 구도는 중세가 끝나고 르네상스로 이행해가는 모습을 보여준다.

중세의 문화로 들어가서 이를 좀 더 상세하게 알아보자. 13세기 옥스포드의 프란치스코 수도회 소속이었던 로저 베이컨은 안경을 구상하고 비행기를 설계하는 등, 경험의 세계를 중시하여 근대로의 이행에 주춧돌을 놓았다. 그런데 그는 윌리엄 수도사의 스승이었다. 이들은 실험에 의해 검증된 자연과학을 수용하고, "검증되지 않아 오류의 가능성이 있는 권위적 견해들을 배제"할 것을 요구하는데, 이러한 입장은 일견 신의 권위에 대한 도전으로 간주될 수 있고, 또 근대를 예비한 르네상스의 출발점을 의미할 수도 있다. 르네상스 문화의 가장 핵심적인 원리가 '경험'이었는데, 이것을 로저 베이컨의 '안경'이라는 소도구가 상징한다. 작중 윌리엄이 늘 안경을 끼거나 만지는 행위를 보여주는 것은 작품이 의도적으로 윌리엄을 베이컨과 연결시키려는 의도로 해석된다.

프란치스코파는 신성에 대한 절대적 믿음을 갖고 있는 베네딕트파의 호르헤와 정면으로 대치될 수밖에 없다. 호르헤는 자연과학이란 신성을 본질로 하는 우주를 파괴하는 행위라고 믿었다. 그가 아리스토텔레스를 미워한 것도 아리스토텔레스가 창세기의 우주 창조에 대해 자연과학적인 입장에서 접근했기 때문이다.

말과 사물

언어가 사물을 정확하게 지시하지 못하는 문제는 플라톤을 비롯한 서양의 전통적인 언어관이 무너지면서 다양하게 제기된다. 그 초기에 보편논쟁이 있었고, 이 논쟁에서 유명론이 승리했다. 즉 언어는 언어로만, 즉 사물을 가리키지 못한 채로서만 존재할 수도 있다는 입장을 유명론이 대변했다. 그 외에 포스트모더니즘 이론가들이 제기한 로고스

중심주의에 대한 비판이 있다.

포스트모더니즘 이론가들은 언어란 개념을 통해 구성되거나, 혹은 언어에는 이데올로기가 담겨 있다고 주장한다. 예를 들면, 서양에서는 고대에서부터 선과 악, 영혼과 육체라는 이분법을 사용하는데, 이러한 용어는 늘 그 시대의 지배적인 담론체계에 의해 만들어진 것일 뿐, 실제로 존재할 수 없다는 것이다. 영혼과 육체에 한정해서 보자면, 고대에는 이데아와 현상의 관계에서 이데아(영혼)를 우월시하고 육체(현상)를 열등하게 보는 문화적 합의가 만들어졌고, 중세에는 신적인 것(영혼)을 우선시하고 악마적인 것(육체)을 열등시하는 기독교적 가치관 때문에 이 둘이 구분되었을 뿐, 실재로 인간에게 영혼과 육체는 늘 함께 작용하는 것이지 서로 구분되는 것이 아니라는 것이다. 또 서양의 고대나 중세에는 추상적인 개념에 의해 현실을 판단하려는 경향이 있었다. 예를 들면, 진리, 신, 이성, 합리성, 선과 악 등의 개념이 그것인데, 이것도 역시 개념을 통해 만들어진 것일 뿐, 실재하는 것이 아니라는 점을 포스트모더니스트들은 주장한다.

실재의 현실에서 진리란 객관적이고 영원한 것이 아니라, 늘 시대와 역사, 또 관찰자의 입장에 따라 다르게 판단된다. 심지어 니체는 지배층의 이념에 맞는 것이 도덕적 선이고, 그렇지 않는 것은 도덕적 악이라고 주장하며, 이러한 판단은 시대와 역사 그리고 지배계층이 바뀌면 바뀔 수밖에 없다고 지적한 바 있다. 포스트모더니스트들은 말, 이성, 개념, 진리와 같은 언어들이 가리키는 대상들은 실재로는 존재하지 않고 단지 개념으로만 존재하는데, 이것이 현실을 판단하는 기준이 되고 억압과 배제의 가치 판단의 근거로 작용하게 됨으로써, 인간의 삶을 억압한다고 주장하면서, 이것을 로고스 중심주의라고 부른다.

다시 말하면 언어와 의미의 관계에서 의미는 실재하는 것이 아니라,

르네 마그리트, 「이미지의 배반」(1929)

꾸며낸 것, 이데올로기에 의해 만든 것이 된다. 실재하지도 않고 단지 꾸며낸 의미를 통해서 세계를 대립적인 관점으로 보는 것인데, 영혼/육체, 긍정/부정, 이데아/현실 등의 개념이 바로 그것이다. 이를 통해서 현실 바깥의 잣대(진리, 신, 이성)를 통해서 현실을 재단한다는 것을 포스트모더니즘이론가들은 비판한다. 이런 입장에 선 포스트모더니스트들이 데리다, 리오타르, 보드리야르 등이다.

말과 사물의 관계를 그림을 통해 살펴보자. 벨기에 출신의 화가 르네 마그리트는 1929년에 「이미지의 배반」이라는 그림을 그렸다. 이 그림에는 파이프가 그려져 있고, 그 아래에는 "이것은 파이프가 아니다"라는 글자가 쓰여 있다. 파이프를 매우 사실적으로, 누구나 봐도 파이프라는 사실을 알 수 있을 정도로 객관적이고 사실적으로 그리고도 "이것은 파이프가 아니다"라는 글을 써 놓음으로써, 관람자로 하여금 상당한 당혹감을 느끼게 한다.

이 그림에 대한 해석은 다양한데, 그 가운데 대표적인 것이 1973년에 나온, 포스트모더니즘 이론가 푸코의 글이다. 푸코는 『이것은 파이프가 아니다』라는 책에서 말과 사물의 관계에 관한 자신의 주장을 펼친다. 푸코는 마그리트의 이 그림에서 "이것은 파이프가 아니다"라는 글귀가 추가된 이유는 그림으로 그려진 파이프가 실재의 파이프와 다르다는 것, 그림은 그림으로서만 존재한다는 것, 그리고 파이프 그림은 반드시 현실의 파이프와 관계되는 것이 아니라, 또 다른 이미지, 예를 들면 아카시아, 달과 관련될 수도 있다는 것을 주장한다. 이런 관점에서 그림에 그려진 파이프는 그림일 뿐이고, 실제의 파이프는 아니다. 이것은 이미지가 대상에서 해방되는 것인데, 포스트모더니스트들은 이것을 "기표의 유희"라고 불렀다. 언어는 언어일 뿐, 반드시 대상과 관련지어져서는 안된다는 것이다. 데리다에 따르면 언어의 의미는 공허한 것, 텅 빈 것이고, 결코 그 의미가 확정되지 않는다. 이것을 가리켜 "부유하는 기표"라고 부른다. 언어, 곧 기표는 의미가, 다시 말하면 지시대상이 확정되지 않기 때문에, 자유롭게 떠돌 뿐이다.

비의적인 관점에서 언어와 침묵

언어를 조금 비의적인 관점에서 볼 수도 있다. 언어란 의사소통의 수단이 아니라 인간이 자연과 소통하는 통로라는 관점이 그것인데, 그 이론적 토대를 독일의 문예이론가 발터 벤야민의 언어 이론에서 찾을 수 있다. 발터 벤야민에 따르면 태초의 세계에서 인간은 자연과 하나였고, 자연스럽게 교감을 나눌 수 있었다. 인간이 자연과 하나였던 시대, 역사 이전의 시대에 인간은 자연과 폭넓게 교감을 나누었다. 그 증거는 고대의 신화에 잘 나타난다. 예언자들이 동물의 내장을 가르거나 하늘의 별을 보고 인간의 운명을 점칠 수 있었던 것도 이런 이유 때문이다. 하늘의 별을 보고, 인간의 운명을 점치는 광경이 고대의 신화에 잘 나타나는데, 이것은 하늘의 별을 통해서 인간과 신, 인간과 자연이 교감을 나누었음을 보여준다. 그러나 문명화되면서, 다시 말하면 인간의 사고가 이성중심적으로 변모하면서, 이러한 교감은 비이성적인 것으로 치부되었고 미신으로 타락하게 되었다. 그러나 자연과의 교감이 인간에게 완전히 사라져버린 것은 아니다. 인간에게는 언어가 있기 때문이다.

본래 언어란 자연과의 교감을 보증하는 강력한 회로 가운데 하나였다. 인간은 무정형의 것들, 미지의 것들, 이름도 없고 서로 아무런 연관성도 없이 주어져 있는 것들에 이름을 붙여 교감한다. 마치 김춘수 시인의 꽃 연작시에 나오듯이, 인간과 자연이 서로 교감하는 통로가 언어였는데, 김춘수의 꽃은 이렇게 시작한다.

> 내가 그의 이름을 불러주기 전에는
> 그는 다만
> 하나의 몸짓에 지나지 않았다.
>
> 내가 그의 이름을 불러 주었을 때
> 그는 나에게로 와서
> 꽃이 되었다.
> (…)

하나의 몸짓에 불과한 자연의 이름 없는 사물이 나에게 꽃이 되는 것은, 내가 그것을 꽃으로 이름하여 가능해진 것이고, 꽃이라는 이름을 통해서 나와 자연이 서로 공감하고 하나가 되었음을 시인은 표현하고 있다. 유사한 예가 고대의 신화에서 자주 나온다. 선사시대의 사람들은 폭력적이고 위압적이며 혼란스러운 자연에 이름을 붙임으로써, 예를 들면 폭풍우 몰아치는 바다를 포세이돈으로, 거부할 수 없는 아름다움을 비너스로 명명함으로써, 자연과 교감하며 불안을 이겨냈다. 인간이 아직은 낙원의 상태에 있었을 때, 다시 말하면 선악을 판단하기 이전에, 언어란 인간과 자연의 순수한 교감을 보증해주었다. 이런 언어는 성경 구약의 창세기에 나와 있는 신의 언어, 즉 신이 세상을 창조할 때 사용한 언어와 같은 역할을 한다.

그러나 인간의 사유가 이성중심적으로 변모하면서 언어가 지닌 마법이 소멸하고 단순히 사물을 가리키는 기호로 타락하면서, 인간의 비극이 시작된다. 인간은 더 이상 언어를 매개로 자연과 교감할 수 없게 되고, 언어를 통해서 사물을 지시하지만, 그 지시는 일면적으로 남는다. 성경에는 이 시기를 아담이 선악과를 따먹은 시기로 파악하지만, 역사철학에서는 이성과 합리성이 인간의 사유에 깊숙이 침투한 계몽주의를 그 분기점으로 본다. 문명화라는 계몽의 기획에 의해 비합리적인 것, 비현실적인 것, 비논리적인 것이 인간의 사유에서 배제되고, 자연과 상상력과 욕망이 억압되면서 언어의 타락도 시작되었다. 언어는 자연에서 멀어져 추상화되었고, 인간은 자연과의 근원적인 교감능력을 상실하게 되었으며, 그 결과 타락한 언어가 가리킬 수 없는 세계는 인간에게 완전히 침묵하고 말았다.

자연 혹은 세계와의 교감이 사라져 버린 시대, 인간이 더 이상 언어를 통해서 자연 혹은 세계와 교감을 다시 시도할 수 없는 시대에, 자연 혹은 세계는 인간에게 침묵한다. 언어가 가리킬 수 없는 것들이 인간에게 침묵하게 되면서, 침묵은 인간에게 또 다른 언어가 된다는 사실은 분명 역설이다. 침묵은 언어를 무력화시키는 절벽처럼 보이지만 언어로 표현할 수 없는 것들이 침묵을 통해서 돌발적으로 모습을 드러내기도 하기 때문이다. 말없음으로서의 침묵은 또 다른 언어가 되어, 이성적인 언어로는 표현할 수 없는 것을 드러낸다.

구태여 신비주의자 에크하르트 폰 호흐하임(1260–1328)이나 개신교 신학자 루돌프 오토(1869–1937)를 인용하지 않더라도, 신성의 체험은 침묵을 통해서, 다시 말하면 언어 없음의 상태에서만 가능하다. 기독교의 묵상이나 불교의 묵언수행을 생각해 보자. 무언, 침묵, 묵상의 상태에서 오히려 언어로는 설명할 수 없는 신성을 체험할 수 있다. 언어란 현상에 대한 개념적인 이해에 불과한데, 신성과 같이 개념을 떠나 존재하는 것들은 침묵 속에서만 모습을 드러내기 때문이다. 우리나라 사찰의 일주문 주련에 써놓은 '입차문래 막존지해入此門來 莫存知解'라는 글귀도 불성이란 결코 알음알이로, 개념적 언어로 포섭되지 않음을 강조한다. 이 구절은 "이 문으로 들어오는 사람은 지식으로, 개념으로 알려고 하지 말라"라는 뜻인데, 이것은 이성적인 언어를 통해서는 불성의 근본세계에 도달할 수 없으니, 묵언, 침묵하라는 뜻이다. 무념을 사유하여 불성을 깨우친다는 불교의 수행법과 신과의 대면을 추구하는 기독교 신비주의가 침묵을 강조한 이유도 여기에 있다.

셰익스피어의 『리어왕』

사랑의 체험이나 고백에도 침묵이 더욱 효과적일 수 있다. 좋은 예가 『리어왕』에 나타난다. 셰익스피어의 4대 비극 가운데에서도 가장 뛰어난 비극성을 간직한 것으로 평가받는 이 작품에서 리어왕은 정치 일선에서 물러나 여생을 평온하게 보내기 위해 세 딸에게 제국을 분할해 주려 한다. 약삭빠른 고너릴과 리건은 아버지에 대한 사랑을 감동적으로 표현하지만, 실제로 이 두 딸에게는 사랑이 아니라 왕권에 대한 탐욕이 더 클 뿐이다. 즉 첫째 딸과 둘째 딸이 표현하는 아버지에 대한 사랑은 실제로는 유산에 대한 욕망에 다름 아니고 사랑은 아니었던 것이다. 두 언니의 탐욕과 거짓 사랑에 환멸을 느낀 셋째 딸 코델리아는 아버지에 대한 사랑을 표현하지 않지만, 이 셋째 딸의 침묵은 훨씬 더 강렬한 사랑이었다. 개념으로 환원할 수 없는 사랑이 어찌 언어로 표현될 수 있겠는가? 사랑의 내밀한 진실은 언어로는 표현할 수 없는 것이다. 코델리아의 침묵이 고너릴과 리건의 언어보다 훨씬 더 짙은 사랑을 의미한 것은 신성이 침묵을 통해서만 표현되는 것과 같은 이치다.

예술이론에서 언어와 침묵

예술도 마찬가지다. 독일의 낭만주의 작가 H. 클라이스트가 "언어는 영혼을 그려낼 수 없다."고 선언하는데, 그 배경에는 언어는 단지 찢겨진 파편일 뿐, 개념 너머에 있는 인간 사유의 또 다른 부분은 언어로 절대로 표현할 수 없다는 신념이 자리하고 있다. 초현실주의 예술이 훈육되고 통제된 사회에서의 획일성에 저항하며, 언어 아닌 언어로, 마치 꿈속에서와 같은 마법적인 언어로 의미를 전달하려 한 이유도 여기에 있다. 개념으로 규정되는 일상이 하나의 세계라면, 개념을 넘어선 곳에 또 다른 세계가 있다. 이러한 세계는 언어가 아닌 언어, 침묵을 통해서만 접근할 수 있다. 언어로 표현할 수 없는 것들이 이러한 예술에서 모습을 드러내어, 이성적 사유를 넘어선 세계로 우리를 인도한다.

예술적 체험과 같이 침묵을 통해서 드러나는 경험은 "결코 일의적이지 않고, 오로지 명상적이고 완전히 이해관계를 떠나서 대상과 관련을 맺을 때 이루어진다." 대상과 미적으로 만날 때, 다시 말하면 이성적 언어가 침묵하는 공간에 서게 될 때, 주체와 객체는 다른 관계를 맺게 되는데, 이것은 예술이 지닌 화해의 효과이기도 하다. 하나의 사건을 보도하는 신문기사와 문학작품은 서로 다른 효과를 낸다. 신문기사는 일상적인 의사소통의 수단으로서의 언어에 의존하여 사건을 객관적으로 보도한다는 느낌을 주지만, 그것은 기사를 작성하는 기자의 입장이 가미된 일방적인 기사일 뿐이다. 문학작품은 다르다. 문학은 독자들에게 폭넓은 상상과 의미의 환기를 가능하게 해주어, 신문기사와 다른 체험을 제공한다. 이성적 언어, 일상생활에서 사용하는 의사소통의 언어가 작동을 그칠 때, 인간은 세계, 자연과 또 다른 차원, 다시 말하면 이성을 넘어선 차원에서 교류하게 된다. 하나의 동일한 작품을 읽더라도, 그 느낌은 독자에 따라 서로 다를 수 있다. 이를 통해서, 획일성, 집단성, 전체성이 지양되고 개인 간의 차이가 인정되는 진정으로 자유로운 세계가 열릴 수 있다.

현대 분석철학을 열었던 비트겐슈타인이 『논리철학 논고』(1921)의 제7항에서 "말할 수 없는 것에 대해서는 침묵해야 한다."고 한 의미도 여기에 있을 것이다. 현대 언어철학의 초석을 놓은 것으로 평가받는 오스트리아 출신의 비트겐슈타인은 철학적 분석의 대상은 의미 있는 명제와 의미 없는 명제를 언어의 기능방식을 밝힘으로써 서로 구분하는 것이라고 말한다. 언어가 사태를 명확하게 지시할 경우, 그 언어가 만든 명제는 의미 있는 것이 되지만, 언어가 사태를 명확하게 지시하지 못할 경우, 그 언어로 만든 명제는 의미 없는 것이 된다. 언어가 사태를 명확하게 지시할 수 없는 것, 이것이 바로 말할 수 없는 것인데, 이것에 대해서는 침묵해야 한다. 예를 들면 신비스러운 것, 언어로 표현할 수 없는 것이 분명히 존재하는데, 이것은 침묵을 통해서만 표현될 수 있다. 말해질 수 없는 것, 신비스러운 것은 대체로 삶의 문제나 도덕 및 윤리적인 문제다. 과학의 명제가 아닌 것들은 침묵함으로써 더 효과적으로 표현될 수 있다.

참고문헌

미셸 푸코, 『이것은 파이프가 아니다』, 김현 옮김, 고려대학교출판부, 2010.

움베르토 에코, 『장미의 이름』, 이윤기 옮김, 열린책들, 2009.

Hans Robert Jauß (Autor), *Kleine Apologie der ästhetischen Erfahrung* (『미적 체험의 작은 변명』), Universitätsverlag Konstanz, 1972.

12

"이성으로 이루 다 설명할 수 없는 것이 있다는 쾌감,
상상력이나 감각으로는 개념적으로 파악할 수 없다는 고통"

낭만주의가 절정을 이룬 1800년 무렵, 유럽의 예술에서는 부서진 성채, 위압적인 정도로 우뚝 솟은 산봉우리, 가파른 협곡, 낭떠러지 해변, 거대한 산맥과 같은 장면 묘사가 자주 등장한다. 좋은 예가 앞 장에서 살펴본 프리드리히의 그림에 자주 나오는데, 구름 낀 산, 폭풍우 몰아치는 바다, 쏟아붓듯이 흘러내리는 폭포 등 위압적인 자연이 자주 등장한다. 이러한 자연은 "절대적으로 위대한 것", "비할 나위 없이 위대한 것"이고 또 이러한 자연은 "두려움의 대상으로 관찰할 수 있기 때문에", 칸트가 말하는 (미의 범주가 아닌) "숭고das Erhabene, the sublime"의 범주에 들 수 있다.

이 시기에 칸트가 펴낸 철학서 『판단력비판』에 따르면, 이러한 "숭고한" 자연 현상[사물]은 늘 상상력과 이성의 관계로 파악된다. 미적 대상과 달리, 이러한 숭고한 자연의 대상은 절대적으로 위압적이고 격정적인 부조화와 불균형적 존재이기 때문에 일단 관찰 주체에게는 "불쾌감Unlust"으로 나타나지만, 지적인 힘 내지는 이성적 능력을 소유한 인간에게는 감각적인 인상을 넘어설 수 있는 초감각적, 도덕적 능력을 부여하기 때문에 "쾌감Lust"을 심어준다. "숭고"의 미학은 그러니까 자율적인 주체가 자연의 지배자로 일어설 수 있는 거점이 되는 셈인데, 주체가 자연으로 도피하여 그곳에서 승리감을 만끽했던 시민사회의 일반적인 정신사적 흐름이 여기에서 나타난다. 이러한 현상은 예술과 삶, 곧 미와 숭고의 범주를 아우르고자 했던 낭만주의 시대에 더욱 분명해진다.

C. D. 프리드리히, 「자욱한 안개 속의 방랑자」(1818)

다시 프리드리히의 그림으로 돌아가 보자. 「자욱한 안개 속의 방랑자」라는 그림에 나오는 인물은 프록코트를 걸치고 지팡이를 들고 바위 위에 서서 바다처럼 깔린 안개와 대면하고 있다. 위압적인 자연과 대면하는 그의 태도는 명상과 사념에 잠겨 있다. 격랑처럼 펼쳐지는 안개바다 사이로 어렴풋이 두서너 개의 봉우리가 솟아 있다. 이 화폭의 구도에 따르면 이 인물과 그 봉우리 사이의 거리는 너무나 멀고, 그 사이에는 안개에 가려 그 끝을 알 수 없는 심연이 놓여 있다. 자연은 결코 인간이 노동력을 동원하여 가공할 대상이 아니라, 말없이 전능을 행사하는 위압적인 실체이고, 이러한 자연에 인간은 겸허하고, 겸손한 마음가짐으로 다가가야 한다. 이 그림은 화가의 이러한 태도를 표현한다는 해석이 일반적이다. 절대적으로 큰 것, 거대한 것으로서의 자연의 폭압, 그럼에도 불구하고 이를 극복하고 넘어설 수 있는 이성적 존재로서의 인간의 품위가 불쾌감과 쾌감의 대립으로 드러나는데, 미학에서는 이것을 숭고라고 부른다.

일상적인 의미에서 숭고란 커다란 것, 이성적 사유로는 파악할 수 없을 정도로 압도적인 것을 가리킨다. 여기서 말하는 커다란 것, 이성적 사유로는 파악할 수 없을 정도로 압도적이라는 말의 뜻은, 인간이 도달하거나 파악할 수 없을 정도로, 인간의 이성적 사유를 넘어서는 것을 말한다. 즉 놀라움, 공포심, 경외심을 불러일으킬 정도로 엄청난 위협이 숭고의 대상이다. 우리가 그 정체를 쉽게 파악할 수 있는, 혹은 일상적으로 자주 맞이하는 폭우는 숭고하지 않다.

그러나 일상적인 경험을 넘어서, 인간의 이성적 사유를 압도할 경우, 폭우는 숭고의 대상이 될 수 있다. 예를 들면, 자신의 이익을 버리고 타인을 구해주려다 목숨을 잃은 의인들도 숭고하고, 집어삼킬 정도로 폭압적인 파도도 숭고하다고 말할 수 있다. 타인을 구하려다 목숨을 잃은 의인, 삼킬 듯이 덤비는 자연의 폭력은 도저히 인간의 이성적 사유로는 이해할 수 없는 현상이기 때문이다. 그러나 여기에서 잊어서는 안 될 점은, 삼킬 듯이 덤비는 자연의 폭력은 대체로 인간에게 두려움을 주지만, 이러한 자연의 폭력을 숭고하다고 부를 수 있기 위해서는 인간이 이러한 자연의 폭력을 넘어설 수 있는 위치에 있어야 비로소 가능하다는 것이다. 이것이 두려움과 숭고의 중요한 차이점이다. 커다란 것, 인간을 압도하는 것이 인간에게 두려움을 주지 않고 숭고한 감정을 주기 위해서는 인간이 그 위험에 빠지지 않아야 한다는 조건이 있다. 이런 의미에서 숭고는 위압적인 것과 이를 극복할 수 있는 인간의 상황, 이것을 다른 말로 하면, 위압적인 것과 이에 대한 극복의 매체로서의 인간의 이성적 사유가 결합된 이중적 의미로 이해할 수 있다. 자연이나 혼돈에 대한 이성의 승리를 입증해줄 수 있는 것이 바로 숭고인 셈이다.

인간에게 전율을 일으킬만한 험난한 자연은 "절대적으로 거대한 것", "비할 나위 없이 거대한 것"이고 또 이러한 자연은 인간에게 두려움을 줄 수도 있는데, 인간에게는 이를 넘어설 이성적인 품위가 있다. 자연의 대상은 절대적으로 위압적이고 격정적인 부조화와 불균형적 존재이기 때문에 일단 관찰 주체에게는 "불쾌감"으로 나타나지만, 지적인 힘 내지는 이성적 능력을 소유한 인간에게는 감각적인 인상을 넘어설 수 있는 초감각적, 도덕적 능력이 있다. 인간이 험준한 산맥을 보면서도 "쾌감"을 느끼는 이유가 여기에서 설명된다. 가령 험난한 파도가 일고, 배는 좌초할 위험에 빠져 있는 광경을 우리가 창 넓은 찻집에서 물끄러미 즐기면서 바라본다고 생각해 보자. 이 경우 광포한 자연(두려움, 공포, 이성의 능력으로는 통제할 수 없는 거대한 것, 불안, 불쾌감)과 안전한 곳에 있는 아늑함(편안함, 이성적 능력, 쾌감)이 뒤섞이는데, 이성적 주체가 비이성적인, 거대하고 폭압적인 자연을 마주할 때 느끼는 전율과 아늑함이 뒤섞인 감정이 바로 숭고인 것이다.

숭고의 활용

숭고라는 감정적 효과가 인간에게 알려진 것은 이미 아리스토텔레스의 『시학』에서 비롯된다. 잘 알려져 있듯이 『시학』은 비극론인데, 이 책에서 아리스토텔레스는 비극을 주인공이 파멸하는 이야기라고 말하면서, 주인공의 파멸이 끔찍하면 끔찍할수록, 관객들에게는 더 많은 두려움과 공포심을 불러일으키고, 이것이 더 효과적으로 관객들을 카타르시스로 이끌 것이라고 말한다. 예를 들면 『오이디푸왕』에서 아버지를 죽이고 어머니와 결혼하는 오이디푸스가 자신의 죄를 뉘우치고, 스스로 눈을 찌르는 장면은 관객에게 엄청난 고통과 두려움을 생생하게 전달해주는데, 이것은 숭고의 대상이 될 수 있다. 뿐만 아니라, 선동적이고 감성적인 수사학 전통에서도 숭고의 효과를 활용한 흔적이 발견되는데, 이를 고대 로마의 수사학자 롱기누스가 체계적으로 밝히고 있다.

고대 수사학이 대중을 감성적인 방식으로 설득하고 감동을 전달하여 자신의 논리를 관철하기 위한 목적에서 개발된 것이고, 이런 목적에 도달하기 위해서 고대의 웅변술가들이 자신의 논리를 효과적으로 전달할 수 있는 수사학적인 설득(여기에는 절박함, 감동, 위기감, 두려움 등을 논리적이고 설득적으로 전달하는 방법이 포함됨)을 목표로 수사학적 기법들을 개발했는데 그 내용이 고대의 수사학자 롱기누스에게서 나타난 것이다. 이로써 인간의 감정으로서의 숭고에 관한 논의가 처음으로 다루어졌다.

1800년 무렵에 이르러, 언급했듯이 칸트는 자신의 철학서 『판단력비판』에서 숭고를 미(아름다움)와 구분한다. 미란 그 자체로 아름다운 것이고, 보는 사람에게 쾌감을 불러일으키지만, 숭고는 그렇지 않다. 숭고에는 쾌감과 불쾌감이 함께 존재한다. 왜 불쾌감이 함께 존재하는가? 칸트가 정의한 숭고란 감각적으로 파악할 수 없는 것을 뜻한다. 이 철학자에 따르면 숭고한 자연은 인간이 감각적으로 파악할 수 없는 어떤 것이어서, 인간에게 무기력감을 줄 수 있지만, 동시에 그것을 매개로 해서 인간 내부에 잠재되어 있는 초감각적 능력을 일깨워준다. 관념론의 전통을 두텁게 간직한 칸트가 보기에 숭고라는 감정은 자연의 사물이나 현상이 아니라 이를 보고 느끼는 인간 안의 초자연적인 도덕성이다. 이런 의미에서 숭고는 인간이 가진 두 대립적 속성, 다시 말하면 감각과 초감각, 상상력과 이성에 연결된다.

인간은 끊임없이 감각적 세계, 상상의 세계에 빠져들지만, 그럼에도 불구하고 이를 넘어설 수 있다. 인간은 자연의 폭력 앞에서 무기력하고 두려움을 느낄 수 있지만, 그럼에도 불구하고 이를 넘어설 기반을 마련해 놓고 있다. 만일 이 기반이 마련되지 않을 경우, 자연의 폭력은 두려움을 일으키는 데에 그치지만, 인간에게는 이를 넘어설 기반이 있어서, 자연의 폭력이 숭고의 대상이 될 수 있는 것이다. 칸트는 그 근거를 인간의 이성능력에서 찾는다. 인간의 마음은 늘 이성을 넘어서는 상상의 세계에 가 닿지만 이 세계는 이성의 견제를 받고, 혹은 그 반대일 경우도 많다. 칸트는 상상력이 발달한 감각적 존재로서의 인간보다도, 이성적인 존재로서의 인간을 더 숭고하다고 보았다. 끊임없이 인간이 갈 길을 비춰주는 "하늘의 별"도 사실은 이성적 존재로서의 인간의 품위를 세워줄 도덕에 다름 아니었다.

칸트의 관념론은 이렇게 시민사회의 윤리관의 토대가 되었다. 이성과 상상력이 서로 견제하고 균형을 이루는 곳에서 숭고가 자리잡고 있다. 숭고란 그러니까 자율적인 주체, 이성적인 주체를 전제로 하고, 주체가 자연의 지배자로 일어설 수 있는 거점이 되는 셈인데, 주체가 자연과 대결하여 승리감을 만끽했던 시민사회의 일반적인 정신사적 흐름이 여기에서 나타난다. 이러한 현상은 예술과 삶, 곧 미와 숭고의 범주를 아우르고자 했던 낭만주의 시대에 더욱 분명해진다.

영미 철학과 예술에서의 숭고

영미권의 미학과 철학에서 보는 숭고는 이와 달라서 흥미롭다. 영국 낭만주의 예술의 이론적 토대를 잘 보여주는 에드문드 버크는 『숭고와 아름다움의 이념의 기원에 관한 철학적 탐구』에서 숭고를 이렇게 정의한다. "그 어떤 식으로든 끔찍한 것 혹은 끔찍한 대상과 관련된 것 혹은 끔찍한 방식으로 작용하는 모든 것이 숭고의 원천이다. 위험과 고통이 너무나 가까이서 우리를 파고든다면, 이것들은 우리에게 즐거움을 제공할 수 없다. 위험과 고통은 그저 끔찍할 뿐이기 때문이다." 흥미로운 점은 그가 숭고와 이성의 관계를 칸트와 다르게 파악했다는 사실인데, 버크의 눈에 숭고란 인간의 이성적 측면이 마비되는 단계에서 나타난다. "자연에 있는 거대한 것과 숭고한 것이 몹시 강력하게 작동할 때 야기하는 감정은 경악이다. 경악은 어느 정도 공포가 동반될 정도로 우리 영혼의 모든 움직임이 정지되는 영혼의 상태이다. 이런 상태에서는 우리의 마음은 완전히 대상에 사로잡혀, (…) 이성적 사고를 앞지른다." 인간이란 아무것도 일어나지 않을지도 모른다는 불안감에 시달리는데, 고통도 즐거움도 없는 권태나 무관심의 상태에서 숭고라는 미학적 효과를 고대한다.

아방가르드 예술에서의 숭고, 전체주의와의 관계

미적 범주로서의 숭고는 서양의 시민사회가 급속하게 위기에 빠질 때, 예술에서 자주 주제화되었다. 서양의 근대 역사에서 사회의 위기는 근대의 시민사회가 태동하던 1800년 무렵(프랑스혁명), 시민사회가 절정에 이르렀다가 몰락기에 접어들었던 1900년 무렵(1차 세계대전)에서 찾을 수 있는데, 이 시기에 서양의 예술은 각각 낭만주의와 아방가르드 예술이 주류를 이루었다. 1900년 무렵에 시작되어 20세기 초반에 유럽을 지배했던 아방가르드 예술에서 숭고의 요소를 찾아냈던 사람이 프랑스의 문예이론가 리오타르였다. 리오타르는 숭고를 쾌감과 불쾌감이 혼합된 감정으로 본다. 리오타르에 따르면 "이성으로 이루 다 설명할 수 없는 것이 있다는 쾌감과, 상상력이나 감각으로는 개념적으로 파악할 수 없다는 고통"이 숭고의 본질이다.

숭고가 잘못 이해될 때, 전체주의적 예술로 나아갈 수 있다. 바그너의 음악극들이 대체로 여기에 해당한다. 웅장하고 화려하며, 인간의 이성적 사유를 마비시키는 특징을 가지고 있는 바그너의 음악은 그 음악의 웅장함 속으로 인간을 급속하게 빨아들인다. 숭고가 지니는 이러한 위험성이 정치에 적용될 때, 선동적이고 전체주의적인 정치형태가 나타날 수 있다. 히틀러가 바로 그 주인공이다. 실제로 히틀러는 바그너의 팬이었고, 2차 세계대전 도중 그의 지하벙커에서는 바그너의 음악이 끊이지 않고 흘러나왔다는 증거들이 있다. 바로 이 지점에서 숭고라는 미적 범주가 정치와 결합하여 얼마나 끔찍한 파국으로 치닫는지를 우리는 충분히 경험한 바 있다. "숭고의 시학이 너무나 쉽게 비합리적인 정치, 파시즘적인 정치로 오용될 수 있다."라는 마이어 샤피로의 지적은 이것을 염두에 둔 것이다. 파시스트 히틀러는 숭고의 미학을 정치에 활용하여 20세기 최대의 재앙을 가져왔던 장본인이다. 그는 자신의 정치적 야심을 은폐하기 위해 전율에 가까운 미래에 대한 비전을 전면에 내세움으로써, 인간의 이성 작용을 무력화시키면서 홀로코스트라는 전대미문의 추한 역사를 만들어갔다. 히틀러의 선동은 청중의 이성적 판단을 마비시킬 정도였고, 청중들은 히틀러의 선동을 이성적으로 판단하지 못한 결과, 그 오류를 지적할 틈도 없이 선동에 넘어가고 말았다. 이것은 숭고라는 미적 범주가 정치에 잘못 접목되어 나타난 현상일 것이다.

참고문헌

* 이 글은 필자가 기존에 발표한 숭고에 관한 학술 논문[김길웅(2001)]을 인간학적 차원으로 보완하여 확대 재구성한 것임.

김길웅, 「이상과 현실 , 그리고 우울: 18세기 말과 19세기 초 독일 시민계층의 내면세계와 그 예술적 표현으로서의 멜랑콜리」, 《獨逸文學》 Vol.42 No.3, 한국독어독문학회, 2001.

임마누엘 칸트, 『판단력비판』, 백종현 옮김, 아카넷, 2009.

에드먼드 버크, 『숭고와 아름다움의 이념의 기원에 대한 철학적 탐구』, 김동훈 옮김, 마티, 2006.

Jean-Francois Lyotard, "Das Erhabene und die Avantgarde"(「아방가르드와 숭고」), in: Merkur (38), 1984.

13

성스러움

/

몸은 '속(俗)'에 거주하나
영혼은 늘 '성(聖)'을 추구하는 인간의 속성

'성스럽다'라는 영어 형용사의 어원은 '완전함'을 뜻하는 whole이다. 신은 완전하나 인간은 불완전하니, 성스러움은 신적 영역이고 종교적 감정이다. 루마니아 태생의 종교학자 엘리아데의 수상을 인용하지 않더라도, 몸은 속俗에 거주하나 영혼은 늘 성聖을 추구하니, 성과 속의 변증법적 관계는 인간의 근본적인 조건이기도 하다.

인간이 성스러움에 관한 개념을 최초로 얻은 시기는 기독교가 보급된 중세보다 훨씬 거슬러 올라간다. 이미 고대 희랍에서도 인간은 신의 속성인 성스러움을 느꼈을 것으로 추측된다. 희랍어에 '누멘Numen'이라는 단어가 있는데, 이것은 '신성神性의 작용'을 뜻했다. 떡갈나무 잎사귀나 별들의 위치에서 신의 뜻을 읽을 수 있었던 배경이 여기에 있다. 인간이 알 수 없는 신적인 영역을 이미 고대인들은 예언자를 통해서 알 수 있다고 믿었던 것이다. 범신론이 보편적 문화였던 당시에 자연은 성스러움을 체험하는 장이 되어주었다.

현상학에서 출발하여 종교의 심리 작용을 탐구한 루돌프 오토는 '성스러움'을 '누멘적인 것das Numinöse'으로 불렀다. 그에 따르면 성스러움이란 논리나 이성이 아니라, 느낌과 내면의 각성을 통해서만 접근할 수 있다. 우리가 이성을 통해서 신에게 접근할 수 없는 이유가 여기에 있다. 신은 느낌과 내면의 각성을 통해서만 도달할 수 있는 것이기에 신성은 이성이 아니라 영적인 영역인지도 모른다. 성스러움은 현실을 초월한 영역에 관한 감각적 심리적 체험이기 때문이다.

자연신과 결별하고 기독교가 보편화된 중세에 성스러움은 구원이라는 의미를 추가로 얻게 된다. 원래 성스러움은 인간이 느끼는 신성, 신의 존재에 대한 감정적 반응이었는데, 이것이 중세에 들어와 구원이라는 의미를 추가로 얻게 된 것이다. 그 강력한 언어 사용의 증거가 독일어에서 발견된다. 중세 문화의 토대를 제공한 게르만족의 언어에서 '성스럽다'라는 단어가 두루 쓰이기 시작한 것은 8세기인데, 이 시기에 '성스러움das Heilige'이라는 단어는 '구원Heil'이라는 의미와 결합된다. 중세처럼 종교가 인간의 삶의 중심에 들어왔던 시대에 인간은 '성스러움'의 체험을 통해 초월적인 영역을 느끼고 구원을 예감할 수 있었고, 이 과정에서 중세의 강력한 정신적인 공동체가 굳어졌다. 프랑스의 종교학자 뒤르켐이 "성스러움은 사회다"라는 테제를 내세우며 종교가 공동체의 유지를 위한 보편적 규범을 제공한다고 본 맥락도 여기에 있다. 성스러움이 단순히 신성에 대한 체험, 감정에 그치지 않고, 이를 통해 구원에 이르게 된다는 믿음을 갖게 되면서, 사회적 공동체를 형성하는 데에 도움을 주었기 때문이다. 인간이 성스러움의 체험을 통해서 사회적 공동체를 이룰 수 있다는 것은 무슨 말인가? 범신론이건 기독교이건 인간은 성스러움을 추구하며 이 과정에서 자신을 떠나, 타인과 하나가 될 수 있었다. 자신을 강력하게 느끼는 사회가 근대인데, 그 이전 중세에는 개인이라는 개념은 존재하지 않았고 공동체 속의 존재로만 인식했다. 이 배경에 기독교라는 종교가 있었고, 기독교에서 강조하는 성스러움의 체험과 구원의 관계가 여기에 있다. 이처럼 개인을 초월하여 더 큰 공동체 속의 일원으로 존재하게 되는 것을 엑스타시라고 하는데, 종교적 체험으로서의 '성스러움'과 오늘날 다소 부정적인 느낌과 혼용되는 '엑스타시ecstasy', 즉 마약을 복용한 후에 흥분된 상태에서 도달하는 자아 초월 상태의 의미적 기원도 여기에 있다.

근대와 성스러움

인간이 이성을 통해 세계를 바라보게 되면서, 그러나 성스러움은 파괴되고 만다. 막스 베버는 중세 봉건제가 근대의 자본주의 사회로 이행하는 과정에서, 과학적이고 합리적인 사고와 산업화가 인간이 세계를 보는 눈을 어떻게 변화시켰는지 설명하면서 이를 '탈마법화Entzauberung'로 개념화했다. 근대화가 시작되면서 인간은 이성을 통해 세계를 설명하고 공동체를 가능하게 했던 마법은 풀려 성스러움은 사라지고 말았다.

그러나 아무리 합리성과 수리적 사유가 발달해도 인간은 기계와 다르다. 인간에게는 이성으로는 사유할 수 없는 초월적인 세계와의 교감, 성스러움에 대한 욕망이 늘 존재할 수밖에 없는데, 신들이 떠난 시대에 성스러움은 어디에 존재하는가? 성스러움의 존재가 불가능해진 시대에 성스러움을 최초로 찾아나선 사람들이 낭만주의자들이다. 이들이 자주 주제로 삼았던 위압적인 자연, 존재 자체를 위협하는 파도와 폭풍은 우리의 내면에 존재하는 신적인 어떤 것과 접속할 여지가 있음을 환기시킨다. 여기에서 숭고와 성스러움의 상관성이 드러난다. 칸트는 이를 "숭고"라고 불렀다.

바넷 뉴먼, 「불의 음성Voice of Fire」(1976). Wikimedia Commons

칸트를 이어받으면서 혹은 확대 해석하면서 프랑스의 문예이론가 리오타르는 숭고의 감정을 성스러움으로 부르는데, 미국의 추상화가 바넷 뉴먼Barnett Newman에 관한 유명한 평론이 여기에서 시작한다.

뉴먼의 그림들은 갈색 바탕에 수직선 하나를 그려 놓듯이 커다란 화폭에 매우 추상적이며 의미를 알 수 없는 색면들을 자주 그렸다. 그 대표적인 작품이 「하나임Onement」(1948)이고, 그 이후에도 「성운」, 「불의 음성」, 「아브라함」, 「이름」, 「숭고한 영웅」 등과 같은 그림을 그렸다. 그의 그림은 제목이 암시하는 의미들의 도움을 받지 않으면 이해하기가 매우 어렵다. 추상화가 대체로 그렇듯이, 화가는 자신의 전하는 의미를 포기하려 했을 수도 있다고 추측할 정도로, 그의 그림에는 의미의 단서를 제공해줄 것들은 하나도 없고, 대신에 선과 색 그리고 색면들의 크기 등만이 존재할 뿐이다. 이것들은 단지 시각적인 효과로만 우리에게 주어질 뿐, 그 의미를 찾는다는 것은 사실상 거의 불가능할 정도다. 추상의 정도가 거의 완성에 도달한 것이다. 이것을 회화에서는 재현의 포기라고 부르기도 한다.

아방가르드 예술에서 숭고의 부활을 진단하는 리오타르는 미학 개념의 본질을 "의미와 이해의 지양"에서 찾는다. 그에 따르면 일의적인 의미와 합리성의 지양이 숭고의 본질인데, 포스트모더니즘적 사유의 핵심을 이루는 이 본질은 바넷 뉴먼의 색면회화에서 탁월하게 표현된다. 가로로 혹은 세로로 거대한 색면만을 배치할 뿐, 의미의 단서가 되는 조형을 일체 배제한 뉴먼의 회화는 말할 수 없는 것, 표현할 수 없는 것, 이성적으로 사유할 수 없는 것, 즉 "무정형의 것이 존재한다"라는 사실을 상기시켜줄 뿐이다. 뉴먼의 회화에 그려진 색면들은 의미에 의해서도 혹은 합리적이고 분석적인 사유에 의해서 확정지을 수 없는 무정형의 것이 존재함을 보여줄 뿐인데, 이것이 관람자에게 순간적으로, 다시 말하면 돌발적으로 성스러운 체험을 가능케 한다. '지금 여기에서' 뭔가가 일어난다는 것(it happens), 재현할 수 없는 것, 표현할 수 없는 것이 순간적으로 지금 여기에서 이루어진다는 것이 바로 이러한 체험이고, 이런 의미에서 뉴먼의 회화는 숭고의 체험을 가능케 한다. 리오타르에 따르면 사건성, 즉 뭔가가 일어난다는 돌발성이 뉴먼의 회화의 특징이고, 이것은 재현할 수 없는 것을 체험할 수 있게 해준다는 특징을 지닌다. 재현할 수 없는 것에서 돌발적으로 나타나는 이미지, 뭔가가 일어난다는 돌발성, 간단히 말해서 사건성, 여기에서 리오타르는 숭고를 느꼈고, 이 숭고를 신성의 체험과 관련시킨 것이다. 우리의 이성적 사유로는 도저히 규정할 수 없는 어떤 것이 지금 여기에서 일어난다는 것이 우선적이며, 일어난 것이 무엇인지는 나중에 물어야 한다는 입장에서 리오타르는 이렇게 이야기 한다.

그것이 무엇인가, 그것의 의미는 무엇인가라는 질문을 하기 전에, 즉 무엇이전에, '우선' 일어나고 있다는 사태가 선행되어야 한다. 다시 말해서 일어나고 있다는 것은 무엇이 일어나고 있는가라는 질문보다 항상 앞서는 것이다. 왜냐하면 일어나고 있다는 사실, 이것은 사건으로서의 질문이고, 그리고 나서야' 비로소 방금 일어났던 사건과 연결되기 때문이다.

아방가르드와 포스트모던 예술에 애정을 갖는 리오타르는 모든 것을 정형화하고 도식화하여 이성적인 사유 안으로 끌어들이려는 시대에 뉴먼의 회화에 등장하는 색면들은 내면에서 성스러움을 체험하게 해주어, 그러한 시대를 전복할 수 있게 해준다고 믿었다. 신들이 인간의 삶에 임재했던 고대나 중세에 인간은 신에 다가감으로써 세속을 초월했지만, 이제 신들이 떠난 시대에 인간은 돌발적으로 발생하는 "사건들", 의미를 알 수 없는 어떤 추상같은 것을 통해서 성스러움을 느끼고 신을 체험하는 운명에 처해 있다. 이러한 체험, 즉 성스러움의 체험은 마치 사건처럼 돌발적으로 발생한다. 신이 떠난 시대에 신들은 이렇게 순간적으로, 사건적으로 모습을 드러내고, 성스러움도 이렇게 순간적으로 체험된다.

하이데거 철학에 나타난 성스러움

하이데거는 신들이 떠나버린 시대, 다시 말하면 모든 성스러운 체험들이 불가능해버린 시대, 즉 이성이 인간의 삶과 사유 전반을 통제해 버린 시대를 궁핍한 시대로 불렀다. 이러한 시대에 우리 인간에게 필요한 것은 성스러움을 체험하는 것인데, 어떻게 체험할 수 있을 것인가? 그 방식은 두 가지가 있을 수 있다. 하나는 선동적인 연설, 이성적 사유를 불가능하게 할 정도로 선동적인 연설이 있을 수 있다. 그런 방식의 정치가 바로 전체주의, 히틀러의 파시즘이다. 하이데거가 히틀러의 정치에 부역하고 히틀러의 민족주의에 동조할 수 있었던 이유도 여기에 있다. 이성적 사유와 감성적 사유가 대립하는 상황에서 후자의 우위가 급속하게 상승할 때, 다시 말하면 숭고라는 미적 범주가 정치에 개입하게 될 때, 선동적인 정치가 주도하게 된다. 조심해야 할 점은 오늘날처럼 성스러운 체험들이 필요한, 이 궁핍한 시대에 성스러움이 전체주의적이고 선동적인 정치에 활용되어서는 안 된다는 사실이다. 또 다른 방식이 인간의 이성적 사유를 마비시키는 예술에서 숭고가 활용되는 경우 예술이 선동가의 역할을 대신할 때 벌어지는 파멸의 역사는 이미 독일의 철학자 하이데거에게서 찾아볼 수 있다. 하이데거는 초기에 히틀러에 부역하면서, 횔덜린의 시를 활용한다. 먼저 횔덜린의 시 「마치 축제일에서처럼」을 보자.

그러나 신들이 내린 뇌성벽력 아래에서 우리에게 필요한 것은,
그대 시인들이여! 맨몸으로 서서
아버지의 불빛, 바로 그것을 우리의 손으로
붙잡고, 노래로 포장하여 국민들에게
하늘에서 보내온 이 선물을 전해주는 것

하이데거는 『횔덜린의 문학에 관한 주해』에서 이 시를 이렇게 해석한다. "뇌성벽력은 신들의 언어이다. 작가는 이러한 언어를 피하지 않고, 붙잡아서 지금 여기를 살아가는 국민들에게 전해주는 자"이다. 신들의 언어, 즉 인간은 이해할 수 없는 언어가 뇌성벽력을 통해 전달되고, 시인은 이를 인간이 알아들을 수 있는 언어로 번역하는 사명을 가지고 있다는 것이다. 여기서 뇌성벽력은 돌발적으로 나타나는 어떤 것이고, 뇌성벽력에서 신들의 뜻, 신들의 언어를 포착하는 데에서 성스러움이 나온다. 이러한 예술관이 관철될 경우, 위험성도 무시할 수 없다. 추상화, 혹은 이에 버금가는 바그너의 음악들은 평범한 우리 인간들은 그 의미

를 알 수 없다는 점에서 뇌성벽력과 같은 언어들이다. 따라서 의미를 알 수 없고, 또 그 의미가 돌발적으로 발생한다는 점에서, 이러한 언어는 성스럽게 느껴질 수 있을 것이다. 우리가 추상화를 보다가, 갑작스럽게 어떤 뜻, 어떤 의미를 깨닫게 되는 경우가 있는데, 이를 연상해 보면 알 수 있다. 이런 의미에서 신들의 언어는 성스러운 언어이지만, 이것이 국민들의 이성적 판단을 무력화시킬 정도로 선전선동에 활용된다면, 하이데거처럼 히틀러의 권력에 부역하는 결과를 나을 지도 모른다.

참고문헌

* 이 글은 필자가 기존에 발표한 성스러움에 관한 학술 논문[김길웅(2009)]을 인간학적 차원으로 보완하여 확대 재구성한 것임.

김길웅, 「"머무는 것은, 그러나 시인이 건립한다"- 하이데거의 횔덜린 시 해석」, 《카프카연구》 제21집, 2009.

리오타르, 『지식인의 종언』, 이현복 옮김, 문예출판사, 1993.

Martin Heidegger, *Erläuterungen zu Hölderlins Dichtung*(『횔덜린의 문학에 관한 주해』), Klostermann, Frankfurt am Main, 1996.

Max Weber, *Die protestantische Ethik und der Geist des Kapitalismus*(『프로테스탄티즘의 윤리와 자본주의 정신』), Mohr, Tübingen 1934.

Rudolf Otto, *Das Heilige: Über das Irrationale in der Idee des Göttlichen und sein Verhältnis zum Rationalen*(『성스러움』), Trewendt & Granier, Breslau 1917.

14

필연과 우연

/

우연이 필연이 되어버린 우리 시대의 인간과 예술

우연이란 하나 혹은 여러 사건들이 서로 인과적인 관련이 없이 발생하는 것을 뜻한다. 여기서 인과적인 관련성이란 어떤 사건들이 일어나는 데에 보편적인 법칙성이 존재하는 것 혹은 이를 일으킨 인간의 의도가 개입되는 것을 뜻한다. 예를 들면, 불을 피우니까 연기가 나는 것은 인과적인 관련성이 있는 경우다. 이것은 필연성을 가리킨다. 필연은 원인과 결과에 따라 어떤 일들이 벌어지는 것이다. 그렇다면 우연은 어떤 방식으로 이루어지는가? 몇 가지 예를 들어보자.

우연은 원인 없는 결과가 발생하는 것인데, 자세히 보면 원인이 완전히 없는 것만은 아니다. 대개의 경우 원인이 있다. 그러나 그 원인이 필연적으로 일어나야 하는 경우가 아닌 경우가 많다. 예를 들면 평소에는 늘 일어나서 전철을 타고 학교에 9시까지 가는 것이 일상화되어 있지만, 어느 날 갑자기 오랫동안 보지 못한 친구를 만나 차를 마시느라 학교에 지각하는 일이 있을 수 있다. 아침에 친구를 만나는 일은 평소에는 발생하지 않았는데, 그날따라 우연히 발생한 일이다. 이때 학교에 지각한 것은 친구를 만났다는 원인이 있었기 때문이지만, 이 원인이 되는 일이 우연스럽게 발생했다. 이런 경우, 학교에 지각한 것도 우연의 범주에 포함될 수 있다. 다른 예를 들어보자. 건강하게 잘 살던 사람이 우연히 교통사고로 죽는 경우가 있다. 이때 교통사고와 죽음은 원인과 결과에 의한 것이지만, 교통사고를 당하는 것은 우연이다. 따라서 교통사고로 죽었다고 했을 때의 죽음은 우연에 의한 죽음이다.

또 다른 경우를 생각해 보자. 원인이 있다고 하더라도 원인과 결과가 논리적으로 결합되지 않는 경우도 있다. 고사성어에 오비이락烏飛梨落이라는 말이 있는데, 이것은 "까마귀 날자 배 떨어진다"는 뜻이다. 까마귀가 나는 사건과 배가 떨어지는 사건은 아무런 논리적 필연성도 보여주지 못한다.

다른 예를 들어보자. 우리가 주사위를 던질 때, 어떤 숫자가 나올지는 예측할 수가 없다. 주사위를 던져서 나온 숫자는 말 그대로 우연일 뿐, 어떤 숫자가 나와야 할 필연적인 이유는 없다. 두 개의 주사위를 던져서 나온 숫자의 합이 얼마가 되는지도 마찬가지로 우연일 뿐이다. 물론 숫자의 합은 최소 2에서 최대 12까지일 것이고, 두 숫자의 합이 7이 될 확률은 4가 될 확률보다는 두 배가 많다. 이처럼 확률의 영향을 받지 않은 것은 아니어서, 완전한 카오스, 즉 혼돈은 아니지만, 그래도 두 주사위의 숫자의 합이 얼마가 될지를 예측한다는 것은 사실상 불가능하다. 이런 것도 우연이라고 할 수 있는데, 여기에서 우연이란 어떤 사건의 패턴을 찾아낼 수 없거나 예측할 수 없는 경우라고 할 수 있다.

이처럼 우연이란 어떤 사건은 일어났고, 그 사건이 일어날 수 없는 것은 아니지만, 반드시 그 사건이 일어나야 할 필요는 없는 것을 말한다. 학교에 지각하는 일이 벌어졌고, 또 사람은 누구나 지각할 수 있지만, 그날 꼭 지각해야 할 필요는 없다. 지각한 원인으로 작용한 친구를 그날 꼭 만나야 할 이유는 없기 때문이다. 친구를 만났다는 사건과 그로 인해서 지각해야 하는 사건 사이의 관계는 필연적이지 않다. 이런 의미에서 우연은 필연의 반대되는 개념이다.

인간의 삶에서의 우연과 필연

인간의 삶은 필연적인 요소가 지배할까, 아니면 우연적인 요소가 지배할까? 이 문제는 인간에게 운명은 미리 정해져 있는 것인지, 아니면 살아가면서 수많은 계기에 의해서 늘 변하는지의 문제와 연결된다. 예컨대 어떤 사람이 교통사고를 당해서 죽었다고 했을 때, 이것을 어떻게 보아야 할까? 교통사고로 죽는 운명이 미리 정해져 있는지, 아니면 살다 보니 다양한 경우의 수 가운데 하나로 교통사고를 당했고, 이로 인해 죽었다는 의미에서 우연에 의한 죽음인지가 문제가 될 수 있다. 즉 이 사람의 죽음이 필연적인지, 아니면 우연적인지의 문제인지, 이것은 보는 관점에 따라 해석이 달라질 수 있다.

기독교에서는 예정설을 주장한다. 예정설은 라틴어로 'praedestinatio'라고 말하는데, 이것은 신이 우주와 인간의 운명을 미리 예정해 놓았다는 입장이다. 우주의 생성과 인간의 삶이 모두 신이 정해놓은 계획에 의해 결정되어 있다는 것이다. 예정설에 따르면 예로 들었던 그 사람의 일거수일투족은 모두 신에 의해 정교하게 짜여져 있다. 그리고 이것은 운명론에 연결된다.

불교에서는 조금 다르게 설명한다. 연기란 인연생기因緣生起, 즉 직접적 원인인 '인'[因]과 간접적 원인인 '연'[緣]에 의지하여 어떤 일이 발생함을 의미한다. 즉 인연이 원인이 되고, 그 결과로 어떤 일이 생긴다는 것이다. 즉 이 세상의 모든 존재는 반드시 그것이 생겨날 원인[因]과 조건[緣]이 있다. 다시 말하면 연기의 법칙에 따라서 생겨난다. 인간의 삶은 인연에 의해 결정된다는 것인데, 인간은 살아가면서 다양한 일들을 겪고 사람들을 만나며, 이런 인연에 의해 인간의 삶이 바뀐다는 것이다. 이때 인간이 경험하는 다양한 사건들은 인간의 선택에 의해 달라질 수 있다. 교통사고로 사망한 사람의 경우, 그날 그 사람은 선택에 의해 교통사고를 당하지 않을 수도 있다. 다른 차를 탔다든가, 아니면 다른 곳으로 갔다면, 교통사고를 당하지 않았을 것이다. 그러나 우연히 그 차를 타고 그곳으로 가게 되었고, 이것이 원인이 되어 죽게 되었다. 불교에서는 이것을 연기설이라고 부른다. 다시 말하면 불교의 연기설은 어떤 일이 미리 예정되어 발생하는 것이 아니라, 끊임없이 다양한 사건들이 인연에 의해 결합되어 발생한다는 입장이다. 이것은 필연보다는 우연에 더 가깝다. 무수히 많은 인연들이 작용하여 어떤 결과를 낳았다고 보는 것이다.

세계 만물은 상호 연관성, 즉 관계 속에서 만들어졌다 사라졌다 한다. 연기의 상호관련성은 모든 것은 스스로 독립적으로 존재하는 것이 아니라 서로 의존하며 관련을 맺고 상대적으로 존재함을 가리킨다. 모든 것이 모든 것과 서로 관련을 맺고 있다면, 그런 전체적 관계 망[網]이 우선 있고 그런 구조 속에서 사물은 비로소 '이것'과 '저것'으로 개별성을 가진다. 불교에서는 이렇게 가르친다. "이것이 있기 때문에 저것이 있고, 이것이 생기기 때문에 저것이 생긴다. 이것이 없기 때문에 저것이 없고, 이것이 사라지기 때문에 저것이 사라진다." 따라서 어떤 일이 생기는 것은 상호간의 관계 속에서 발생하는 것이다. 기독교와 불교는 각각 예정설, 연기설을 주장하고 있어서, 전자는 운명론을, 후자는 우연론을 강조한다.

기독교의 경우

기독교와 불교로 한정시키지 않더라도, 인간의 삶을 바라보는 방식은 운명론(필연론)과 우연론으로 나뉘는데, 대체로 고대와 중세는 전자의 관점이 더 우세했다. 기독교가 보편화되었던 중세와 그 영향을 뚜렷하게 받던 근세의 사상에서는 운명론 혹은 예정론을 더 강하게 받아들였다. 예정조화설이 그 예가 된다.

라이프니츠는 인간을 신 앞에 서 있는, 오로지 신과 소통하는 단독자로 설정한다. 인간 스스로는 서로 다르지만, 누구나 신과 대면하며, 신 앞에 서 있는 단독자이고, 인간의 운명은 신이 미리 조화롭게 움직이도록 예정해 놓았다는 것이다. 위에서 든 예를 활용하자면, 우리가 오늘 학교에 가는 길에 지하철을 탈 것인가 버스를 탈 것인가는 전적으로 우리의 선택이고, 따라서 우리 인간의 자유이지만, 이것까지도 신은 미리 예정해 놓았다는 것이다. 따라서 우리가 학교 가는 길에 오랫동안 만난 적이 없는 친구를 만나서 학교에 지각하는 것도 인간의 자유의지에 의한 것이기는 하지만, 그 배후에는 섬세한, 신의 보이지 않는 예정조화가 담겨 있다는 것이다.

그러나 근대가 점점 발전해 가면서, 인간이 이성적 사유와 판단을 더 중시하면서, 다시 말하면 인간이 이 세계의 주인으로 등장하게 되면서, 신의 예정조화론은 무너진다. 인간의 행위를 오로지 인간의 자유로운 판단에 의한 의지로, 즉 자유의지로 설명하기 시작하면서, 오히려 인간의 삶에서 우연이라는 개념이 더 중요시되는 아이러니가 발생한다.

물리학에서의 우연과 필연

물리학에서도 우리가 살아가는 세계가 결정론적인지, 즉 인과관계에 의해 명확하게 미리 예정되어 있는지 혹은 우연적인지를 다룬다.

결정론적 시스템의 경우 조건이 동일하면 실험의 결과도 늘 동일해야 한다. 따라서 만일 결과에서 차이가 벌어졌다면, 관찰자가 실험의 조건 가운데 일부를 잘못 파악했을 가능성이 많다. 오늘날 자주 제기되는 카오스이론은 하나의 초기 조건이 반드시 미리 예측할 수 있는 결과를 가져오지 않을 수도 있음을 주장한다. 나비효과의 경우가 여기에 해당하는데, 초기 조건 안에 복잡한 변수들이 담겨 있다고 보기 때문이다. 따라서 카오스이론은 복잡계이론으로 부르기도 하는데, 이것은 하나의 조건(원인) 안에 매우 복잡한 계기들이 담겨 있어서, 그것이 가져올 결과가 매우 다를 수 있음을 보여준다.

양자역학은 이 세계가 근본적으로 결정론적인지 혹은 가장 깊은 곳에서는 우연적인 원리에 의해 움직이는지에 관한 논의를 시작했다. 양자역학에서 강조하는 것은 우리가 모든 국소적인 정보들을 다 알고 있다 하더라도 결코 실험의 결과를 명확하게 예측하는 것은 불가능하다는 점이다. 즉 세계는 논리적이고 필연적인 것이 아니라 우연의 영향을 더 많이 받고 있다는 것인데, 출발 조건이 동일하다 하더라도 결과는 서로 다를 수 있다. 이것은 카오스이론의 그것과 같은 맥락이다. 최근 들어 원자핵의 분열 시점을 명확하게 예측할 수 없다는 이론들이 제기되는 것도 역시 같은 맥락이다. 원자핵의 분열 시점을 명확하게 예측할 수 없는 이유는 핵의 특징들을 아직 속속 알지 못해서가 아니라, 원자핵의 분열을 일으키는 원인들이 명확하게 존재하지 않기 때문이다. 이런 의미에서 우연의 원리는 이 세상의 보편적인 특징으로도 볼 수 있다. 이렇게 물리학의 영역에서도 우연성은 상당히 폭넓게 인정되고 있다.

이러한 이론들은 20세기 초반, 아인슈타인의 상대성이론이나 막스 플랑크의 양자역학이 등장하면서 더욱 실증적으로 입증되기에 이르렀다. 상대성이론이나 양자역학의 반대개념이 뉴턴의 고전역학이다. 이것은 물체에 작용하는 힘과 운동의 관계를 정확한 수식을 통해 밝힐 정도로 논리적이다. 뉴턴이 발견했다고 해서 뉴턴역학이라고도 하는데, 지극히 인과적이고 논리적이며 필연적인 역학이론이다. 인풋이 있으면 예측가능한 논리적이고 인과적인 아웃풋이 있어야 하는데, 이것은 원인과 결과의 논리적 상관성을 주장한다. 고전역학에서는 돌발적 결과나 예측할 수 없는 결과는 존재하지 않는다.

고전역학과 양자역학은 세계를 결정론적으로 보는 시대의 세계관과 세계를 우연적으로 보는 시대의 세계관이 담겨 있다. 고전역학은 뉴턴의 제2의 법칙이라고 하고 공식은 $\vec{F} = \frac{\mathrm{d}}{\mathrm{d}t}(m\vec{v})$ 이다. 물체의 운동량의 시간에 따른 변화율은 그 물체에 작용하는 힘과 같다. 운동량의 시간과 속도에 의해 물체에 작용하는 힘이 정확하게 결정된다는 것이고, 여기에 예외란 없다. 즉 우연은 아예 배제된다. 그러나 양자역학을 불확정성의 원리라고도 하는데, 이것은 우연을 강조한다. 그 공식은 $\Delta x \, \Delta p \geq \frac{\hbar}{2}$ 이다. 계산식에서 알 수 있듯이 고전역학은 결과값을 명확하게 확정할 수 있지만, 양자역학에서는 관계와 비교의 선에서 그친다. 원인과 결과에 의해 계산의 값을 확정할 수 없다는 것은 얼마든지 변이와 변형들이 가능함을 보여주는 것인데, 이것은 물리학에서조차도 운동과 역학들이 수많은 돌발성과 우연성에 의해 움직이고 있음을 뜻한다. 이것은 불확정성의 원리와 우연성을 보여준다.

영화 〈롤라 런〉에 나타난 우연

1999년 톰 티크베어가 감독을 맡아 제작한 〈롤라 런〉에는 두 명의 인물이 등장한다. 마니(암거래 조직에 연루된 인물)와 롤라(마니의 여자친구)가 그들이다. 이 영화의 줄거리는 매우 단순하다. 주인공 마니는 목숨을 잃지 않으려면 20분 내에 10만 마르크를 어떻게 해서든 마련해야 한다. 암거래 조직에 연루되어 현금을 운반하던 과정에서 그는 10만 마르크가 들어 있는 돈가방을 두고 지하철에서 내렸다. 두목에게 가져다 주어야 할 이 돈을 마련하지 못하면 그는 죽는다. 그는 여자 친구 롤라에게 전화를 건다. 롤라는 은행 간부인 아버지에게 부탁하나, 아버지는 거절한다. 어쩔 수 없이 마니는 슈퍼마켓을 털고, 여기에 롤라도 가담한다. 그러나 이미 경찰이 주변을 에워싼 뒤였고, 롤라는 총에 맞아 쓰러진다.

흥미로운 점은 영화가 다양한 경우의 수를 보여준다는 점이다. 화면은 시간을 거슬러 올라가 이번에 롤라는 아버지와 말다툼을 벌인 후 은행을 털고 돈을 마련해서 마니에게 달려간다. 하지만 소방차 사고로 마니는 목숨을 잃는다. 이제 또 다시 화면은 다시 되돌려지고, 이야기는 처음으로 돌아가 마지막 세 번째 경우를 보여준다. 롤라는 카지노에서 돈을 따서 잃어버린 돈을 만회하는데 그 사이 마니 역시도 걸인의 도움을 받아 돈가방을 되찾는다. 그리하여 영화는 예상하지 못한 해피엔드로 끝난다.

요약하자면 롤라는 돈을 준비하기 위해 나가다가, 우연의 경우의 수를 만난다. 계단에 서 있던 개구쟁이의 발에 걸려 넘어지느냐 혹은 그렇지 않느냐라는 매우 사소한 차이가 완전히 다른 결과를 가져온다. 그 결과에 따라 함께 강도가 되어 롤라가 총에 맞아 죽기도 하고, 롤라는 은행강도가 되고 마니는 교통사고로 죽거나, 또는 10만 마르크와 목숨

영화 〈롤라 런〉에서 돈을 마련하기 위해 달려가는 롤라의 모습.

을 구할 수도 있다.

마치 카오스이론을 연상시킬 정도로, 초기값의 작은 변화가 엄청나게 다른 결과를 가져온다. 뿐만 아니라 마니와 롤라가 세 번에 걸친 시도에서 마주하는 사건들은 매우 우연적인 요소들에 의해 결정된다. 롤라는 필요한 돈을 마련하기 위해서 세 번에 걸친 시도를 보여주는데, 그때마다 다양한 사건들을 경험한다. 예를 들면 롤라가 급히 달려가다가 계단에서 개와 개구쟁이를 만나고, 나중에는 쇼핑카트를 끄는 여자와 자전거도둑 청년과 수녀들을 만나고, 거리로 나오는 아버지 친구의 자동차에 부딪히고, 소방차와 판유리를 옮기는 인부들을 만난다. 마니가 이런 사건들을 경험하는 것은 말 그대로 우연이다. 그리고 이런 사건들을 경험함으로써 마니의 행동의 결과는 달라질 수 있다. 마니가 겪는 다양한 사건들의 경험 과정에는 그 어떤 필연적인 연결성이 엿보이지 않는다. 롤라는 돈을 마련하기 위해 노력하는 과정에서 다양한 사건들을 경험하지만, 이 사건들이 왜 벌어지는지를 알 수 없고, 또 우연히 마주치는 이 사건들에 의해서 서로 다른 결과가 나타난다. 인간의 삶에 우연의 요소가 강력하게 지배하고 있음을 상징적으로 보여준다.

아방가르드 예술에 나타난 우연의 원리

우연의 원리가 예술에 적용될 때, 19세기에서 20세기로 넘어가는 시점에 발생한 세기말 예술, 즉 아방가르드 예술이 등장한다. 아방가르드 예술은 미래파, 입체파, 다다이즘, 초현실주의를 포괄하는 예술운동인데, 아방가르드 예술의 문법의 핵심이 바로 우연성이다. 그 예를 미래파 선언문에서 찾을 수 있다. 이탈리아의 문예이론가였던 마리네티가 초안을 작성한 「미래파 선언문」(1909)에는 문학 창작의 기본 원리로 다음과 같은 내용이 있다.

> 되는 대로, 아무렇게나 명사를 나열하여 통사구문을 깨뜨려야 한다. (…) 동사는 원형으로 사용해야 한다. (…) 형용사는 폐기해야 한다. (…) 부사는 폐기해야 한다. (…) 모든 명사는 이중으로 되어야 한다. 즉 연결사 없이 명사에 유추로 결합된 명사가 이어져야 한다. (…) 구두점은 폐기해야 한다.

마리네티가 이론의 토대를 제공했던 미래파는 1900년 들어 갑자기 정체상태에 빠진 유럽의 미래를 구원하기 위한 방법으로 예술에서 폭발적인 에너지, 속도감, 역동성을 강조하자는 취지에서 위와 같은 주장을 내세웠다. 문법을 무시하고 동사의 변화를 생략하고, 형용사와 부사를 폐기하자는 것은, 문학의 역동성과 속도감을 높이자는 취지이다. 그런데 눈여겨 볼 대목은 "되는 대로, 아무렇게나 명사를 나열하자"라는 대목이다. 명사와 명사를 인과적이고 필연적인 연관성에 따라 배열하는 것이 아니라, 우연의 원리에 따라 나열하자는 것이다.

다다 예술

마리네티에게서 살짝 드러나기 시작한, 창작에서의 우연성의 원리는 다다이즘에 들어서면 더욱 강화된다. 다다이즘의 문학적 전략은 신문, 차표, 잡지, 광고, 포스터 등에서 취한 다양한 텍스트를 오려 붙여, 이른바 텍스트 콜라주를 통해 쇼크를 일으키는 데에 있다. 이러한 기법은 이미 입체파 시절 피카소나 브라크가 회화에서 사용했던 것으로서, 문학에도 커다란 영향을 남겼다.

다다 예술이 얼마나 우연성의 범주를 중시하는지에 관해서는 독일 다다 예술의 대표자 가운데 한 사람인 한스 아르프Hans Arp의 작업 방식을 통해서 쉽게 알 수 있다. 그의 작품, 「우연의 법칙에 따라 배치된 사각형의 꼴라쥬」(1925)는 파란색과 하얀색을 아무렇게나 잘라서 화폭 위에 떨어뜨린 후, 그 순서대로 풀을 붙여 만든 것이다. 사각형의 크기와 색의 배열은 전적으로 '우연'에 의한 것으로, 그 순서는 얼마든지 바뀔 수 있다. 이러한 작품 제작 방식은 아래 인용문을 쓴 트리스탕 차라Tristan Tzara가 말하는 현대적 글쓰기 방식을 그대로 조형예술에 적용한 것으로 볼 수 있다. 그렇다면 작품의 내적 연관성이나 논리적 필연성을 배제하려는 이러한 시도는 어떤 맥락에서 비롯하는가? 이와 관련하여, 한스 아르프는 삶 자체를 우연의 법칙 속에서 파악하며 이렇게 말한다.

> 모든 법칙들을 안에 포괄하면서 마치 심연처럼 우리가 파악할 수 없는 우연의 법칙, 삶이 솟아 나온 우연의 법칙은 전적으로 무의식에 몰두함으로써 체

혐될 수 있을 뿐이다. 이러한 법칙을 좇는 사람이 순수한 삶을 창조해 낸다고 나는 주장하고 싶다.

조각들을 바닥에 뿌린 후, 우연에 의해 배열된 형상을 취하는 아르프의 작업 방식은 예술가의 의도에 따른 의미부여를 배제한다는 점에서 문학 언어의 의미작용을 우연에 맡기는 다다 문학의 전략을 연상시킨다. 아르프는 문학작품을 쓰는 원칙을 다음과 같이 밝힌다.

내가 일간신문이나 특히 광고전단지에서 뽑아 낸 단어, 표어, 문장들이 1917년 내 시의 토대를 이루었다. 가끔씩 나는 눈을 감고 신문에 실린 단어와 문장들을 연필로 칠해 가면서 확정지었다. (…) 때는 아름다운 '다다 시대'였고, 이 시대에 우리는 장식적인 작업, 정신적인 격투선수의 혼란스런 시선, 거인들을 가슴 속 깊은 곳에서 우러나온 마음으로 증오하며 비웃었다. 나는 단어들과 문장들을 가볍고 즉흥적으로 신문에서 선택한 단어와 문장 주변에 짜서 엮어 넣었다.

그리하여 작품은 오로지 우연성에 기초를 두게 되는데, 루마니아 태생의 트리스탄 차라는 그 토대를 다음과 같이 말한다.

신문을 들어라. 가위를 들어라. 기사를 찾아라. (…) 기사를 오려라. 단어 하나하나를 오려, 자루 속에 집어넣어라. 가볍게 흔들어라. 조각을 하나하나 꺼내라. 자루에서 나오는 순서대로 양심적으로 적어라.

우연성의 원리는 초현실주의에서도 반복된다. 초현실주의자들이 주장했던 "자동 기술"은 이렇게 해서 만들어진다. 초현실주의자들은 이성의 검열을 무화시키기 위해 자주 사용하였던 '자동 기술'을 선취하며, 단어와 단어, 문장과 문장의 결합을 더 이상 논리나 일관성의 범주에 두지 않는다. 앙드레 브르통은 1924년 「초현실주의 선언」을 발표한다. 이 선언의 핵심은 "심리적 자동주의로, 진정한 내면의 표현을 위해 봉사한다. 이성의 통제, 심미적 도덕적 선입관를 배제한 상태에서 얻어지는 자동적인 글쓰기"에 있다.

이상의 시에 나타난 우연의 원리

다다이즘과 초현실주의와 같은 아방가르드 예술에서 만개했던 우연성의 원리를 우리 문학에 도입하여 충격을 주었던 작가가 이상이다. 이상은 1934년 7월 24일부터 8월 8일까지 《조선중앙일보》에 「오감도」를 연재하였다. 이 시가 발표되자 독자들은 시를 제대로 이해하지 못하고 매우 난해한 시로 받아들였다. 띄어쓰기 등 문법의 파괴, 의도를 알기 힘든 단어의 반복적 나열, 수식과 기호의 동원 등 난해함으로 점철된 이 연작시에 대한 평가는 출간 이후부터 줄곧 엇갈렸고 수많은 논란을 불러일으켰다

이상은 일본 유학을 다녀온, 따라서 유럽의 아방가르드 예술에 관하여 깊은 안목을 갖춘 화가 구본웅에게 서양의 아방가르드 예술의 원리를 배웠다. 당시 우리 문단에서는 아방가르드 예술이 보여주는 우연성의 원리를 이해하지 못했고, 결국 국내 독자들은 이상의 시를 "미친놈 잠꼬대"로 평가절하 하면서, 이상의 연재는 중단될 수밖에 없었다. 이상은 자신을 이해해 주지 못하는 국내 독자들에 대한 섭섭함을 이렇게 토로했다.

앞으로 제 아무에게도 굴하지 않겠지만 호령하어도 에코(echo)가 없는 무인지경은 딱하다. 다시는 이런, 물론 다시는 무슨 다른 방도가 있을 것이고 우선 그만둔다. 한동안 조용하게 공부나 하고 딴은 정신병이나 고치겠다.(박태원의 「이상 편모」에 실린 이상의 글. 《조광》 1937년 6월호)

흥미로운 점은 이상의 시가 난해하게 평가받는 근본적인 이유가 우연성의 원리에 있다는 것이다. 이 시집에 실린 세 번째 시, 즉 「시제3호」는 이렇게 되어 있다.

싸흠하는사람은즉싸흠하지아니하던사람이고또싸흠하는사람은
싸흠하지아니하는사람이엇기도하니까사흠하는사람이싸흠하는
구경을하고십거든싸흠하지아니하던아니하던사람이싸흠하는것
을구경하든지싸흠하지아니하는사람이싸흠하는구경을하든지싸
흠하지아니하던사람이나싸움하지아니하는사람이싸흠하지아니
하는것을구경하든지하엿으면그만이다.

시를 보면, "싸움하는 사람=싸움하지 않는 사람"이라는 등식이 가능한데, 이것은 모순이다. 모순이 공존하는 것은 우연이지 필연이 아니다. 필연성이 지배하는 세계에서는 인과성과 논리성이 존재하는데, 이런 곳에서 모순은 절대로 동일시될 수 없다. 그러나 이상은 "싸움하는 사람=싸움하지 않는 사람"이라는 표현을 하고 있고, 이러한 모순의 공존은 이 시집을 관류하는 가장 중심적인 원리다. 이것은 이 세상이 우연성에 의존하고 있음을 보여주는 중요한 증거가 된다.

참고문헌

* 이 글은 필자가 기존에 발표한 우연에 관한 학술 논문[김길웅(2002)]을 인간학적 차원으로 보완하여 확대 재구성한 것임.

김길웅, 「저항과 변혁의 문화운동, 다다– "의미"와 "무의미"의 관계를 중심으로」, 《독어교육》 제24집, 2002.

15

"당신이 저에게 보여준 길은 생각보다 길고 험난하군요.
평생 가야 할지도 몰라요."

사랑은 인간의 가장 원초적인 감정 가운데 하나임에 틀림없다. 어느 종교든지 제1의 덕목으로 사랑을 내세운다는 점은 이를 입증한다. 기독교에서는 믿음, 소망, 사랑을 강조하는데, 그 가운데 사랑을 최고의 덕목으로 내세우고, 불교에서는 이를 자비라고 부른다. 이슬람교에서도 이웃사랑은 제1의 덕목이다. 그리고 우리의 일상적인 생활에서도 사랑은 매우 중요하다.

기본적으로 사랑은 인간이 자기가 아닌 다른 사람, 혹은 다른 대상에 대해 느끼는 강렬한 끌림, 호의다. 사랑은 다른 사람에 대한 끌림, 즉 내면에서 느껴지는 강렬한 유대감인데, 이것은 특정한 목적이나 실용적인 가치를 넘어서는 것, 즉 순수한 감정적 끌림, 유대감에서 출발한다. 이러한 끌림은 가족의 유대감에서 출발할 수도 있고 정신적 유대감이나 육제석 욕망에서 출발할 수도 있다.

사랑은 우리의 일상적인 삶은 물론이고 영화와 문학을 비롯한 예술에서 가장 빈번하게 다루어지는 인간의 감정이다. 우리의 일상이나 언론 혹은 예술과 같은 매체에서 사랑처럼 빈번하게 다루어지는 주제가 어디 또 있을까? TV의 연속극에 등장하는 단골 메뉴가 남녀 간의 사랑이고, 집에서는 부모와 자식 간의 사랑이, 종교에서는 신과 인간의 사랑이 핵심을 이룬다. 그러나 이러한 사랑이 잘못될 경우, 증오를 낳거나 끔찍한 사건으로 비화되어 지상에 오르내리기도 한다. 사랑이 잘못된 길을 걸을 경우, 과도한 집착이나 소유욕으로 이어질 수 있고, 이것은 질투를 낳기도 한다. 경우에 따라서 사랑의 반대말은 무관심이 될 수도 있다. 사랑은 끌림인데, 끌림이 없을 경우, 관심 자체가 사라지기 때문이다. 이처럼 사랑이 인간의 가장 원초적인 감정인 것은 분명하다.

사랑과 리비도의 욕망

사랑을 순수한 감정, 즉 정신적인 현상으로만 볼 수 있을까? 왜냐하면 사랑에는 대체로 육체적 욕망이 결부되기 때문이다. 특히 심리학에서는 사랑을 대체로 에로티시즘, 섹스, 성적 욕망과 관련짓는다. 그 대표적인 예가 지그문트 프로이트인데 특히 초기 프로이트에 따르면 인간의 모든 행동이 다 성적 욕망, 충동과 관련된다. 이들 심리학자들에 따르면 사랑은 리비도(성욕, 욕정, 욕망)라는 현상, 즉 인간의 잠재적인 충동을 일으키는 리비도의 부산물이다. 프로이트는 인간에게는 리비도라는 요소가 있고, 이것이 성욕을 비롯한 인간의 잠재적인 충동을 일으키고, 나아가 인간의 삶의 충동, 사회와 문명의 건설 의욕을 일으킨다고 말한다. 이러한 관점은 어느 정도는 맞다. 사랑의 중요한 부분이 리비도적 충동이라는 점은 부인할 수 없지만, 그러나 리비도적 충동이 반드시 사랑과 결부되는 것은 아니다. 사디즘(타인에게 물리적인 혹은 정신적인 고통을 주고 성적 만족을 얻으려는 병적인 심리현상)이나 마조히즘(사디즘의 반대로, 타인에게 물리적이거나 정신적인 고통을 받고 성적 만족을 느끼는 병적인 심리현상)은 사랑의 표현이기도 하지만, 또 다른 한편으로는 증오의 표현이기 때문이다.

사랑과 사회제도

사랑은 순수한 정신적인 현상, 혹은 감정에 그치는 것이 아니라 사회제도의 영향을 받기도 한다. 사랑은 부부관계를 만들고 가족을 형성하는 토대가 되는데, 이런 입장은 특히 시민사회의 혼인론에서 자주 언급된다. 시민사회에서 혼인은 사랑을 토대로 계약관계에 의해 만들어진다는 합의가 있기 때문이다. 이럴 경우 사랑은 일종의 사회적 제도로서 인간의 원초적인 감정이 아니라, 사회의 이념적, 정치적 영향을 받는 사회적 제도의 일부가 된다. 시대와 사회 형태에 따라서 사랑이 가능하거나 불가능하기 때문이다. 예를 들면 고대나 중세와 같은 신분제 사회에서는 계급과 신분이 다른 계층 간의 사랑은 불가능했다. 사회적 제도로서의 사랑은 이처럼 사회라는 형태의 영향을 받는 것이다.

사회학적인 관점에서 사랑은 해당 사회가 허용하는 사랑의 담론과 관습에 좌우된다. 사랑의 담론과 관습은 사랑을 허용하는 조건과 허용하지 않는 조건을 담고 있고, 이런 제도적 차원에 의해 사랑이 가능하거나 불가능하기 때문이다. 사랑을 인간의 감정으로만 볼 수 없는 증거가 바로 여기에 있다. 또한 사랑은 상대방의 존재와 감정의 공유를 전제로 한다. 두 사람의 기대가 일치하여야 사랑이 가능하다. 이 점도 역시 사랑이 단순한 인간의 감정에 불과한 것이 아니라, 이를 넘어선 사회적인 어떤 것임을 의미한다. 사랑이 가능하기 위해서는 두 사람이 모두 사회적 규칙이라는 영역에서 합의해야 하기 때문이다.

사랑의 종류

대체로 사랑을 감정으로 파악할 때, 일단은 낭만적이고 에로틱한 인간 사이의 사랑을 생각하기가 쉽다. 남녀 간의 사랑, 혹은 동성 간의 사랑이 그것이다. 고대에는 사랑을 에로스eros, 필리아philia, 아가페agape로 나누어 살폈다. 에로스는 대체로 남녀 간의 에로틱한, 황홀한, 감정의 격랑을 몰고 오는 사랑을 가리켰으나, 반드시 여기에 국한되는 것은 아니다. 필리아는 우호적이고 사랑으로 가득 찬 서로 간의 우애, 신뢰를 뜻했다. 물론 이성 간에도 필리아가 나타날 수 있다. 그러나 이성 간의 사랑을 뜻하는 에로스와 달리, 스승과 제자 사이에 나타나는 사랑과 존경 그리고 헌신에 더 가까웠다. 아가페는 주로 이웃, 공동체 구성원과의 긴밀한 애정, 사랑을 뜻하는, 이타적이고 박애론적인 사랑이다. 이웃사랑이나 원수를 사랑한다는 의미에서의 사랑이 대체로 아가페에 해당한다. 자신보다 타인의 행복을 더 중요시 여기는 사랑이다. 유럽에서 초기 기독교의 이론적 기초가 여기에서 발견된다. 기독교에서 말하는 이웃사랑이 대체로 여기에 해당한다. 이것은 사랑의 근대적 형태인 에로스, 즉 부부나 연인 간의 사랑과 거리가 먼 형태다. 이처럼 사랑에 반드시 성적 충동이 동반되는 것은 아니다. 부모와 자식 간의 사랑, 스승과 제자 사이의 사랑, 동성 친구 사이의 사랑에는 성적 욕망이 개입되지 않는다.

사랑의 알레고리

고대 그리스의 적색 문양 도기에 그려진 에로스의 모습

사랑이라는 감정은 인간의 머릿속에만 있을 뿐, 실제로 이를 볼 수는 없다. 즉 사랑은 관념일 뿐이다. 그러나 시각적인 문화에 익숙해 있던 서양인에서는 머릿속에만 있는 추상적인 개념을 구체적인 시각적 형태로 보여 주어야 했다. 추상적인 개념을 구상적인 형태로 표현하는 것을 알레고리라고 하는데, 서양인들은 사랑이라는 추상적인 개념을 에로스라는 인물로 표현했다. 오른쪽에 그려진 인물이 사랑을 의인화한 에로스라는 인물이다. 에로스는 그리스신화에 나오는 신이고 로마신화에서는 아모르 혹은 큐피도라는 이름으로 등장한다. 에로스는 미의 여신인 아프로디테와 군신 아레스의 아들이다. 활과 화살을 든 모습으로 자주 등장하는데, 황금화살을 쏘아서 열정적인 사랑을 불러들이고, 때로는 철(혹은 납)로 된 화살을 쏘아서 이루어지지 않은 사랑에 대한 증오를 불러오기도 한다. 사랑과 증오 모두 에로스의 작용이다. 여기서 활과 화살이라는 아이콘이 흥미롭다. 나는 화살을 피할 수 없듯이, 사랑은 갑작스럽게 다가와, 우리의 마음속에 꽂힌다. 이 사랑이 이루어지면, 극단적인 환희가 나타나지만, 이루어지지 않으면 증오가 나타난다는 점을 이미 고대 그리스 로마 사람들도 알고 있었을 것으로 추측해 볼 수 있다.

사랑은 자기가 아닌 다른 사람, 혹은 다른 대상에 대한 호감에서 출발하는데, 그 이유를 인간의 불완전성에서 찾을 수 있다. 그 이야기가 플라톤의 대화편 『향연』에 나온다. 이 대화편은 연회장에서 플라톤의 스승이었던 소크라테스와 다른 여러 그리스 철학자들이 사랑에 관한 자신들의 생각을 대화로 밝히는 내용들을 기록한 것이다. 『향연』에서 에로스는 페니아의 아들로 묘사된다. 페니아는 결핍, 부족, 가난을 의미하는 신이다. 에로스가 결핍을 의미한다는 것은 무슨 뜻일까? 그리스 신화에 따르면 원래 인간은 남녀 동형이었지만, 제우스가 인간에 벌을 주어 남자와 여자로 나뉘게 되었고, 그래서 인간은 부족한 반쪽을 찾아 나선다. 인간은 남녀가 한 몸이었고, 이럴 때 완전했으나, 제우스의 벌로 남자와 여자로 나뉘게 되어 인간은 결핍에 시달리게 되었다. 따라서 잃어버린 자신의 반쪽을 인간은 찾아 나서는데, 이것이 에로스, 즉 사랑이다. 여기에서 사랑은 부족한 것, 잃어버린 것, 결핍에 시달리는 인간이 완전한 것을 찾아나서는 행위를 가리킨다. 부족하고 결핍에 시달리기 때문에, 인간은 사랑을 하는 것이다. 만일 인간이 완전하다면 사랑을 필요로 하지 않을 수도 있다. 그러나 인간은 불완전하고, 늘 결핍된 존재이기 때문에 사랑을 통해서 완전해지려 한다. 남녀 간의 사랑은 그 예가 된다. 인간이 이성을 찾는 것은, 이런 맥락에서 보면 너무나 자연스러운 감정이다.

그러나 고대의 맥락에서 이러한 남녀 간의 사랑은 열등한 것이었다. 진정한 사랑, 즉 진정한 에로스는 완전함을 찾아 나서는데, 이것은 플라톤에 따르면 미를 뜻했다. 여기서 미란 균형과 조화가 완벽하게 갖추어진 상태, 즉 완전함을 뜻했고, 이것은 진선미의 조화를 의미했다. 진선미가 완벽하게 조화를 이룬 상태, 즉 사랑이 지향하는 최고의 단계는 플라톤에 있어서는 바로 도덕이었다. 사랑을 통해서 도덕이 완벽하게 갖추어진 사회를 이루고자 했던 것이고, 이것이 공동체의 조화와 통일을 이룰 수 있었던 것이다. 고대 비극의 주인공들이 추구했던 궁극적인 목표가 바로 공동체의 조화였다. 인간이 이러한 상태, 즉 공동체의 조화를 위해 노력할 때, 다시 말하면 개인적인 이익을 버리고 공동체의 이익에 봉사할 때, 인간을 아름답다고 여겼다. 이런 인간은 사랑으로 가득 찬 인간이었고, 품위 있는 인간이었다. 이런 인간을 존중하는 사회가 고대였고, 고대의 휴머니즘의 본질도 여기에 있었다.

철학에서의 사랑

사랑이 무엇인지를 좀 더 구체적으로 살펴보자. 담론 자체가 역사의 영향을 받듯이, 사랑도 역사와 문화에 따라 다르게 정의된다. 그래서 철학자들은 사랑을 정의하기 이전에 사랑이 아닌 것, 또는 사랑과 사랑의 반대개념을 구분하려 들기도 한다. 예를 들면 프로이트는 사랑을 파괴와 대비시켜 자신의 초기 심리분석 개념을 세워나가는데, 그 과정에서 고대 그리스의 철학자 엠페도클레스를 끌어들인다. 엠페도크레스는 사랑을 미움과 대비시켰는데, 이를 이어 받아 프로이트는 「유한한 분석과 무한한 분석」(1937)에서 이렇게 주장한다.

> 우주의 역사와 정신의 역사에서 모든 사건은 두 개의 끊임없이 상충하는 원리들에 의해 지배당한다. (…) 엠페도클레스는 이것들을 사랑philia과 미움neikos이라고 불렀다. 이들 두 개의 근본 원리는 그 이름과 기능에 있어, 두 개의 원초적인 본능인 사랑Eros과 파괴Thanatos와 동일하다.

엠페도클레스가 사랑의 반대개념을 미움으로 바라보았는데, 이에 착안하여 프로이트는 사랑의 반대를 파괴로 보며, 이를 각각 에로스와 타나토스라고 이름 붙였다. 프로이트에 따르면 에로스와 타나토스는 인간에게 숙명적으로 주어진 두 가지 원초적인 본능이다. 모으고 통합하여 더 큰 합일체를 만들어가는 원동력으로서의 사랑은 남녀 간에도, 가족에도, 공동체에도 적용된다. 리비도가 토대를 이루는 사랑은 남녀 간의 결합, 가족 간의 결합 그리고 공동체의 결합을 가능하게 해준다. 사랑이 가족을, 공동체를, 민족을 형성하는 토대가 되는데, 사랑이 결핍될 경우 파괴의 작용이 나타난다. 남녀가 헤어지고, 가족이 해체되며, 공동체가 와해되는 것이다. 사랑을 바라보는 프로이트의 이러한 관점을 눈여겨보면, 인간이 왜 자살하는지를 알게 된다. 앞에서 살펴본 에로스의 화살이 황금빛과 납빛으로 된 이유도 여기에 있다. 사랑은 늘 파괴와 함께하는 묘한 작용이 있다.

사랑이 자기가 아닌 타인, 다른 것에 대한 끌림, 끌어당김이라는 말의 의미도 여기에 있다. 사랑에 빠졌을 때, 제일 먼저 나타나는 감정이 상대방의 뜻에 따르려는 마음이 앞선다는 점인데, 그 이유도 여기에 있다. 사랑하면 자기 자신이 사라지고, 상대방이 먼저이고 상대방이 우선한다. 사랑하는 사람과 데이트를 할 때, 자신은 피자를 먹고 싶지만, 상대방은 스파게티를 먹고 싶을 때, 한 번도 양보한 적이 없는 나도 상대방의 뜻에 따르려고 한다. 사랑하면, 자신이 평소에 가졌던 가치, 종교까지도 버릴 수 있다. 사랑의 증표가 바로, 자기 자신을 버리고서라도 상대방과 하나가 되고자 하는 마음인데, 이러한 사랑의 감정들이 이웃과 하나가 되고, 나아가 공동체와 하나가 되게 만드는 것이다.

프로이트는 『에고와 이드』에서 사랑을 증오와 대립된 개념으로 파악하면서, 이 두 요소가 인간에게 본능적으로 주어져 있다고 주장한다. 이러한 학설을 수용할 경우, 사랑의 또 다른 극단적인 형태인 사디즘과 마조히즘을 쉽게 이해할 수 있다. 사디즘과 마조히즘은 사랑과 증오가 결합된, 변형된 형태의 사랑인데, 왜 인간이 사랑을 하면서도 증오의 감정을 가질 수 있는지의 문제가 이런 맥락에서 분명해진다.

사랑의 반대개념은 지식으로 이해되기도 한다. 사랑은 가슴으로 하는 것이고, 지식은 두뇌로 하는 것이어서, 사랑과 지식은 반대개념으로 이해될 수 있다. 사랑이 여성적이라면, 지식은 남성적이다. 서양에 "아는 것이 힘이다"라는 속담이 있는데, 여기서 아는 것은 지성을 의미하고, 지성의 반대는 사랑이다. 지식이 힘이라면, 사랑은 힘을 약화시키는데, 실제로 서양의 근대는 지식을 중시하는 경향이 있었다. 사랑과 지식을 대립적인 관점에서 바라본 대표적인 인물이 성 아퀴나스였다. 아퀴나스는 중세의 스콜라 철학자였고, 주로 신에 대한 사랑을 중심으로 사랑의 감정을 펼쳤다. 중세에는 인간의 감정의 표현이 금지되었기 때문에, 사랑이라는 감정을 논할 때에도 신에 대한 사랑을 다루고 있는 것이다. 아퀴나스에 따르면 지식은 대상을 우리 자신에 동화시켜서, 우리의 본성에 어울리는 것으로 변질시키는데, 사랑은 우리가 사랑의 대상으로 변화해 가는 힘이라고 주장했다. 이런 의미에서 지식은 구심적이고 사랑은 원심적이다. 지식은 모든 것을 자아에로 옮겨 가는 데 비해, 사랑은 완전히 마음이 열린 상태에서 본질적으로 밖으로 나아가는 확장적인 성격을 지닌다. 지식은 대상을 내 것으로 만든다. 즉 대상을 내 방식대로, 나의 뜻대로 소유하려 한다. 그러나 사랑은 반대로 나를 대상에게 동화시키고, 대상을 향해 나를 버리게 만든다.

성 아퀴나스가 사랑을 지식과 반대개념으로 파악한 이유는 신에 대한 사랑을 설명하기 위해서였다. 그에 따르면 신은 지식의 대상이 아니라 사랑의 대상이다. 즉 지식으로 신을 안다는 것은 불가능하다. 신앙은 자신을 열고 신에게 다가감으로써 이루어지기 때문이다. 지식이 구심적이고 사랑이 원심적이라는 말의 의미도 여기에 있다. 사랑은 자신을 사랑하는 사람을 향해 변화해 나가는 힘이기 때문이다.

독일의 철학자이지 심리분석가, 사회심리학자인 에리히 프롬은 『사랑의 기술』에서 사랑에 관한 자신의 관점을 밝혔다. 이 글은 뛰어난 에세이로서 누구나 한 번 읽어볼 만한 책이다. 아름다운 문장들이 있고, 또 사랑의 본질에 관한 프롬의 성찰이 잘 담겨 있다. 프롬에 따르면 인간에게 가장 중요한 가치는 성공, 체면, 돈, 권력이 아니라 사랑이다. 사랑은 고립을 막고, 고립에서 인간을 구해준다. 인간의 고립은 불안을 낳고 죄책감을 낳는다. 인간의 수치심도 고립에서 비롯된다. 따라서 이러한 불안, 죄책감, 수치심에서 벗어나기 위해서 인간은 고립에서 벗어나야 하고, 그러기 위해서는 사랑을 해야 한다는 것이다. 따라서 프롬에 따르면 사랑의 반대는 고립이고, 사랑은 고립을 치료하고 고립에서 벗어나게 하는 것으로 정의한다. 인간은 소외와 고립에서 벗어나기 위해 다양한 방법을 시도할 수 있는데, 예를 들면 마약, 성적 흥분, 단체 결성, 예술 활동 등이 여기에 해당한다. 그러나 진정한 고립의 해소는 오로지 사랑을 통해서만 가능하다. 사랑만이 고독과 고립감으로 고통받는 사람의 근원적 욕구인 다른 사람과의 진정한 간주관적 합일을 가져다 줄 수 있기 때문이다. 이런 의미에서 사랑의 핵심은 사랑받고자 하는 수동적인 마음이 아니라 사랑을 하려는 적극적인 행위다.

사랑과 무관심

레프Ignace Lepp는 프랑스의 카톨릭 계열 성직자이자 심리치료 전문가다. 그는 저서 『사랑의 심리학』에서 사랑을 무관심과 대립시킨다. 사랑이 관심에서 비롯된다는 것이다. 물론 이때 관심은 좋은 감정만을 전제로 하는 것은 아니다. 어떤 사람에 대한 분노, 적대감, 증오를 느끼면서도 사랑할 수 있다는 것이 레프의 주장이다. 분노도 관심에서 나온 것이기 때문이다. 상대방에게 관심이 있기 때문에 뭔가를 기대하는데, 그 기대가 이루어지지 않으면 분노할 수 있다. 따라서 분노도 사랑의 변형, 사랑의 어떤 형태일 수 있다. 그러나 관심이 완전히 사라진 경우는 다르다. 그럴 때에는 분노도, 사랑도 나타날 수 없다. 아무런 이해관계가 없는 타인, 남남으로 느껴질 뿐이다. 그래서 완전한 무관심의 상태에서는 사랑이 이루어질 수 없다. 이런 의미에서 사랑의 반대는 무관심이다.

사랑과 자유

현상의 다양성에 비추면 일면적일 수 있으나, 사랑은 타인을 향한 강력한 감정적인 끌림 그 자체로서 리비도가 작동하는 육체적인 욕구가 동반되기도 하지만, 이는 필요충분조건이 절대 아니다. 때때로 사랑은 도덕적인 선악의 판단을 넘어선다. 인간의 모든 감정이 그렇듯이, 사랑 역시 시대와 역사 그리고 사회형태에 따라 다르게 규정되지만, 사랑을 허용하고 금지하는 범주는 크게 감각적 쾌감, 감정 그리고 도덕적 가치관으로 나눌 수 있다. 사랑이 가져오는 감각적 쾌감은 성적 만족과 관련되는데, 이것은 주로 타인의 낯선 몸에 대한 시각적 혹은 촉각적 끌림과 관련되고, 에로스라고 부를 수도 있다. 그러나 사랑이 반드시 섹스를 동반하지는 않는다. 타인이나 다른 대상에 대한 호감과 긍정적인 가치부여가 사랑의 감정을 불러일으키는 경우도 있기 때문이다. 서양에서는 이를 필리아 혹은 아가페로 불렀다. 도덕적 가치관의 범주에서 사랑을 볼 경우에, 사회의 도덕은 사랑을 해피엔딩으로 이끌기도 하지만 비극으로 끝나는 경우도 많다. 심지어 맹목적인 사랑은 사회의 도덕을 파괴하기도 한다. 예컨대 어머니와 결혼한 오이디푸스가 근친상간으로 신들의 저주를 받아 파멸하는 것은 비극적 사랑을, 마녀 메데이아가 아버지를 배신하고 남동생을 죽이면서까지 남편 이아손과의 사랑을 탐하는 장면은 맹목적 사랑의 좋은 예가 된다.

그렇다면 인간은 왜 사랑을 하는가? 이 문제는 사랑이라는 감정적 끌림이 의도하는 최종 목표는 무엇인가라는 문제와 결부된다. 사랑의 최종 목표는 자유의 실현일 수밖에 없다. 사랑의 감정이 지향하는 두 사람 사이의 공간은 무한한 자유를 주기 때문에, 일종의 해방구와 같은 역할을 할 수 있다.

사랑과 자유의 관계에 대해서는 또 다른 관점을 봐야 한다. 예컨대 신화시대 제우스는 누이동생 헤라와 결혼하지만, 본부인 외에도 무려 36명의 다른 여자들과 간통하여 수많은 신화적 인물들을 낳았다. 그렇다고 제우스가 비난받거나 처벌받았다는 기록은 없다. 그러나 신화시대가 끝나면서 상황은 돌변한다. 예를 들면 기독교가 보편화되었던 중세에 사랑은 혼인이라는 사회적 제도의 틀에 갇히게 되었고, 이를 벗어난 사랑은 강력한 비난의 대상이 되었다. 사랑이 문화의 통제를 받게 되는 배경이 이렇게 해서 발생한다. 사랑의 본질은 타인에 대한 끌림이기 때문에 제도의 틀에 갇힌 사랑은 끌림을 가져다줄 수 없다. 따라서 사람들이 혼외의 인물에게 열정을 품는 것은 매우 당연해 보인다. 그러나 불행하게도 중세 이후 근대에 이르기까지 배우자 이외의 연인과의 정열적인 사랑은 사회의 비난과 개인의 파멸이라는 운명에 처해졌다. 플로베르의 『보바리 부인』이나 톨스토이의 『안나 케레니나』에는 모두 혼외의 인물에 대한 끌림이 주제화되어 있다. 보바리는 병원 일에만 몰두하는 지극히 이성적인 남편에 대한 실망이, 카레니나는 성공한 고급관료로서 사회의 눈총과 자신의 체면만을 중시하는 남편 카레닌에 대한 환멸이 또 다른 남성에 대한 끌림을 제공하지만, 그로 인해 이들은 비극적인 최후를 맞게 된다.

남편 보바리나 카레닌과는 다른 삶을 살겠다는 젊은이들이 1968년, 전 세계적으로 난동을 일으켰다. 이것이 계기가 되어 근대 이후에 관한 지적, 이론적인 탐구와 이에 따른 실천이 뒤따랐다. 프랑스와 독일의 젊은이들이 집단을 이루어 함께 주거공동체를 꾸려가며 성을 공유하고, 공동 육아제도를 실험했던 배경도 바로 이것이다. 원시 공산시대처럼 젊은이들은 사랑을 사회의 틀에 가두었던 근대의 경험이 억압과 권위주의의 출발이라 여기고, 이를 무너뜨리는 차원에서 사랑을 사회의 제도로부터 해방시키려 했던 것이다. 사랑의 힘은 무엇일까? 이미 프로이트는 사랑이 공동체를 이루는 원천임을 밝혔다. 그렇다면 사랑이 토대가 된 공동체 안에서 사랑은 자유를 가져다 줄 수 있을까? 현실에서 이루어진 하나의 예를 보자.

훗날 히틀러 독재의 뿌리를 인간의 고독에서 찾아서 유명해진 정치철학자 한나 아렌트가, 현상학에서 출발하여 실존철학의 정점에 서 있던 마르틴 하이데거를 만난 것은 1924년이었다. 독일 출신 유태인이었던 그녀는 열일곱 살로, 대학 입학 전에 이미 칸트의 『순수이성 비판』에 매료될 정도로 지적이고 아름다웠다. 아렌트가 20세기 최고의 천재로 부를 만한, 서른다섯 살의 마르부르크 대학 철학과 강사 하이데거의 강의를 수강하면서, 이 둘은 급속히 연인 사이로 발전한다. 열아홉 살의 나이 차이에도 불구하고 미혼의 아렌트와 기혼의 하이데거는 서로를 향한 감정의 끌림을 공유하였으나, 실제로는 성향이 서로 달랐고, 사랑도 매우 모순적이었다.

하이데거는 위기에 처한 독일 민족을 구원할 희망을 히틀러에게서 찾으며 인종주의를 옹호했지만, 시오니즘만이 유일하게 인류를 구원한다는 믿음을 가진 아렌트는 유태인에 대한 차별을 앞장서서 반대했다.

출신 배경이나 이념이 서로 달랐던 두 사람의 사랑은 1925년에 시작하여 그녀가 죽은 1975년까지 50여 년 지속되었고, 그 기록이 주고받은 편지에 고스란히 담겨 있다. 어떻게 가능했을까?

아렌트는 학문적 목표를 향해 헌신하는 한 남자의 고독을 적극 동반하며, 자신의 철학체계를 세우려 했다. 말 그대로 이것은 플라톤이 말하는 지적인 완성을 향한 에로스였다. 한편 하이데거는 메말라가는 학문적 사유의 불꽃을 늘 새롭게 피울 계기를 아렌트에게서 얻으려 했다. 하이데거와 아렌트의 사랑은 이처럼 태생적으로 모순적이었으나, 순수한 감정적인 끌림이 있었기에 유지될 수 있었다.

마침내 아렌트는 논문지도를 받기 위해 새 지도교수(야스퍼스)를 찾아갔고, 1929년 다른 남자와 결혼했으며, 히틀러가 집권함으로써 쫓기듯이 미국으로 건너감으로써, 이들의 사랑에도 위기가 찾아온다. 혹독한 역사를 겪으면서 이념의 차이는 더욱 커갔다. 1945년 종전 후에도 하이데거는 히틀러에 부역했던 자신의 과거에 대해 공식적으로 사과하려 들지 않았지만, 한나 아렌트는 나치스 정권에 의해 반강제적으로 프랑스와 미국으로 망명을 떠나면서 15년을 무국적 상태로 남으며 유태인 학살에 분노했다. 그러나 이념의 차이와 공간적인 거리도 둘 사이의 신뢰와 애정을 막지 못했다. 하이데거는 떠난 연인을 기억 속에 붙잡으며, 그 힘으로 철학적 사유를 이어갔다. 사정은 그녀에게도 마찬가지였다. 운명적으로 헤어진 지 22년 후, 오랜 번민 끝에 한나 아렌트는 하이데거가 머물던 프라이부르크의 어느 호텔을 찾아간다. 그때의 심정을 그녀는 이렇게 표현한다. "호텔 종업원이 당신의 이름을 말하는 순간, 저에게는 마치 시간이 멈춰선 듯한 느낌이 들었습니다." 이 말은 22년 전 하이데거를 떠나면서 그녀가 했던 말과 하나도 다르지 않다. "당신이 저에게 보여준 길은 생각보다 길고 험난하군요. 평생 가야 할 지도 몰라요." 열정과 고난, 만남과 헤어짐 속에서도 감정적 끌림이라는 순수함을 잃지 않았기에 이들의 사랑은 지속될 수 있었다.

이들의 사랑은 결코 낭만적인 차원에만 머물지 않았다. 사랑을 통해 아렌트는 인간을 "죽음을 향한 존재"로 보는 하이데거의 실존철학을 넘어서서, 세계에 대한 애정어린 관심과 공동의 행동에 토대를 둔 "세계에 대한 사랑amor mundi"이라는 개념을 발전시킬 수 있었다. 하이데거도 데카르트 이후 인간에게 자연과 세계를 지배하는 권력을 부여하였던 근대적 주체 개념을 비판하고, 인간과 인간 그리고 인간과 자연의 공존을 추구하는 길을 찾을 수 있었다. 분열된 시대, 신들이 떠난 시대에 인간의 삶을 재건하는 방법으로 '존재'와 '존재자'라는 개념을 내세우며, 하이데거는 존재의 회복에 의해 "존재자가 열리며, 우리에게 다가온다"고 말한다. 물질문명이 인간의 삶을 유린하는 시대에 하이데거는 아렌트와의 사랑을 통해서 이를 넘어설 자유를 얻을 수 있었던 것이다.

주지하다시피 사랑은 결핍에서 시작하여, 부족한 부분을 채워 자유로워질 것을 추구한다. 이런 의미에서 사랑의 본질은 부족한 자신에서 벗어나는 것, 억압적 상태에서 탈출하는 것, 문명적 상태에서 벗어나는 것, 엑스타시ecstasy인지도 모른다. 니체가 한결같이 인간의 디오니소스적인 요소의 부활을 꿈꾼 이유도 여기에 있다. 낭만주의 예술은 이를 광기, 꿈과 관련지었다. 바그너의 오페라 『트리스탄과 이졸데』에서 아일랜드의 여왕 이졸데가 사랑의 묘약을 마시고 남편을 죽인 원수 트리스탄과 사랑에 빠진 비극적인 사랑은 단순하게 팜므파탈의 사랑으로만 치부할 수 없다. 그 배후엔 숨 막히는 현실을 넘어서 근원인 카오스의 세계로 회귀하고자 하는 인간의 본능이 도사리고 있다. 그 안에서 인간은 자유를 얻을 수 있을 것이다.

에로스 안에서의 자유가 팍팍한 현실을 넘어서서, 피지스로서의 인간 존재의 본향으로 회귀할 여지를 줄 수 있다면, 인간은 조금은 행복할 수 있을 지도 모른다. 인간이 정신과 육체로 이루어질 수밖에 없는 하나의 이유도 여기에서 찾을 수 있다.

참고문헌

에리히 프롬, 『사랑의 기술』, 황문수 옮김, 문예출판사, 2006.

하워드 카인즈, 『철학적 인간학』, 정연교 옮김, 철학과 현실사, 1996.

Sigmund Freud, *Die endliche und die unendliche Analyse*(「유한한 분석과 무한한 분석」) (1937), in: Gesammelte Werke. Chronologisch geordnet. 17 Bände, Fischer Taschenbuch–Verlag 1999, Bd. XVI.

글을 마무리하며

포스트모더니즘이라는 개념을 떠올리지 않더라도 우리 시대의 인간학 연구의 중심은 몸과 정신을 가진 인간의 존재방식이다. 몸은 진화론에서는 물론이고, 철학적 인간학, 역사적 인간학, 문화적 인간학에서도 중심적인 주제를 이룬다. 몸이 없는 인간이 존재할 수 없다는 당연한 사실에서 알 수 있듯이, 몸은 인간으로서 존재의 제1요건이기도 하다. 자연과 문명 상태에서의 인간의 몸을 서로 구분하여 인간과 동물의 차이를 논의하기도 하고, 또 사회와 문화, 공간과 시간이라는 조건에 의해 특징지어지는 현상에 관심이 돌려지기도 한다. 인간의 성, 죽음, 기억, 문명에 의해 억압되는 육체 등의 요소들은 인간에게 몸이 있기 때문에 나타나는 현상들로, 인간학 탐구에서 빈도 있게 다루어지는 주제다.

그러나 인간에게는 몸만 주어지는 것이 아니라 정신도 함께 주어진다. 일반 동물과는 달리 고도의 이성적 사유와 감성적 판단능력이 인간에게 주어짐으로써, 인간은 자연 상태에서 존재하는 동물적인 생명체와 다른 운명을 타고 태어난다. 인간은 정신세계를 갖추고 있기에, 기쁨과 불안, 권태, 우울, 성스러움, 사랑의 감정 등을 느끼며, 그 영향을 받고 살아간다.

육체와 정신이라는 두 요소는 인간과 사회에 매우 역동적이고 복합적인 문화적 현상을 만들어 낸다. 인간의 육체는 성과 관련하여 욕망의 문제를 낳거나 육체가 사멸하면서 죽음과 유한성이라는 인간의 숙명의 문제를 낳기도 하며, 정신과의 관계가 문제가 되기도 한다. 당연한 이야기이지만, 육체가 관여하는 욕망은 역사와 문화적 배경에 따라 다르게 평가된다. 고대나 중세의 예술이 잘 보여주듯이, 욕망이 금지된 문화적 배경에서 욕망은 파멸의 원인으로 인식되고, 욕망 때문에 파멸하는 인간의 죽음 그리고 죽을 수밖에 없는 인간의 숙명은 철학적 사유를 자극한다. 뿐만 아니라 인간은 육체를 갖고 있어서, 과거를 기억하고 이를 현재에 재현하여, 자신이 살아가는 세계를 모방하고, 모방을 통해서 이를 넘어서려 한다. 어린아이들의 소꿉놀이가 보여주듯이, 인간은 기억과 모방을 통해 자신이 체험하는 세계를 이해하고 조직화하며 또 경험하는데, 이 과정에서 문화가 만들어지고, 매개되고, 변화되며 전파된다.

인간에게 주어진 몸과 정신은 인간을 바라보는 관점을 더욱 다층적이고 복합적으로 만든다. “육체는 영혼의 감옥”이라는 플라톤의 선언이나 신성을 정신에서 찾으려는 중세적 가치관에 따르면 육체는 거의 표현되지 않았거나 무시되었다. 그러나 근대에 들어서면서, 이 둘의 균형을 이루려는 시도가 광범위하게 드러난다. 그 중요한 증거를 괴테의 『파우스트』에서 찾을 수 있다. 『파우스트』가 쓰여진 18세기는 인간의 본질, 인간의 의미와 같은 인간학에 관한 다양한 시도들이 나타나는데, 그 대표적인 예가 괴테의 이 작품이다. 더 나은 세계를 만들어가기 위해 부단히 노력하는 인물로서의 파우스트와 그를 쾌락의 세계로 이끌어주는 메피스토의 이야기는 어떻게 보면 정신과 육체, 이성과 감성의 대립이 인간에게 어떤 작용을 하는지를 잘 보여준다. 파우스트가 메피스토와의 내기에 응할 수밖에 없는 이유, 메피스토가 파우스트를 필요로 할 수밖에 없는 이유가 바로 인간이 지닌 이성과 감성, 정신과 육체의 대립과 결합을 보여주는데, 이런 측면에서 이 두 인물은 인간이 지닌 이중적 속성을 가리킨다.

고대와 중세에 억압되었던 육체의 존재를 드러내는 시도는 문학에만 국한되는 것이 아니다. 괴테와 동시대를 살았던 칸트도 인간을 신체적인 요소와 정신적인 요소로 나누며, 전자는 천성적으로 타고나지만, 그럼에도 불구하고 후자는 문화에 의해 변하며, 인간으로 하여금 더 나은 미래를 꿈꾸고 실현하게 만든다는 테제를 내세우며, 『실용적인 관점에서의 인간학』(1798)을 썼다. 뿐만 아니다. 다소 강조점의 경중은 있으나, 인간에게서 육체적 욕망과 그로 인한 광기는 1800년을 전후한 낭만주의 예술의 중심 주제를 이루었고, 이와 평행하게 자연과학의 영역에서도 인체의 자기장 이론에서 드러나듯이, 인간의 육체에 숨겨진 욕망,

인간의 육체가 지니는 동물적 구조 등을 강조하였다. 이러한 흐름을 반영하듯, 이 시기 유럽의 대학에서는 인간의 문제를 다루는 학문 영역들이 개척되었고, 아울러 인간과 관련된 주제들, 예컨대 사랑, 섹스, 꿈, 범죄, 광기와 같은 주제들이 순수문학에도 새롭게 주제로 등장했다. 그 이전의 전통문학들이 권선징악적인 주제들, 즉 도덕적 선을 장려하는 주제들만을 다루었던 데에 비해서, 18세기 특히 낭만주의 시대에는 악에 속하는 광기, 정신분열, 성, 범죄와 같은 문제들을 다루기 시작한 이유도 여기에 있다. 이 시기에 접어들면 문학, 예술, 철학, 자연과학 등을 비롯한 제반 영역에서 인간이 육체와 정신으로 이루어져 있으며, 이로 인하여 인간의 존재론적 이중성이 드러남을 드러내는데, 이러한 측면들을 고려하면 인간학이 문화적 현상임을 알 수 있다. 다시 말하면 인간에 관한 정의와 그 예술적 표현 혹은 철학적 진술 그리고 자연과학적 이론들은 모두 역사와 문화의 영향을 받는다.

인간은 육체와 정신을 함께 갖고 있기에, 인간에 관한 진정한 이해는 자연과학적, 역사-해석학적 절차와 철학적 성찰 그리고 미학적 판단을 종합적으로 고려할 때 비로소 가능하다는 것이 독일의 철학자이자 자연과학자인 훔볼트가 내린 결론이다. 훔볼트에게서 발견되는 이러한 입장은 훗날 19세기 말과 20세기 중반에 각각 니체와 푸코에 의해 극단화된다. 인간이란 시간과 공간을 넘어선 영원한 존재가 아니라는 것, 끊임없이 역사와 문화의 영향을 받는다는 것이 오늘날 인간을 바라보는 공통적인 관점이다. 19세기에 들어서면 인간에 관한 관점은 더욱 다양하고 풍성해지는데, 이 시기는 개별 분과적 학문체계가 발전해나가는 시기이기도 했다. 이런 맥락에서 역사적 인간학, 문학적 인간학, 의학적 인간학, 교육학적 인간학, 철학적 인간학, 신학적 인간학이라는 개념들이 학문용어로 정착되기에 이르렀고, 인간학 분야에 환경학, 사회생물학, 진화심리학, 뇌과학, 문화철학, 심층심리학 등의 학문들이 개입하여, 인간에 관한 연구들이 매우 풍성해졌다.

우리 시대 인간의 모습은 주로 1920년대에서 1960년대 확립된다. 그 대표적인 철학자로는 실존주의적 철학의 계보를 만들어갔던, 마르틴 하이데거와 사르트르, 그리고 인간의 특성을 사유했던 막스 셸러, 헬무트 플레스너, 아르놀트 겔렌 등이 있는데, 이들의 사유에서 인간은 늘 육체와 정신의 대립 속에서 존재한다. "실존은 본질에 앞선다."라는 사르트르의 함축적인 테제가 보여주듯이, 하이데거의 '현존재'나 사르트르의 '실존'이라는 개념은 육체와 정신을 함께 가지고 있는 인간의 숙명을 잘 보여준다.

이 책에서 다루었던 각각의 주제들은 서로 독립된 듯이 보이지만, 깊은 곳에서는 육체와 정신을 소유한 인간이 겪을 수밖에 없는 비극성을 드러낸다. 정신과 육체를 소유한 인간들은 필연적으로 이성과 열정의 대립을 겪을 수밖에 없다. 당연한 이야기이지만, 이성과 열정의 역학관계는 시대에 따라 달라진다. 고대 비극에서 중용을 벗어난 과도한 열정이 주인공의 몰락을 초래한 것이라든가, 중세의 사유체계에서 열정을 악마의 소관으로 저열한 것으로 여기는 현상은 고대와 중세가 정신을 우위에 놓은 문화적 터전 위에 설계되었기 때문이다. 그러나 낭만주의 시대와 같이 이성적 사유를 인간 불평등의 원리로 파악했던 시대에는 열정을 우위에 놓고, 그로 인한 인간의 광기와 파멸에 긍정적인 예술작품들이 더 흔하게 나타난다. 이런 논리는 이 책에서 다루었던 그 밖의 주제들 모두에도 해당한다.

육체와 정신, 그리고 이 근본적인 대립이 가져오는 다양한 현상들을 이 책에서 다루었는데, 생각해보면, 이러한 현상은 지금 우리 시대를 이해하는 데에도 도움을 준다. 정신이 통제하지 못하는 육체 혹은 이성을 무력화시키는 열정은 공동체가 무너지고 개인으로 흩어지는 우리 시대를 설명해줄 좋은 관점이다. 마찬가지로 열정을 잃어버린 이성이 가져오는 위험성도 우리 시대에 쉽게 목격할 수 있다. 공동체에 소속하지 못하고, 정신과 육체 혹은 이성과 열정을 배타적인 대립관계 속에서만 파악하는 사회는 인간의 삶을 망가뜨릴 수밖에 없다. 인간은 근본적으로 분리된 이 두 영역을 어떻게 하면 조화에 이르게 할 것인가를 추구할 때에만 인간일 수 있기 때문이다.

저자소개

김길웅 서울대 독문과를 졸업하고 동 대학원에서 박사학위를 받은 후, 서울대와 충북대 등의 강사를 거쳐 현재 성신여대 독문과 교수로 재직 중이다. 저서로 『문화로 읽는 서양문학 이야기』, 『신화의 숲에서 리더의 길을 묻다』(공저), 『신화와 사랑』(공저), 『텍스트와 형상. 예술의 학제간 연구를 위한 고찰』(공저), 『독일문학과 예술 1, 2』(공저) 등이 있고, 주요 논문으로 「문화적 인간학을 위한 몇 가지 이론적 근거」, 「시간과 진보: 괴테의 작품에 나타난 크로노스, 프로메테우스, 파우스트의 이미지를 중심으로」, 「시간과 문화(1): 니체의 가상개념과 '순간'의 유토피아」 등이 있다.

문화적 인간학
인간을 이해하는 15가지 개념

1판 1쇄 펴냄 | 2016년 9월 20일
1판 3쇄 펴냄 | 2019년 9월 17일
지은이 | 김길웅
펴낸이 | 김정호
펴낸곳 | 아카넷
출판등록 | 2000년 1월 24일(제406-2000-000012호)
주소 | 10881 경기도 파주시 회동길 445-3
전화 | 031-955-9511(편집)·031-955-9514(주문) 팩시밀리 | 031-955-9519
www.acanet.co.kr

Printed in Seoul, Korea.
ISBN 978-89-5733-508-6 03120

「이 도서의 국립중앙도서관 출판예정도서목록(CIP)은 서지정보유통지원시스템 홈페이지(http://seoji.nl.go.kr)와 국가자료공동목록시스템(http://www.nl.go.kr/kolisnet)에서 이용하실 수 있습니다.(CIP제어번호: CIP2016021315)」

이 제작물은 아모레퍼시픽의 아리따글꼴을 사용하여 디자인 되었습니다.